[清] 伍锡钊　纂辑　—　谭远辉　校注

澧州津市万寿宫志

岳麓書社·长沙

湖湘文庫
续编

光緒丙子年鐫

灤州津岸萬壽宮志

本館藏板

序

今天下自　京師以至行省郡邑水陸都會之區凡四方之士宦商賈百工技能與夫遷客游士之羣萃州處者皆相與營館舍立祠宇以聯屬其同籍之人又羣奉其古賢先達功德昭著者爲之主而宗祀之謂之鄉祠然而四海廣矣倫俗殊矣利帆楫者

或不習於輪蹄趨都邑者恒憚涉於險遠或至矣而不能聚聚矣而寡且弱皆不足以崇其秩祀而大其規模惟豫章各郡之人其舟輿所至冠蓋所游自　京師以至齊魯晉楚吳越閩廣滇黔關隴之郊與夫氂幕氈裘蜻蛉叢棘絕徼之外靡所不至百家之聚必立鄉祠祠必奉

許旌陽真君禴祠烝嘗維虔維恪牲牢酒醴必備必豐事關共議禮資衆舉者則鄉之人以時講習於其外至於行旅有資糧之饋疾病有醫藥之賙故

萬壽宮幾遍天下而豫章之人視

萬里如家庭其奉祀之虔鄉誼之厚

他省鮮及者於以知

真君遺教入人之深而其靈長庇祐之蹟

前 言

津市位于澧水尾闾，武陵山东北边缘，向东为洞庭湖冲击平原。津市城市前濒澧水，后枕平川，东接洞庭，南连沅湘，西纳九澧，北通长江。地理位置优越，历代为湘北地区重要港埠，逐末者趋之若骛。

津市，顾名思义，即渡口边的集市，民国以前，为澧州直属市镇。津市地处交通孔道，古名“澹津”，一直到清代晚期，“澹津”还作为津市的别名存在，《澧州津市万寿宫志》中多处以“澹津”指代津市。但至晚元代已称“津市”。元进士、监察御史宋褧壮岁曾多次游历澧州，留有较多诗文，其中有一首《津市留题》诗曰：“烟霏空翠瞰芳洲，杨柳依稀古渡头。斜日扬鞭倦行役，自惭不及贾胡留。”“贾胡”便指客商，说明元代津市就已经是一个颇具规模的商埠。津市凭借区域性地理优势，到了明代更加繁华，“江边酒楼燕估客，割譬斫鲙不论百。楚姬玉手挥霜刀，雪花错落金盘高”（何景明《津市打渔歌》）。清代“街长七里零，直街三条，中为正街，后为后街，前为河街”，“舳舻蚁集，商贾云臻，连阁千重，炊烟万户”（同治《直隶澧州志》）。

来津市经商的外地客商很多，包括洋商。澧水两岸的货运码头有数十个，许多码头都有固定的属主，既有国内的江西码头、福建码头、湘乡码头、浏阳码头、慈利码头，也有国外的美利坚洋油码头、英吉利怡和码头、太古码头、日本戴生昌码头等。码头边船主南腔北调的吆喝声此伏彼起，河岸上嬉笑怒骂的挑夫摩肩接踵。津市港口的喧嚣和经济的繁荣一直持续到二十世纪八十年代。其中江西码头是津市最大的码头，到现在其他码头都已经销声匿迹了，或者属主改变了，唯有江西码头的名称人人耳熟能详。津市的客商像走马灯一样，来来往往，许多都是做临时生意，居无定所，即所谓“行商”。而赣商虽也是寄寓津市，但多有固定的商铺，是为“坐贾”。

商号有纸号、草帽号、豆豉号、布号、钱号、铁号、广货行、油行、山货行、首饰号、成衣号、京货号、药材号、酱园、南货号、烟号、酒号等。津市赣商主要来自于南昌、吉安、临江、瑞州、抚州、建昌、袁州等府、县，其势力很强盛。江西商帮以许真君为精神寄托，具有很强的号召力和凝聚力，以及完善的管理机制。“吾江右素倚真君为福主，凡有血气者莫不尊亲，公款祝釐之外，各郡邑更竭诚庆祷，分班排日。”请梨园唱戏，经年罔替。久而久之，津市便成了赣商的生聚之地、终老之乡。他们在津市置办地产、房产，购买茔地、义山，有的人便定居并入籍津市。

万寿宫为江西会馆，也是道教宫观，奉祀江西道教祖师许真君，由来已久。江西信仰较其他诸省尤为笃诚虔恪，赣商遍及各省，所到之处均建有万寿宫。“自京师以至齐鲁、晋楚、吴越、闽广、滇黔、关陇之郊，与夫毳幕毡裘、蜻蛉丛爇绝徼之外靡所不至。百家之聚必立乡祠，祠必奉许旌阳真君。”其他省的客商也有建造宫庙会馆的，但规模声势远逊于江西。“津市居澧治东二十里，轮蹄帆楫交相趋赴，以故廛肆多各省寄旅，其繁胜者咸治乡馆于市，若江左，若闽峤，若秦、若晋，馆制俱不略。而递衍日新，美矣，备矣，则群称江右馆万寿宫焉。”据《澧州津市万寿宫志》载，津市万寿宫始建于清康熙年间。赣商何时来到津市不可考，但定然在清以前。康熙初年，万寿宫建于津市渡口北面的正街，地势湫隘。康熙五十二年（1713），市区大火延烧至万寿宫，于是搬迁到较为高爽的地方，即后来的位置。后又多次遭受火灾、水淹，迭毁迭修，不下十余次。在本《志》成书以前最后一次修葺为同治二年（1863），形成了蔚为壮观的规模，是津市城区内最大的宫庙。“宫之制，中为大殿，前为春秋楼，为戏台，最前为门坊，殿后为禅刹，为恭敬堂，最后为轩辕殿，左为吉庆堂，右为客厅，厅后庖湢毕具，厅前构小园，园西向辟门，颜曰‘西江别墅’。门内建化字炉惜字，会所急也。炉前为仓屋，壮丽斋皇，轩敞邃穆，悉仿其旧。”万寿宫为江西通省客商活动场所，内附有各府、县客堂，如南昌景福堂、永定堂、轩辕堂、抚州集福堂、安济堂、吉安庆福堂、如意堂、庐陵尚义堂等。

赣商于外省所建万寿宫有别于本土万寿宫，本土所建基本上为纯粹的宗教场所，主要是供奉崇祀许真君，根据道教的信仰节令举行朝圣祭奠活动。而建于外省的万寿宫，更多具有会馆的性质。除“以时祭享，牲醴丰洁固已”而外，更有“广行善举，相赒相救，尤能体真君仁民之怀，以绵延其遗泽而联属其乡情”之功能。因而津市万寿宫的职能包罗很广：有会首议事，从事地方公益事业，友助同乡羸弱者，调解商业、房产、地界等方面的纷争，以及处理家长里短、生老病丧等琐事等。“津市介居江、湖，荆南一都会也，豫人之侨寓斯土者无虑千数百家。旧有万寿宫，其始建年月不可考，豫人式增式廓，庙貌日崇，仪式祭产，法物礼器之属，递衍以增新。而又广兴善举，若同善有堂，义渡、救生有船，惜字、水龙有会，皆推其乡邻友助之心以仁及于同廛共肆之众，规模至大且密。”“事关共议礼资众举者，则乡之人以时讲习，于其外至于行旅有资粮之馈，疾病有医药之赒。”这些在《澧州津市万寿宫志》中都有详细记载。

作为宫庙专志的《万寿宫志》，在《澧州津市万寿宫志》之前，全国范围内所知只有一部，即纂修于明洪武年间江西本土的《玉隆万寿宫志》。后历代有续纂，至清光绪四年（1878）最后一次续纂，易名为《万寿宫通志》。“顾自《逍遥玉隆志》而外未见有纂辑成书者。”“顾真君庙食遍海宇，而宫志不经见。”则《澧州津市万寿宫志》是《玉隆万寿宫志》以外唯一一部纂修于江西以外的《万寿宫志》。本《志》纂修于清光绪二年（1876），纂者伍锡钊为同治二年（1863）翁曾源榜二甲进士，江西吉安府安福县人。伍锡钊之父为旅津客商，携家眷久居津市，伍锡钊便出生于津市，且在津市长大。通籍而后，“乞假归省，道经澹津，辱荷乡先生宠命，诿诿总纂。余既诞于津，又念先大夫居津久……辑校之任责无可逭。因谬为分门别类，偕诸乡先生摭集披讨，越五月而成书”。

目前所知，《澧州津市万寿宫志》仅存孤帙，藏于湖南图书馆。《志》分十二卷，从《志》的体例及内容看，要优于江西《万寿宫通志》。因江西本土万寿宫的功能主要是从事宗教活动的场所，因而《万寿宫通志》都是围绕宗教活动和与许真君相关的内容铺陈叙述，内容较为单一空乏，虽篇幅较大于《澧州津市万寿宫志》，但没有多少宗教以外的内容。而《澧州津市万寿宫志》除了宗教方面的内容外，还有很多涉及江西客商在津产业以及与地方公益事业相关的内容。卷一有大量宫殿及田山图，为我们了解津市万寿宫的建筑格局及在津市的产业提供了重要的依据。第二至七卷都是有关许真君和宗教方面的内容，这与《万寿宫通志》相同。第八卷《艺文》除了记述各郡邑、商号堂舍外，还有关于义山、公茔及水龙、义渡、救生船的记述。第九卷是江西会馆规章制度方面的内容，除了祭仪方面外，还有很多公益方面的章程。其中尤其对救火设施——水龙的三次购置及使用作了详细的叙述及规定，还有同善堂建设，义渡、救生船的设置及使用条例等，第十卷还有关于养病室的记载。

其实直到修志之时，赣商都没有完全融入津市的社会。“若澹津之万寿宫则第吾豫章乡祠耳，兰芷名邦于宫固无涉也。宫亦曷为志哉？不知因宫而志，宫在津自宜志宫于津，然因津有宫而有志。志津之宫，非津之志，志于津义不系于津，而志实专属于宫。”意思是我们修的是津市万寿宫志，不是津市志，万寿宫与津市一带的风景名胜、风土人情不相干，因而志中不予体现，只叙述我们江西客商在津市的活动。虽如此说，赣商并没有将商居之所的事务置身局外，除了维护同乡的利益、纾缓赈济其困厄外，还视津市的城市建设、民瘼及公益事业为己任，实属难能可贵。如蔡家玕《水龙引》之言：“事事乃其有备，有备无患，分灾恤邻，笃祜翔禨。则是我等大有造于澹津也。”

《澧州津市万寿宫志》是一部很重要的典籍，见证了清代赣商对各地经济发展、城市建设所做出的突出贡献。在湖广，有“无江西商人不成市”之美誉。曾有学者对《澧州津市万寿宫志》的文献价值予以了高度肯定，并以此为依据对赣商在外地的活动进行了综合研究。但由于查阅不易等原因，其研究也受到一定局限，因而点校出版本《志》的重要性与必要性不言而喻。

谭远辉

二〇二四年九月二日于长沙才子佳苑寓所

校注凡例

1. 本书原本为光绪二年（1876）线装本，十六开四册装，繁体竖排。每册封面外署“万寿宫志古集”，第一册内封署“澧州津市万寿宫志”。原藏于湖南图书馆，保存完好，目前所知为孤帙，本次点校以此镌本为底本。

2. 本书对原书进行断句、标点，校注，简体横排。校注采用脚注方式，所注内容一般只在书中首次出现时加以注释，后文再次出现时不予重复注释。

3. 因本书非通俗读物，其读者多是具有一定文化层次的人士，故一般只对费解或可能引起误解的文言词句以及涉及用典等必须加以说明才能理解的内容予以注释，对少数生僻字或容易造成读音错误的字加注音。而对大致能够读懂的一般性文言用语不予注释。但某些看似人人都懂的词在文中别有含义，如“行李东道”之“行李”，现代词义是出行随身携带的箱包等物品，是指物，而在文中用的是古义——行旅之人，是指人。这类词语是需要注释的。

4. 所注词义，只取与文中语境相合的义项予以注释，而对其他义项不予注释，也不予说明。如“臭”，出现于两处的义项不同，都念 xiù。一为动词，“同嗅，用鼻子闻气味”；另一为名词，“泛指气味”。取相适配的义项分别注释。

5. 注释是以白话文注文言文，如“虽然：虽然这样”，两个“虽然”，前为文言文，后为白话文。后面的“虽然”两字只表示前面“虽”字的意思，后面的“这样”两字则表示前面“然”字的意思。在文言文中“虽然”是可以拆开解释的两个单音词，而在白话文中则是一个不可拆分的双音词。所以“虽然”两字在文言文中需断句，而在白话文中不断句。又如“妻子：指妻子和子女”，白话文则单指老婆。文言文妻子又说妻孥，这就更明确。

6. 万寿宫所奉为江西道教始祖许逊，因而书中有很多与道教有关的教旨教义，一般人没必要了解那么透彻，知道大意即可。有关《易经》占卜卦象方面的文句也较艰涩，因而不予多作注解。有些骈俪文通篇用典，过于繁靡，也只酌加注释。

7. 志中原有随文附注，以双行小字排印，在许仙传中尤多，现以小字加括弧体现。如“路逢三老人（今三王庙是也）”等。而本次点校除脚注外，也有极简略的随文注记，主要为公元纪年和改正原文中错字、避讳字和脱文等。其中公元纪年以括弧标注，如光绪二年（1876）；更正或补充说明以方括弧标注，如佑我无彊〔疆〕、元〔玄〕枵、轩辕皇〔黄〕帝、〔咸丰〕三年等。不改变字号。

8. 书中避讳字有以别字代替，也有本字省笔，如“玄”，或作“元”，或作“玄”而省去下面一点。“弘”或代之以“宏”，或作“弘”而省点等。避讳字则注以本字，省笔字则径作正字。

9. 少数异体字原书中不统一，如“气”和“炁”，读音、字义完全相同，书中互见，现统一为“气”。但有些异体字与现代规范字意义略有差异，则予保留，如繇（由）、昜（阳）等。通假字亦仍其旧。还有些貌似繁体字的在所处语境中不能视为某字的繁体，如“人物繁夥”的“夥”在这里是“多”的意思，就不能视为“伙”的繁体。又如“於戏”的“於”就不是“于”的繁体，两字读音都不同，读“wū hū”，同“呜呼”，是感叹词。还有一些有特殊含义的异体字也予保留，如“灾燬两次”的“燬”现在与“毁”合并简化，但此处“燬”特指由火灾造成的损毁，不是其他灾害。文中还有“燬毁”连用的例证。

10. 原书中有极个别地方字迹无法辨识，也不能据上下文度出，则不予擅拟，而以“□”空置，一字一“□”。

11.《图志》部分大量的宫殿图和田山图因印刷原因多漫漶不清，又扫描过程中致跨中缝的线条变形，为此我们对所有图纸进行了重新描绘，从而获得了更加清晰周正的图像。

12. 书中所引文献经与原籍进行核对，对部分舛误进行了改正，并对一些改正进行了注释。

其他方面悉遵现代出版规范及体例。

序[①]

今夫通都大邑[②]，四方之人各依其乡立馆舍，相与雍容揖让于其间，诚盛事也。津市居澧治东二十里，轮蹄帆楫[③]交相趋赴，以故廛肆[④]多各省寄旅，其繁胜者咸治乡馆于市，若江左，若闽峤[⑤]，若秦，若晋，馆制俱不略。而递衍日新，美矣，备矣，则群称江右馆万寿宫焉。

馆奉许旌阳真君，以时祭享，牲醴丰洁固已。若夫广行善举，相赒[⑥]相救，尤能体真君仁民之怀，以绵延其遗泽而联属其乡情。《周礼》六行，教民任恤[⑦]。诗曰："维桑与梓，必恭敬止。"善夫！

余驻澧有年，津固密迩区[⑧]，江右乡馆之美因得习闻，而于馆中碑记之属未尝或睹。会其乡需次[⑨]澧阳之罗君东樵以邦人士新辑《万寿宫志》成丐余言弁首。余披览一过，而后知其规为久远，更有若

---

①《序》下原有"王继志"的人名，且每本开头都有此名。字较大，为木刻钤印，应为此书的最初收藏者，非此序的作者，也与本书内容无关。又每本的前面和后面都有朱文印"湖南省中山图书馆藏书"，"湖南省中山图书馆"乃湖南图书馆的前身。

② 通都大邑：四通八达的大都会、大城市。

③ 轮蹄帆楫：车和船，谓陆路和水路。

④ 廛（chán）肆：市井街巷。

⑤ 江左：江西以东，又称江东，今安徽、江苏、上海、浙江等地，江西又称江右。闽峤（qiáo）：福建境内的山地，泛指福建。

⑥ 赒（zhōu）：救济。

⑦ 六行：孝、友、睦、姻、任、恤。

⑧ 密迩：距离近和靠近。

⑨ 需次：等待有空缺后授予实职。

是之矞皇典丽[①]者。昔人谓三不朽[②]，立言其一。甚矣！辞之不可以已也。彼一丘一壑经名流记述，后之人且称道弗衰，矧此群萃州处[③]之地，巍然庙貌，灿乎事迹，乌可无辞以系之？然特标一格，发前人未发之蕴，垂为掌故，如平地覆蒉[④]。然设以草创为艰，无人焉起？而征文考献，排纂鸿规[⑤]，世远年湮，无征不信耳。今旅津江右诸君各竭其耳目智力，经营裒集[⑥]，而更得伍君梦兰水部泚毫[⑦]裁决，不半载成书。呜呼！其重有裨于馆乎！不益召真君之垂佑无穷耶！

考真君南昌故宅，宋政和间赐额“玉隆万寿宫”，乡人以立馆必宗祀真君，故馆沿“万寿宫”名，而今之志馆者即曰《万寿宫志》。志十有二卷，目张纲举，体例精严。以视凡记载之搜讨旧闻，表彰事实，足以信今而传后者，其志同条共贯[⑧]也夫。

是为序。

诰授资政大夫、二品顶戴、布政使衔、分守湖南岳常澧道兼管水利驿务、随带加三级、长白增寿[⑨]拜序并书（白文印“增寿之印”，朱文印“苓舫”）

---

①矞（yù）皇典丽：典雅，华美。

②三不朽：指立德、立功、立言。《左传·襄公二十四年》：“豹闻之‘太上有立德，其次有立功，其次有立言。’虽久不废，此之谓三不朽。”

③矧（shěn）：况且。群萃州处：有着相同职业的人居住、劳作在一起。出自《国语·齐语》：“令夫工，群萃而州处。”韦昭注：“萃，集也；州，聚也。”

④平地覆蒉（kuì）：平地上用筐填土起高台。

⑤排纂鸿规：指谋划大的编纂计划。

⑥裒（póu）集：辑集。

⑦泚（cǐ）毫：用毛笔蘸墨书写。

⑧条：枝条；贯：钱串；同条共贯：比喻事理相通，脉络连贯。

⑨光绪《湖南通志》卷一二一：增寿，满洲正白旗举人，同治九年至光绪四年（1870—1878）任分巡岳常澧道。

序

今天下自京师以至行省、郡、邑、水陆都会之区，凡四方之士宦、商贾、百工技能，与夫迁客、游士之群萃州处者，皆相与营馆舍，立祠宇，以联属其同籍之人。又群奉其古贤先达、功德昭著者为之主而宗祀之，谓之乡祠。然而四海广矣，伦俗殊矣。利帆楫者或不习于轮蹄，趋都邑者恒惮涉于险远。或至矣而不能聚，聚矣而寡且弱，皆不足以崇其秩祀而大其规模。惟豫章[①]各郡之人其舟舆所至，冠盖[②]所游，自京师以至齐鲁、晋楚、吴越、闽广、滇黔、关陇之郊，与夫毳幕毡裘[③]、蜻蛉丛僰绝徼[④]之外靡所不至。百家之聚必立乡祠，祠必奉许旌阳真君。礿祠烝尝[⑤]，维虔维恪，牲牢酒醴，必备必丰。事关共议礼资众举者，则乡之人以时讲习，于其外至于行旅有资粮之馈，疾病有医药之赒。故万寿宫几遍天下，而豫章之人视万里如家庭，其奉祀之虔，乡谊之厚，他省鲜及者。于以知真君遗教入人之深，而其灵长庇祐之远。呜呼！盛矣！

津市介居江、湖[⑥]，荆南一都会也，豫人之侨寓斯土者无虑千数百家。旧有万寿宫，其始建年月不可考，豫人式增式廓[⑦]，庙貌日崇，仪式祭产，法物礼器之属递衍以增新。而又广兴善举，若同善有堂，义渡、救生有船，惜字、水龙有会，皆推其乡邻友助之心以仁及于

---

①豫章：古豫章郡最初治南昌，后因代指南昌，此处泛指江西。简称“豫”。

②冠盖：官员穿戴的服饰和乘坐的车辆，借指官吏。

③毳（cuì）幕、毡裘：北方游牧民族所住毡房，所穿衣服，泛指北方少数民族。

④蜻蛉：蜻蜓，生长于南方。僰（bó）：我国西南少数民族；丛僰：众多南方少数民族。绝徼：边远落后地区。

⑤礿（yuè）祠烝尝：指祭祀活动。

⑥介居江、湖：指位于长江和洞庭湖之间。此“江湖”非习惯所称纷杂险厄的社会环境，所谓“闯江湖”“跑江湖”之意。

⑦式廓：规模；式增式廓：不断增大规模。

同廛共肆之众，规模至大且密。豫之耆耇[①]惧其久而或紊也，咨于水部伍君梦兰，排比著录，勒为成编，都十二卷，曰《万寿宫志》。宏纲细目，部分别居，以示将来而垂久远，甚盛事也。

志成，问序于余。余维真君忠孝灵异照耀古今，见之记载，邦人士类能言之。独真君所治之旌阳或者以为蜀郡，考之史志，全蜀无旌阳之名。晋荆州刺史治南郡，其属有旌阳县，故城在今枝江县南[②]。津市去旌阳不二百里，安知当日不为真君宦迹所经？而津市之民不皆同被其泽耶？若是，则崇其报祀者，又岂独豫章之人哉？夫饰庙貌，隆祭祀，乡祠之通例也。至于征文考献，著之简编，以昭灵贶[③]，而诏无穷，则非独他乡祠所不逮，即豫之寓他所者亦谢其典重矣。余喜豫章风俗之悫[④]，而又喜伍君之能，缘饰以文雅也。

是为序。

---

① 耆耇（qí gǒu）：年高且有德望者。

② 黄维瓒所言极是。查《晋书》以及前后的史籍，确实“全蜀无旌阳之名”，只有德阳市于 1996 年设立旌阳区。德阳市的“旌阳”之名推测也应是来源于许仙曾任蜀郡旌阳县令的讹传。今互联网百度百科“许逊”条有：“世人尊奉他为‘许仙’。东晋朝廷为了表彰他的功德，将旌阳县改名德阳县。”可以说，这是彻头彻尾的无稽之谈。查《晋书》并无此说，只有湖北南郡有旌阳县（见下文）。而四川德阳县在东汉就存在，属广汉郡（《后汉书·郡国志第二十三》）。据《三国志·魏书》记载，鄂西南有旍阳县。曰：“景初元年（237）十二月，分襄阳临沮、宜城、旍阳、邔四县，置襄阳南部都尉。”“旍”与“旌”音、义全同。在同书《乐进传》中即作“旌阳”。《晋书·地理下》中，旌阳与枝江等十一县同为南郡属县。《宋书·州郡志》谓：“旌阳，文帝元嘉十八年（441）省并枝江。”也就是说，旌阳县从魏景初元年（237）至南朝早期的元嘉十八年（441），共存在了204 年，是一段不短的历史。梁允麟《三国地理志》谓旌阳县在今当阳县北，而今枝江在当阳县南。《宋书》谓旌阳县并入枝江，如旌阳在当阳县北则不当越过当阳并入枝江。黄维瓒谓“故城在今枝江县南”可从。文中“蜀郡”当为“南郡”之讹，还不知讹了多少朝代，至少宋代就有了“蜀郡旌阳县令”一说，然而数百年来一直无人质疑。黄维瓒乃是一个大明白人，但是他的辨析并未引起后世关注，且以讹传讹至今。不管许逊是否实有其人，所谓晋代“蜀郡旌阳”之说也不应该继续讹传下去了。当然，这不涉及今天德阳市旌阳区的地名正误问题。

③ 灵贶（kuàng）：神灵赐福。

④ 悫（què）：淳朴，诚实。

礼部进士[①]、钦加运同衔、知湖南直隶澧州事、加五级、记录五次、粤西黄维瓒用侯甫[②]拜撰。

光绪二年（1876）岁次丙子季秋月縠旦（白文印“臣维瓒印”，朱文印“用侯”）

① 礼部进士：实际上是贡士。因贡士在殿试中均不落榜，也就是全部录取，所以习惯将考中贡士的人直接称呼为进士了。但同治《直隶澧州志·职官志》称黄维瓒为广西临桂举人。光绪《临桂县志·选举表四》中黄维瓒列为道光二十九年（1849）举人。

② 黄维瓒，字用侯，曾两次任澧州知州，第一次在同治九年（1870）。同治《直隶澧州志·职官志》：“黄维瓒，广西临桂举人，同治九年（1870）四月任。”之后余坚署任，余坚光绪二年（1876）三月离任，黄维瓒复任。甫：才，此处当于是解。

序

晋忠孝神仙真君许氏初举孝廉，令吾蜀中旌阳[①]，惠鲜怀保[②]，用乂[③]康民，其点金代逋[④]，施符却病，诸奇迹神化莫测，妇孺感诵，播为歌谣。弃官东还，从之者如归市，仿佛古公迁邠[⑤]，环所居称为许家营。旌阳人至今犹乐道之，家尸户祝[⑥]，享祀不懈，几比隆于江右。特不能如江右之远适异乡，一廛隅寄，亦必修饰宫廷，以妥以侑[⑦]，春礿而秋尝耳。

顾真君庙食遍海宇，而宫志不经见，岂江右人详于崇报略于记载哉？世远年湮，闻见偨池[⑧]，征信无从。既不敢妄相臆度，又离乡别井，寄公侨寓，其地之名区胜迹皆于宫为无关，遂往往留以有俟。今津居诸君子乃能不畏其难，不惮其烦，捃摭[⑨]宏富，体裁妥协[⑩]，卓然成一家言，其为则共十二卷。于真君净明之学原本忠孝，即仙

---

①令吾蜀中旌阳：为我蜀中旌阳县令。前注已阐明，旌阳不在"蜀中"，而在南郡枝江。

②惠鲜：惠赐、赠予。怀保：安抚、供养。

③乂（yì）：治理，安定。

④逋（bū）：拖欠。点金代逋：即传说许逊为旌阳令时埋瓦化金，使贫民掘得后拖欠的租税得以偿还。详本《志》卷四许逊传。

⑤所谓"古公迁邠"，即指古公亶父由邠迁岐。邠（bīn），又作豳（bīn）。《史记·周本纪》："古公亶父复修后稷、公刘之业，积德行义，国人皆戴之。薰育戎狄攻之，欲得财物，予之。已复攻，欲得地与民。民皆怒，欲战。古公曰：'……民欲以我故战，杀人父子而君之，予不忍为。'乃与私属遂去豳，度漆、沮，逾梁山，止于岐下。豳人举国扶老携弱，尽复归古公于岐下。及他旁国闻古公仁，亦多归之。"

⑥家尸户祝：家家户户供奉神主牌位，祈求赐福。

⑦以妥以侑（yòu）：使神灵安享崇报。

⑧偨（cī）池：又作柴池，参差不齐貌。此处指零碎和相抵牾。

⑨捃摭（jùn zhí）：搜索，选取。

⑩妥协：妥当，非现代的让步、委曲求全之义。

即佛，推阐不遗余力，前后筹辑各祭产，尤皆有名公巨卿煌煌大篇，可法可传之记序。为之纪其事而扬其德，盖江右乡谊之笃甲于天下。津当南北之冲，士大夫轺车驰驱经历者多，行旌游遨莅止者众，故文章表述视他处为独盛。然非诸君子重道崇儒，好切缁衣①，平日乞丐殷拳②，亦乌见揭龙片鳞，藏凤半毛，陆续蔚为大观，得以帖高寸许哉？

畯承乏澧阳，分牧津市③。津既滨于洞庭，岁苦怀襄④，遭明季张李诸寇⑤之蹂躏，重以吴逆⑥扇乱，大兵由荆、岳荡剿，四郊多垒，民无孑遗。一闤列肆不免五方杂处，而属籍江右者十几居其五六，阛阓⑦公事向推江右为领袖。畯浮沉半刺⑧，公退多暇，辄绎⑨吾夫子事贤友仁⑩之训，与二三耆俊樽酒过从，访利弊而谋补救。十年以来，深获观摩切劘⑪之益。而商民亦皆安于畯之简且拙，顷以剞劂⑫告成督序于畯。畯不敏，学术荒弇⑬，于文字无能为役，岂足序以重

---

① 缁（zī）衣：黑色服装，指佛教、僧人。

② 殷拳：殷切，真诚。

③ 所谓“畯承乏澧阳，分牧津市”，并不是说杨畯此时任澧州知州，而是澧州判官署设于津市，杨畯为澧州通判。民国《澧县县志·职官志》：“州判，乾隆三十二年（1767）移驻津市。”下有杨畯名。序后也署“湖南直隶澧州分州、加十级、记录十五次、西蜀杨畯篁轩甫拜撰”。光绪《湖南通志》卷一二二澧州州判：“杨畯，四川崇庆人，同治元年（1862）任。”

④ 怀襄：怀山襄陵，谓洪水高涨，漫过山陵，极言洪水之大。

⑤ 明季：明末。张李诸寇：指张献忠、李自成。

⑥ 吴逆：指吴三桂。

⑦ 阛阓（huán huì）：街道，里巷。

⑧ 半刺：即半个刺史，刺史是唐代州郡长官的称谓，宋以后称知府或知州，这里是拟古称呼。通判是副职，职位次于知州，故曰“半刺”。

⑨ 绎：引出头绪，寻求事理。

⑩《论语·卫灵公》：“子贡问为仁。子曰：‘居是邦也，事其大夫之贤者，友其士之仁者。’”

⑪ 切劘（mó）：切磋。

⑫ 剞劂（Jī Jué）：雕刻，这里指刊刻书籍。

⑬ 荒弇（yǎn）：因学业荒疏而致知识面变窄。这是自谦。

《宫志》？第念生近桐乡，饫闻[①]真君之德业，今即人往风微，而棠阴蔽芾[②]如新。一行作吏，尤幸若侯霸治谱，仰止高山。无如尘根钝质，末秩间曹[③]，无能步趋循能，夕[④]有裨于国计民生。倘获挂姓氏于《志》中，借垂不朽，则真君之所以佑启晙者诚厚矣。至于斋庄雝肃[⑤]，神罔怨恫，诸君子丕[⑥]显丕承，保世滋大，当有如操左券[⑦]者，固不俟晙之赘陈也。

是为序。

钦加盐提举衔、湖南直隶澧州分州、加十级、记录十五次、西蜀杨晙篁轩甫拜撰（白文印“臣晙之印”，朱文印“篁轩”）

---

① 饫（yù）闻：饱闻，即听得很多。

② 棠阴：棠树的浓阴，喻仁政和美德。蔽芾（fú）：繁茂。

③ 末秩间曹：意为在衙门里当个小官。

④ 循能：循良而有能力。夕：亦，也。

⑤ 斋庄雝（yōng）肃：严肃诚谨、庄重。

⑥ 丕：大。

⑦ 操左券：稳妥，有把握。

序

余尝诵司马长卿《封禅》文[①]，窃怪其铺张扬厉，侈谈符瑞[②]，致汉武晚年信方士，求长生，实斯文[③]启之。虽才华丰艳，君子奚取焉？若圣清受命以来，怀柔[④]百神，岁祭四海名山大川、历代帝王将相以及先圣先贤之祠，其祝史[⑤]陈辞皆二三礼臣奉饬恭拟而成，故立言有体，足以将诚意而迓景福。顾未有举国家秩祀之神，定礼仪，考文章，分门别类，勒为一书，以补祀典之阙者，乃今于水部伍公梦兰所辑《万寿宫志》见之。

万寿宫者，豫章人建以祀许旌阳真君者也。考真君生长豫章，其斩蛟馘蜃[⑥]，为江西永除水害，在当时已屡著灵异。我朝咸丰四年(1854)，粤逆鸱张[⑦]，为江西省保全危城，文宗皇帝亲洒宸翰，颁赐匾额，以答神庥，其事又昭昭在人耳目。《记》曰：圣王制祭法，有功德于民则祀之[⑧]。豫人之虔祀真君于万寿宫，礼也！虽然[⑨]，真君之

---

① 司马长卿《封禅》文：西汉时期文学家司马相如所作《封禅书》。

② 符瑞：一种吉祥的征兆，多指帝王受命的征兆。

③ 斯文：这篇文章，是两个单音词，非文雅、修养好的意思。整句话是说汉武帝晚年信方士，求长生，实际上是受到了《封禅书》这篇文章的影响。

④ 怀柔：指帝王祭祀山川，招来神祇，使各安其位。出自《诗经·周颂·时迈》："怀柔百神，及河乔岳。"今又指用政治手段笼络其他民族或国家，使归附自己。如怀柔百姓。

⑤ 祝史：主持祭祀祈祷之官。

⑥ 馘(guó)：斩杀。蜃：传说中的水怪。

⑦ 粤逆：指以广东人洪秀全为首领的太平天国运动。鸱(chī)：古书称一种猛禽。鸱张：像鸱张开双翼一样凶猛、残暴。

⑧《记》：即《礼记》，此处所引为《礼记·祭法第二十三》文意。原文曰："夫圣王之制祭祀也：法施于民则祀之，以死勤事则祀之，以劳定国则祀之，能御大菑则祀之，能捍大患则祀之。"

⑨ 虽然：虽然这样。两个单音词，白话文中的"虽然"是双音词，在文言文中只表示"虽"的意思。

宫遍天下，不独豫章然也。

豫章山水之气磅礴四溢，其丈夫生而有四方之志。皇上声教所暨薄海内外，大而省会，小而郡、县。豫人之萃处者，服官奉职有仕宦焉，废著鬻财[①]有商贾焉，执艺以事人有百家杂技者流焉。莫不构祠宇，饰庙貌，奉真君之主而祀之，以致桑梓恭敬之意。其乡人至，止则馆于宫中，衔杯酒，接殷勤，居者有铺〔脯〕资饩牵[②]之供，行者有扉屦[③]资粮之赠，休戚相关，不失友助之谊。故人情重去其乡，而豫之人视万里犹一室，所至如归，曾未有琐尾[④]流离而叹式微者，以天下之大皆有宫以联其情故也。

津市路当孔道，吾澧旧三洲驿[⑤]也，水陆交通，舟车毕集。列肆而居者不下数千家，而豫人几及其半。其万寿宫之建，规模广狭未知视他省何如，而礿祠烝尝岁有常期，鼎俎笾豆[⑥]器有定式。将事之

---

①废著：贱买贵卖。《史记·货殖列传》："（子贡）废著鬻财于曹鲁之间。"鬻（yù）：卖。

②脯（fǔ）资：干肉和粮食。饩（xì）牵：肉食。脯资饩牵：泛指祭祀供奉用品。

③扉屦（fèi jù）：草鞋，泛指行装。

④琐尾：颠沛流离。

⑤"三洲驿"为讹名，津市自古无驿站。明清时期澧州范围从北向南只有三个驿站，分别为顺林驿、兰江驿和清化驿。明清时期，津市往东有行政区划名"三洲村"，弘治《岳州府志》卷七《乡都志》："三洲村，辖三里。"三洲村的管辖范围很广，从今津市往东一直到澧县东部的如东乡。"三里"分别名为三洲一里、三洲二里和三洲三里，道光《续修澧州志林·乡都》对三洲村三里的辖属范围界定得很明确：三洲一里，辖津市、谭家湾、汤家河、胡家河、西江嘴；三洲二里，辖六冢口、南盘、黄丝坑、野鸡尾、大围坑南；三洲三里，辖涔河、周公渡、弥陀寺、大宗堰、盘龙桥。这样今津市澧水以北至澹水以南的地域都属"三洲一里"的范围。到了清代晚期应该取消了"村"的建制，而以市镇取代，于是津市就成为了行政主体。原三洲村三个里的名称也就不存在了，但"三洲一"却作为津市的街巷名保留了下来。清同治《直隶澧州志》卷二中津市的街巷就有"三洲一"。可能出于表述习惯的考虑，或者有意与原先行政区划名切割，就去掉了"里"字，因为津市的街巷名基本上都是三个字。由于时过境迁，人们对"三洲一"这个名称的来历可能不是很清楚了，于是就想当然地讹作了"三洲驿"。后将错就错就有了"三洲驿街道办事处"。

⑥鼎俎（zǔ）笾（biān）豆：均为祭祀礼器。

日牲肥酒栗[1]，执事之人僾见忾闻[2]。用是神降之福，物力充牣[3]，吾澧实利赖之。而豫人亦素性慷慨，好行其德，如庀水器以防郁攸[4]，施药饵以疗疾病，造舟航以代舆梁，购寝丘以瘗旅榇[5]，皆不惜出橐中金，共蒇[6]其事。此盖有感于真君平日利人济物之心，勃然兴起以成斯美举也。豫人固可谓勇于为义，而真君之泽又何可不急为阐扬，以绵教思于无穷哉？

前甲戌岁（同治十三年，1874），适水部自都中归，省亲于津之旅次，豫之老成人举宫中之事相与商榷，谋欲垂之简编，以示久远。于是咨耆旧、稽掌故，仿汉书十志之体，比事属词，都为十二卷，签曰《万寿宫志》。余友刘君莲塘司马丐序于余，余笔不文，不足为《宫志》光，然区区之心不能已于一言者。以余先人在前明时食土践毛[7]，原隶豫之吉邑[8]，洪武朝，先祖葆公以征苗功官澧之九溪都司，世袭相承，遂以宦籍家于澧阳，盖数百年于兹矣。今一披读《宫志》，考其山川，览其图记，想象先人生聚之乡，或读书力田，或牵车服贾，罔不荷真君之庇佑，保世滋大以至于今。然则斯志既成，不独豫章诸君子郑重而爱惜之，即余亦把卷流连，如置身文山字水间矣。故为之述其缘起，兼寓数典不忘之思焉。抑余观《宫志》之文，熏

---

① 牲肥酒栗：《宋史·志第八十五·乐七》："博硕肥腯，以炰以烹。嘉栗旨酒，有澜斯盈。"形容丰盛的享祀祭品。

② 僾（ài）见忾闻：仿佛听到受祭者的气息和声音，形容对逝者或神灵的思念之情。

③ 牣（rèn）：充盈。

④ 郁攸：火灾。

⑤ 瘗（yì）：掩埋。旅榇（chèn）：客死者的灵柩。

⑥ 蒇（chǎn）：完成，竣工。

⑦ 食土践毛：也作践土食毛、食毛践土，出自《左传·昭公七年》："封略之内，何非君土？食土之毛，谁非君臣？"指蒙受君恩，此处泛指起居生活。

⑧ 吉邑：江西吉水县，非吉安县，吉安县为民国时置，清以前属庐陵县。

班香，摘宋艳[①]，又参之太史[②]以著其洁，故《搜神》、《广舆》诸记[③]所言神仙冲举之事概不之及。独于真君忠孝之训与豫人所以没世不忘者一篇之中三致意焉。为问通阛带阓有擅才、学、识三长如斯者乎？斯志也，殆不啻韩陵一片石[④]矣。独惜部郎始成进士时不获登承明、金马[⑤]著作之庭，摛藻[⑥]扬芬以润色鸿业，乃浮沉水部，仅于乞假后出其绪余，成《宫志》一编，虽可以藏之名山，传之其人，而其才则未尽也。雒诵[⑦]再三，不禁感慨系之云。

赐进士出身、敕授文林郎、截取知县、澧人苏开镕丽泉[⑧]谨撰（白文印“开镕之印”，朱文印“丽泉”）

---

① 班香宋艳：谓班固和宋玉华美的辞藻。

② 太史：太史公司马迁。

③《搜神记》：东晋史学家干宝著录的笔记体志怪小说集。《广舆记》：明人陆应旸编纂的地理书，内有仙释篇章。

④ 韩陵一片石，原指韩陵山上的韩陵碑，为南北朝时著名文学家温子升所撰，后指美文。

⑤ 承明、金马：汉宫殿名。出自汉班固《西都赋》：“又有承明、金马著作之庭，大雅宏达，于兹为群。”

⑥ 摛（chī）藻：指铺陈辞藻，施展才华。

⑦ 雒（luò）诵：反复诵读。

⑧《明清历科进士题名碑录》第四册，同治十年（1871）辛未科梁耀枢榜，“苏开镕，湖南澧州直隶州人”。

序

余少时就试章门[1]，登滕王阁，望逍遥诸山如列屏，扶舆磅礴，林壑郁然深秀，觉古所称神仙窟宅诚非虚。秋水长天，风光清霁，仿佛天际真人灵旗迟迟[2]，驭五云而下九霄。试毕，辄亲诣宫廷，瞻仰游帷旧址，考其车服礼器及南朝、西抚[3]诸故事，思欲镜洽前闻，绍承末绪[4]，无为提举真景元[5]，羞而尘根钝质，卒未能诞登道岸。通籍[6]以来，久居京师，桑梓抛离，寤寐间犹时复梦绕西山，惟兢兢率循旧章，夏月偕同乡京官致祭铁柱万寿宫，祭后行团拜礼。其外任人员或以陛见及候选在都会，逢其适亦柬请与会，冠裳肃穆，牲牷肥腯，钟鼓即戒[7]，箫管备举，岁以为常。常拟约二三同志汇志其规条，承先启后，而尘劳鞅掌[8]，时与愿违，有志未逮。安福[9]伍梦兰水部顷自湖南遗余书[10]，并邮寄津市新刊之《万寿宫志》就正于余，且丐《叙》以弁其首。水部故与余侄本廉[11]辈同举于乡，登第后又以余

① 章门：赣州的别称。其地汉时属豫章郡，故称。

② 迟迟（qī chí）：游息。

③ 南朝、西抚：是江西道教围绕万寿宫特有的庙祀文化。南朝：原指许真君前往黄堂隆道观拜谒谌母，后逐渐发展为一种区域性的朝拜活动，在八月初二至初五举行。西抚：是指人们抬着许真君塑像于上元节后一天前往高安祥符观的巡游活动，每三年举行一次（江西《万寿宫通志》）。

④ 镜洽前闻，绍承末绪：意谓广泛搜集、查考并继承前人的业绩。

⑤ 真景元：真德秀（1178—1235），字景元。南宋后期理学家、名臣。曾于宝庆元年（1225）提举隆兴府玉隆万寿宫。

⑥ 通籍：意为进士及第以后开始做官。

⑦ 戒：准备。《左传·僖公二十八年》："戒尔车乘，敬尔君事。"

⑧ 尘劳鞅掌：日常事务繁杂。

⑨ 此"安福"乃为伍锡钊原籍江西安福县（今属江西省吉安市），非清代澧州安福县（今临澧县）。下除特别注明外，均为江西安福县。

⑩ 遗余书：给我捎来书信，"书"不是书籍。

⑪ 据同治十一年《德化县志·选举志·乡举》，万本廉为咸丰九年（1859）举人。"由内阁中书从戎，保升同知，现分发浙江。"

一日之长折节门墙[①]，公余过从，时相与考道而问业。其为学以敦饬[②]为先务，深有合于真君净明之旨。

今观其所辑共十二卷，搜摭宏富，抉择精严，不狃[③]于习俗之见，流为索隐行怪，荒诞无稽。而独于真君之原本忠孝惓惓而三致意，其识趣[④]超卓为何如哉！而余尤窃喜津居诸乡彦相与有成，相得益彰也。夫以真君生为循吏，没为明神，即仙即儒，原非世之烧炼铅汞、假托符箓者所得同日语。而或震于斩蛟馘蜃之烈，不求其端，不讯其末，惟怪之欲闻，遂至稗官野乘[⑤]讹舛沿袭，几疑于道家者流。抑思蚩尤[⑥]之诛，巫支祁[⑦]之戮，唐氏铜像记中早比例及之。而黄帝之鼎湖骑龙[⑧]，禹王之黄龙负舟[⑨]，传记中亦志其详。盖有非常之人，乃有非常之事，以有非常之功[⑩]。

真君之阴骘下民，功行圆满，旌节下迎，拔宅飞升，原无足怪。特难为浅见尠[⑪]闻、弇陋迂腐者道耳。诸乡彦所见者大，所执者中，与水部志同道合，采汇成编，知靖庐讲习其流风遗俗薪传至今未艾也。豫章材杰出，其益将轮囷而蟠郁[⑫]哉。抑又思之，津市地滨洞庭，僻居澧州之东，吾乡人远授一廛，独能立言不朽，传嬗靡穷，

---

① 折节门墙：意为降低身价拜我为师，这是谦虚的说法。

② 敦饬：敦厚谨慎。

③ 狃（niǔ）：拘泥，因袭，习惯了不愿改变。

④ 识趣：此指见识和志趣，不是现在识相、知趣的意思。

⑤ 稗官野乘：指道听途说，不可据信的民间野史。

⑥ 蚩尤：传说中主兵之神，与黄帝、炎帝并称中华三祖，后与黄帝战于涿鹿，战败被杀。

⑦ 巫支祁：传说为淮水水神，大禹治水时，巫支祁作恶被天神擒获，锁于淮井之中。均见于《山海经》。

⑧ 黄帝鼎湖骑龙：《史记·孝武本纪》："黄帝采首山铜，铸鼎于荆山下。鼎既成，有龙垂胡髯下迎黄帝，黄帝上骑。"

⑨ 禹王黄龙负舟：《淮南子·精神训》："禹南省，方济于江，黄龙负舟。"

⑩《史记·司马相如列传》："使者曰……'盖世必有非常之人，然后有非常之事；有非常之事，然后有非常之功。非常者，固常〔人〕之所异也。'"

⑪ 尠（xiǎn）：少。

⑫ 轮囷（qūn）：盘曲硕大貌。蟠郁：盘曲郁结。

不有君子其能国乎？有志者事竟成，有为者亦若是矣。至于祭产之蕃殖，规条之严明，扶持友助不渝生死，赈贷济援不分畛域，所居则化，皆可法而可传，安在仁渐义摩、顽廉懦立，顺风而呼之，必在通都大邑哉？又安必洞天福地、名区胜地始足以志记而寿世哉？遂书以质之水部，幸为余寄语诸乡彦，问范文正公墨池[①]及车武子囊萤台[②]今犹有存焉者乎？资富能训，惟以永年[③]。当益因崇报之隆激发其高山仰止之念，而勉追张相国、邓少宰[④]之芳躅也。

是为序。

赐进士出身、累晋光禄大夫、经筵讲官、礼部尚书兼管顺天府尹、加十级、记录十五次、德化万青藜藕舲[⑤]甫拜撰（白文印“大宗伯印”，朱文印“藕舲”）

---

①范文正公墨池：据传北宋范仲淹幼时，其养父朱軏（或名朱文翰）任安乡县令。范与母随来安乡，安乡为澧州辖县，范曾游历于澧，留有洗墨池遗迹。而安乡则有读书堂，其传说较早，始于南宋。

②车武子囊萤台：据传东晋吏部尚书车胤为津市新洲镇人，小时家贫，夜晚无灯油点灯。夏夜，车胤囊萤照读，成为励志佳话。新洲以前又名车城，故乡名萤渚，城内有囊萤台。洗墨池与囊萤台两处名胜都临近津市城镇。当然也都是没有史料依据的民间传说。均见嘉靖《澧州志·名胜纪》。

③资富能训，惟以永年：出自《尚书·周书·毕命》，谓资财富足而能接受教训，可以长久。

④张相国、邓少宰：即张位、邓以赞，均为江西南昌新建县人，均嘉靖、万历年间在世。据道光《新建县志·选举》及《新建县志·贤良下》：张位，字明成，隆庆二年（1568）罗万化榜一甲进士第二名（榜眼）。明代大臣、学者、诗人，官至少保、武英殿大学士。卒谥“文端”。邓以赞，字汝德，号定宇，隆庆五年（1571）张元忭榜一甲进士第三名（探花）。明代理学家、教育名士。少好读书，与张元忭从王畿游、传良知之学。官至吏部右侍郎，赠礼部尚书。

⑤同治《德化县志》卷二十九：万青藜，字文甫，号藕舲，江西德化县人。道光二十年（1840）李承霖榜进士。初授翰林院编修，署国子监祭酒。咸丰二年（1852）三月迁内阁学士。历任礼、吏、刑、兵部左右侍郎，晋都察院左都御史，署吏、户、刑部尚书，授兵部尚书。同治四年（1865），由兵部调任礼部尚书兼顺天府尹，光绪四年（1878）改任吏部尚书。光绪八年（1882）致仕，九年卒，谥文敏。

叙

光绪丙子（二年，1876）春三月，坚卸澧牧篆，奉大府檄诣靖州办理苗疆善后事务。舟泊津市，晋谒乡祠，命七龄儿子链敬书“澹水波平”匾额，恭悬殿廊。岂徒冀鸿泥爪印自侈宦游光宠哉？诚念真君奠安水土，绩媲平成，将以答厚贶，志明德，高山仰止，景行行止也。乡君子雅意絷维，情意肫挚，尔雅温文，洗尽市井阛阓习气，信宿祠下，钦迟[①]莫可名言。

时佥议修纂《宫志》，礼聘伍梦兰水部总其成，而以规条例目挽商于坚。坚一行作吏，笔墨久荒，何足以知体要？且水部蓄道德，能文章，卓然名家，允推吾乡杰起。坚更无取于赘辞，蹈雷门布鼓[②]之讥。顾辱承宠命，又不敢悪靳一得，刍荛[③]勿献。因为水部具述逍遥名胜及玉隆兴废诸神异，盖坚生长古艾[④]，为真君当日炼丹地，密迩西山，见闻较广，故水部谆谆下问，不厌其详。

越七月，邮督坚序，并寄示其所志，业厘为十二卷，条分缕析，纲举目张，已付手民[⑤]装潢成册。盥[⑥]诵三复，窃叹乡君子之同心合志，度量卓越，独见其大者、远者也。吾乡乡祠遍海宇，列肆连廛或十倍百倍于津，顾自《逍遥玉隆志》而外，未见有纂辑成书者。即真君仙迹间有一二刊本，然语焉不精，择焉不详，讹阙失次，或流于诞妄无稽。岂材力固皆不及欤？抑平时志意既非崇儒重道，及有志修校又付托不得其人，遂不获铺张扬厉，勒一家言，为江右生

① 钦迟：敬仰。
② 雷门布鼓：在雷门前击布鼓，犹说班门弄斧。
③ 靳：吝惜。刍荛（chú ráo）：浅陋的见解，表自谦。
④ 艾：江西武宁县古称，故称“古艾”。
⑤ 手民：在古代，仅指木工，后来扩展到指雕板排字工人。
⑥ 盥（guàn）：洗手，表恭敬。

色耳。且夫天下事之举以众擎者，往往意见分歧，莫折衷于一，是百十人成之不足，一二人败之有余。况立言为不朽之三，名利攸关，争竞斯伏。在强有力者类思占地步，讨便宜，假公济私，掠美欺世，钓当时之谀，要后祀之誉。即愿而懦者亦或多方粉饰，求挂姓氏于集中，虚伪相市，各聘私图。甚且形格势禁[①]，窒碍难通，卒致废于半途，隳[②]于末路，贻笑方家而不觉。此筑室道谋，风人[③]所为寄咏。而善作不必善成，善始不必善终，古今同慨，志士扼腕也。

今居津诸乡君子顾能力矫恒趋，于真君圣德神化及前人创建之伟，继述之勤，搜访务博，登载务备。至同事同人则不标一名，不著一美，浑然大公，森然至正，杜局外指摘之端，息局中觊觎之隙，实事求是，精确谨严。俾水部得以行其志，抒其才，竭半载之光阴，垂百世之志纪，炳炳烺烺，守先传后。此固由吾乡习尚之朴厚，人心之醇粹，然亦乌知非真君在天之灵默相启佑，莫或使之，若或使之哉？遵斯道也，人人克己复礼，观摩有道，体认忠孝，互相切劘，以上证净明之学，将见风俗蒸蒸日反古处，允为吾乡之幸，抑岂仅吾乡之幸哉？

坚简书迷闷，鞅掌尘劳，愧不获躬与校刊。然窃取其义，实有超出什伯庸众者，用特序而表之，并还以质之水部。如疑坚为敬恭桑梓阿私所好，则全帙具在，覆案可得，有识者当知坚非谬言也。

是为序。

钦加运同衔、赏戴花翎、湖南补用知府、前署直隶澧州知州、加五级、记录十次、古艾余坚镇垣[④]甫谨识（白文印“臣坚之印”，朱文印“镇垣”）

---

① 形格势禁：意为受形势阻碍或限制，事情难于进行。

② 隳（huī）：败毁。

③ 风人：采集民歌风俗等以观民风的官员。

④ 余坚光绪二年（1876）三月离任澧州知州，黄维瓒继任。据同治《武宁县志·选举》：“余坚，安乐乡人。由附生指发湖南直隶州，加运同衔。历署黔阳、桃源、武陵县事。有政声。”

序

志之名曷昉[①]乎？昉于《汉书》中十志[②]，后人因沿其例。省、府、州、县各有志，附于《一统志》之后，征文考献，补一代史册所未备。次则岳渎神奇，地灵人杰，名流汇而志之，传述往古，嘉惠后来，比事属辞，总之不离乎志记者近是。

若澹津[③]之万寿宫，则第吾豫章乡祠耳，兰芷名邦[④]于宫固无涉也。宫亦曷为志哉？不知因宫而志，宫在津自宜志官于津，然因津有官而有志。志津之官，非津之志，志于津义不系于津，而志实专属于官。官之所奉既为旌阳真君，则离一方之祀，一隅之胜，要有不容已于志者，不必斤斤焉较量于公私巨细，而诮其僭[⑤]以志称也。且夫真君本忠孝净明之学，阴骘下民，丰功伟烈，跨天下而无靳，能使千百世之下、薄海内外斋明盛服，祀事孔明[⑥]，洋洋乎如在其上，如在其左右。吾乡为真君宗邦，食德尤大且久，故自京都有铁柱万寿官之建，各直省、市、镇莫不崇饰殿陛，庄严法相，以妥以侑，

---

① 昉：缘起。曷昉：缘起于什么时候。

②《汉书》十志：即律历、礼乐、刑法、食货、郊祀、天文、五行、地理、沟洫、艺文，后世方志皆在此基础上增益。

③ 澹津：津市古名。“澹津”之名最早见于东汉末年献帝封士孙瑞之子士孙萌为澹津亭侯，此“澹津亭”是否为今津市不确。唐戎昱为澧州刺史李泌所作《澧州新城颂》中有“澹津之墟尚在，天门之垒可辨”语，所谓“澹津之墟”即指澹津这个集镇，“新城”即今津市新洲镇，则此“澹津”无疑为津市。而“津市”地名最早见于元宋褧所作《津市留题》诗。因而至晚元以后易名“津市”，但“澹津”之名偶尔还以津市的别名出现在文献中，此其一。清代津市还有澹津书院，民国有澹津女校。津市原先还有澹津路，这都是津市古名的传承。而且“澹津”之名并未消亡，而是作为村名向北转移，今为澹津社区。

④ 兰芷名邦：沅水和澧水流域一带。屈原《湘夫人》曰：“沅有芷兮澧有兰。”

⑤ 僭（jiàn）：超越本分。

⑥ 孔明：非常光大、隆重。

对越俊奔[①]。如家庙，如宗祠，奉百世不祧之祖[②]，而三会四会[③]合其食，敬所尊而爱所亲。澹津之有万寿宫，意亦若是焉耳。是岂以宲廇崇制，丹雘[④]耀华，侈观美于彼都人士哉？将以示唯桑与梓，必恭敬止，相维相系，势离涣而受之以《萃》，迹既比而戒之在《睽》[⑤]也。

顾吾观《礼经》所志，春露秋霜，享祀不忒于昭穆[⑥]之序、升降之仪。筐筥锜釜之盛湘[⑦]，苹蘩蕴藻[⑧]之采荐。即一人一家，寝庙之令典，每不惮志记维详，言为世法。其世家名阀更各编辑宗牒，以志其所当守，而志其所当行，绵绵延延，昭兹来许。况吾徒离乡别井，或百里一人，或千里一人，人心不同如其面，属籍一而里闬不一，如天之福，徼真君之灵，殊途同归，惟此礿祠蒸尝，借展燕毛旅酬[⑨]之情。使非罗而志之，恐世远年湮，率循末由，后或有数典而忘，无征不信者。以宫中人志宫中事，即不及通都大邑、名山巨川、洞天福地，新祠肸费，旧迹掞张[⑩]，足以导游览，佐吟咏，为好古者之一助。而祭日、祭仪、祭器、祭产，要获附真君之仙踪神化垂诸久远。极之经理失人，偶有缺坠，得一二有志之士稽志而综核之，将衰者可以复振，废者可以复兴。是第以志论志若嫌于小，就宫而观志所关者大也。

余不敏，弇陋荒芜，于史中志学无能为役。顷以乞假归省，道

---

① 对越俊奔：遥对神灵，奔走祭祀。

② 不祧（tiāo）之祖：永不迁移的祖先。

③ 三会四会：三会指三元佳节：上元节、中元节、下元节；四会或指汉族祭祀的四个传统节日：除夕、清明节、重阳节、盂兰盆节（中元节，又称“鬼节”）。

④ 宲廇（máng liù）：房屋的大梁。丹雘（huò）：可供涂饰的红色颜料。

⑤《周易·序卦》第十：“物相遇而后聚，故受之以《萃》。《萃》者，聚也。聚而上者谓之升。”又：“家道穷必乖，故受之以《睽》。《睽》者，乖也。乖必有难。”

⑥ 忒（tēi）：超越。昭穆之序：宗庙或神庙中祖先或神主的排列次序。

⑦ 筐筥（jǔ）锜（qí）釜：泛指盛储供品的器具。湘：此处义为烹煮，《诗经·召南·采苹》：“于以湘之，维锜及釜。”

⑧ 苹蘩蕴藻：泛指用于祭祀的香草。

⑨ 燕毛：古代祭祀后宴饮时，以长幼排坐次。旅酬：客人之间相互敬酒。

⑩ 肸（yì）费：依稀。掞（shàn）张：铺张，排场。

经澹津，辱荷乡先生宠命諈诿[①]总纂。余既诞于津，又念先大夫居津久，余之得免内顾忧，诵读以通籍于朝者，生计皆自津来，即皆沐真君之荫，辑校之任责无可逭[②]。因谬为分门别类，偕诸乡先生摭集披讨，越五月而成书。明知志由今创，空所依傍，阙略挂漏弊必不免。然宫以内不敢附会，宫以外不敢骩连[③]，则余与诸乡先生共有自矢而自信者。亦犹之家藏谱乘，惟愿一门胄裔递衍递嬗，拳拳保守而勿替云尔。至体裁有合于古之志与否，固所不暇计也。志既成，遂因为之序。

赐进士出身、诰授中宪大夫、工部郎中、都水司行走、随带加三级、安福伍锡钊梦兰[④]甫谨撰（白文印“臣锡钊印”，朱文印“梦兰”）

① 諈诿（zhuì wěi）：嘱托。

② 逭（huàn）：逃避。

③ 骩（wěi）连：应同骩丽、骩属，谓左右相随。

④ 光绪《吉安府志·选举志》：“同治二年（1876）翁曾源榜”进士有“伍锡钊，工部郎中”。《明清历科进士题名碑录》同治二年（1876）进士有“伍锡钊，江西吉安府安福县人”。为二甲进士。余不详。

凡 例

一　志书之设原为表章名胜，第吾辈崇构乡祠，客居异邦，其星野舆地皆于本馆无涉，故澧、津遗迹一概不敢阑入。

一　本馆志属创始，空诸依傍，然我真君之神化仙迹，江省及逍遥山皆详志之。兹特敬谨抄辑都为一卷，俾我乡人居津者家喻户晓，庶几[1]诵芬扬烈，人人得备窥忠孝净明之学之大。

一　真君生为循吏，殁为明神，普济群生，赫声濯灵[2]，度越千古，不可思议。然稗官野乘备载，神奇每不免伪以沿伪，流于荒诞不经。此次纂辑概不敢滥为登载，盖以多传疑不如以少传信也。

一　真君道集厥躬净明，宝训实与经传互相发明，见性之功即尽性之学，摄形之妙即践形之修，学者果能潜心玩索，则诚正修齐可与入尧舜之道。至于众真语录，有与净明一脉如危微精一，心法相传，足以疏阐奥旨者亦一并附登。

一　澧、津南连湘、岳，北接荆、峡，吾乡名公巨卿、骚人学士游览戾[3]止岁不乏人，行李东道[4]馆有旧规。其即事纪述及留赠楹帖不少大笔名篇，可法可传，向皆什袭珍藏。兹特汇而志之，庶几[5]碎金片玉光华发越，而雪泥鸿爪亦足志一时遇合之缘（其已泐石者概归“碑记”，其未泐石者各从其类编入）。

一　祝史陈词自古为昭馆中自真君而下所奉列列福神，向皆于诞日呈进表文，由住持豫备，今概为改撰，用昭诚敬。

---

① 庶几：有幸。《汉书·公孙弘传》：“朕夙夜庶几获承至尊。”

② 赫、濯（zhuó）：显著，盛大。

③ 戾（lì）：来到。

④ 行李：行旅之人，即客人，非今天所谓随身所带物品。东道：接待客人的主人。

⑤ 庶几：或许，也许。《宋史·文天祥传》：“而今而后，庶几无愧。”

一　本馆祭产原有置买契据可凭，今皆逐契抄纂，而山田各业更图以志其长短宽狭，庶世远年湮可防侵凌削夺之患。

一　逍遥山为真君静养飞升之所，灵钟秀萃实为福地洞天，兹特附版图于宫图后，匪徒表一方之胜，亦足流万祀之芳。

一　馆中善举如同善堂、义渡、救生船及惜字、水龙等会向有章程，垂之久远。然未刊有成书，恐率循无自，或至言人人殊变本加厉，兹并详悉妥商，画一定规，庶款项不至侵蚀，而法则不至坠残。

一　是编采辑日浅，原无古史可以博稽，挂漏之讥知所不免。至于馆中各事纪载略备，特言之无文，尤惭弇鄙，尚期博雅君子修饰续编，匡所不逮[1]。

---

① 匡所不逮：纠正、补充不当或遗漏部分。

目 录

澧州津市万寿宫志
卷之首

天　章

我国家斋宫澄肃，典秩明禋[①]，怀柔普遍，百神效灵，群后献祉。督抚臣以神祇显应吁求封褒者相望于道，天子辄下其奏于礼臣，妥议题覆，合于崇德报功之典，然后颁降俞旨。盖大圣人允执厥中[②]，权衡至当，诚有非可幸希恩泽者。

我真君护国佑民，声灵赫濯，仁庙[③]特晋徽号，文庙[④]亲洒宸翰，殊荣异数，有加无已。玉隆、铁树之享祀，直将与昭代亿万年有道之祚共绵延于勿替。是岂若东封西祀[⑤]徒侈具文哉？敬饬剞劂，泐弁简首，上宣德意，下顺舆情，乃邦国之光，非闾里之荣也。敬纪天章。

① 明禋（yīn）：指明洁诚敬的献享。

② 允执厥中：指言行不偏不倚，符合中正之道。

③ 仁庙：嘉庆仁宗皇帝。

④ 文庙：咸丰文宗皇帝。

⑤ 东封西祀：北宋大中祥符元年（1008），在全国掀起了一场长达十余年轰轰烈烈的“天书”封祀运动。宋真宗东巡泰山封天禅地、幸曲阜祭孔子；西至汾阴登坛祀后土，又赴亳州真源县（今河南鹿邑县）谒太清宫，崇道封神、大造宫观祠庙，民间怨声载道。

附：

嘉庆八年（1803），秦抚宪[①]奏请加封。奏为恭恳圣恩敕封神号，以妥灵爽，而昭崇报事。

窃照江西士民向来崇信晋旌阳令许，各处皆有祠宇，而南昌县属逍遥山为旌阳得道之所。唐贞观二年（628）奉敕建庙，宋祥符间赐号“玉隆宫”，规模甚为宏厂[②]，灵应尤著，奉祀维虔。

本年立秋雨水稀少，农民望泽孔殷。臣亲诣庙中，宿坛三日，敬谨虔求，即日大沛甘霖，通省十分透足，池塘陂堰，处处充盈，田禾杂粮，俱皆发荣畅茂。臣于奏报六月分雨水粮价折内声明在案。今中、晚二稻已刈获登场，通省收成足有八九分，现在另折奏报。

臣采访舆情，咸以今岁秋禾正在望雨，仰赖皇上圣德覃敷，神灵显应，故得普沾澍泽[③]，同庆有秋。信奉旌阳之神益加虔恪，愈思吁恳圣恩褒封赐祭。

臣详考《江西志》载：许，西晋时人，躬行孝道，官旌阳日惠政甚多。后归隐豫章，斩蛟除害，奠安民生，并于城南冶铁为柱，以镇地脉。自为谶记云：“地胜人心善，应不出奸谋，纵有奸谋者，终须不到头。”思深虑远，所以靖千万世之人心者，厥功甚伟。宋初封“神功妙济真君”，元代加“至道元〔玄〕应”之号。虽祀典未载，志乘有征。可否仰恳圣恩俯顺舆情，敕加封号，并赐祀典。俾灵爽式凭，用昭崇报。臣谨恭折具奏，伏乞皇上睿鉴。

谨奏。

嘉庆八年（1803）九月十九日具奏。

嘉庆八年（1803）十一月二十六日，奉朱批礼部议奏。钦此。

---

①“秦抚宪”为秦承恩，嘉庆七年（1802）任江西巡抚。《清史稿·列传一百三十二》：“秦承恩，字芝轩，江苏江宁人。乾隆二十六年（1761）进士……（嘉庆）七年（1802）……擢江西巡抚，迁左都御史，仍署巡抚事。十一年（1806），召授工部尚书，调刑部，署直隶总督。”

② 宏厂：宏敞，或作弘敞。

③ 澍（shù）泽：滋润万物的时雨。

署南昌府事、广信府正堂、世袭骑都尉、又云骑尉觉罗麟[①]为颁发事。

本年二月十四日，奉布政司先[②]，本年正月二十五日，奉巡抚部院秦案验，嘉庆九年（1804）正月二十日，准礼部咨祠祭司案呈，先经本部议覆。

江西巡抚秦奏请敕封晋旌阳令许一折，于嘉庆八年（1803）十一月初六日奏，奉旨依议。钦此。

随经本部抄录原奏，移咨该抚，并移会内阁撰拟封号。去后，今准内阁交出封号字样，奉旨著用“灵感普济之神”。钦此。

相应移咨该抚钦遵办理可也。等因到本部院。准此。

查礼部议覆原奏迄今未准，咨行到院，除饬驻京提塘官[③]查明，俟咨到另行饬遵外，合先抄录奏稿，并恭录朱批，转行备案，行司即便行移，钦遵查照办理无违。计抄发奏稿一件，等因行司到府，奉此合就转行，为此案仰该县即便查照，钦遵办理。仍将查办缘由具报毋违。

计粘抄咨，右仰丰城县案。

---

①觉罗麟：满人姓氏，应为觉罗麟喜。此署“署南昌府事、广信府正堂”，下篇则仅署“署南昌府正堂”，分属嘉庆九年（1804）二月和三月。据同治《广信府志·职官·知府》：“觉罗麟喜，满洲正红旗，翻译生员。（嘉庆）元年（1796）任。”“觉罗麟喜，（嘉庆）八年（1803）十一月回任。”又同治《南昌府志·职官表·知府》下嘉庆九年（1804）有：“麟善，满洲正蓝旗人。生员补授。”同年又有：“麟善，回任。”查《清嘉庆实录》，“麟喜”“麟善”均不见。而在《清乾隆实录》中“觉罗麟喜”或“麟喜”凡七见，无“麟善”之名。其时觉罗麟喜尚为少年，多为“京察保送一等之内阁侍读学士”。因而麟善之“善”乃为“喜”字之讹。

②本年：这里指嘉庆九年（1804）。布政司先：“先”为姓氏，即先福。据光绪《江西通志·职官表》：“嘉庆八年（1803），先福，满洲正白旗人。翻译生员，布政使。”又《清嘉庆实录》卷一一六：嘉庆八年（1803）七月辛丑，“以署江宁布政使先福为江西布政使，调江西布政使康基田为江宁布政使”。

③提塘官：清代官名，又称提督。据《中国历代职官辞典》：清各省督、抚选派本省武进士及候补、候选守备等于咨行兵部后充补，驻于京城，承当京、省往来文书递送任务，隶兵部车驾清吏司捷报处。

嘉庆九年（1804）二月二十四日行。

署南昌府正堂觉罗麟札丰城县知悉：

本年三月初九日，奉布政司先札开，本年二月二十二日，奉巡抚部院秦札开。照得江西士民向来崇信许真君，上年立秋雨水稀少，农民望泽孔殷，当经本部院亲诣逍遥山，宿坛虔求，普沾澍泽，同庆有秋。业经恭折奏恳敕加封号并赐祀典。接准礼部议复，奉旨著用“灵感普济之神”。钦此。

除谨备告文，率属诣许真君庙虔诚昭告外，所有告文合行抄发札司，即便敬谨遵照毋违。此札。

计粘单一纸。

嘉庆九年（1804）三月二十二日。

咸丰三年（1853），张抚宪[①]奏请加封赐额。

奏为神佑江城灵应显著，请旨敕加封号，并恳御书匾额，以光祀典而答神庥，仰祈圣鉴事。

窃照江西省城广润门内旧有妙济万寿宫，其故址建自晋时，祀神旌阳令许。详考志乘，神世为许昌人，汉末避地南昌，少从吴猛学三清法。晋太康初为蜀郡旌阳令，大施利济。后弃官归，谒谌母于丹阳，授以道术。永嘉时于豫章斩蛟，为铁柱以镇水患。周行江湖诸郡殄灭毒害，乃归旧隐。拔宅飞升，乡人祀之。唐咸通中赐额“铁柱观”，宋大中祥符间赐名“景德观”，政和中封“神功妙济真君”，改“延真观”。明正统初按察使石璞[②]奏列祀典，许之。嘉靖中赐额“妙济万寿宫”。

国朝嘉庆八年（1803），江西旱，前抚臣秦承恩以祷雨灵应奏，

---

①“张抚宪”为巡抚张芾，咸丰二年（1852）任。《清史稿·文宗本纪》：咸丰二年（1852）八月“命廷臣会筹军储。调常大淳为山西巡抚，以罗绕典为湖北巡抚，张芾署江西巡抚”。

②《明史·列传第四十八》：“石璞，字仲玉，临漳人。永乐九年（1411）举于乡，入国学。选授御史。正统初，历任江西按察使。”

奉敕封“灵感普济之神”，列于祀典，春秋致祭。江西士民无不称为福主，妇孺皆知，敬奉香火之盛盖莫与比。臣等因贼扑省城，当即率领官绅同诣庙中，虔申祈祷并奉移神像于德胜门楼，幸赖神威佑庇，两次地雷轰城均得化险为平。第二次、三次并发，尤极危险。正值连日北风，黑烟扑进，人力难施之际，忽转东南风，我兵得以顺风施放火器，抢护城垣。此处地道虚陷者十数处，形迹显然。又九十余日以来，贼营炮子打入城中，不计其数，从未伤一居民。火箭射入亦未延烧一屋，且有被风吹回反烧贼营者。现在贼众败窜，省城解围①。此皆仰荷圣德，诚孚神灵助顺。臣等不胜寅感之至，应请旨敕加封号，并恳御书匾额，以崇庙貌。除将匾额尺寸另缮清单处理，合会同在籍尚书臣陈孚恩②恭折具奏，伏乞皇上圣鉴训示。

谨奏。

〔咸丰〕三年（1853）十月二十一日。

准。兵部火票递到。前折奉朱批另有旨。钦此。

---

①《清史稿·列传一八六》：张芾，“咸丰二年（1852），调刑部侍郎。任满，留署江西巡抚，寻实授。时粤匪方围长沙，诏芾偕在籍尚书陈孚恩筹防。未几，岳州陷，芾驻守九江。三年（1853）正月，总督陆建瀛至九江，芾移守瑞昌，贼来犯，击走之，而九江遂陷，革职留任，退守南昌。贼既踞江宁，分股溯江而上。芾奏调湖北按察使江忠源来援，甫至，而贼船直抵城下，芾率官绅婴城固守，贼穴道轰城，坏而复完。总兵马济美战殁城外，赖江忠源迭战却贼，被围凡三阅月，贼乃东走，由九江趋安徽。芾以守城劳，复原官”。

②《清史稿·列传一七四》：陈孚恩，字子鹤，江西新城人。道光五年（1825）拔贡。道光二十九年（1849）署刑部尚书，咸丰三年（1853）太平军犯南昌，陈孚恩与张芾固守，江忠源援师至，力战，相持九十余日，贼退。以守城功赐花翎。

纶音

神仙抬世

明嘉靖　　年　月　日颁

澧州津市万寿宫志
卷之一

宫　图

丹房十二，紫馆三千，天上白玉京[①]虚无缥缈，可望而不可即。孰若兹画栋雕甍，明明骏奔对越哉！我真君德被生灵，功参造化，自宋升观为宫，历代尊奉有加无已，庙貌遍于寰宇。蕞尔津[②]丹雘庄严，金碧辉映，亦沧海中一粟耳。然义关崇报，礼重明禋，不当泥迹象以求感通，亦不能离迹象而昭诚敬。图而志之，并图各郡馆及山田于后。庶几肯构肯堂，不惜梓材于有侐[③]，安见灵爽式凭？惟在仙曹左府，而路寝[④]孔硕，难媲玉隆腾胜之天哉！志宫图。

---

①白玉京：道家称天帝所居之处。

②蕞尔津：犹说津市这个小地方。

③侐：清静，寂静。《诗经·閟宫》："閟宫有侐，实实枚枚。"

④路寝：古代天子、诸侯的正厅。《诗经·閟宫》："路寝孔硕，新庙奕奕。"

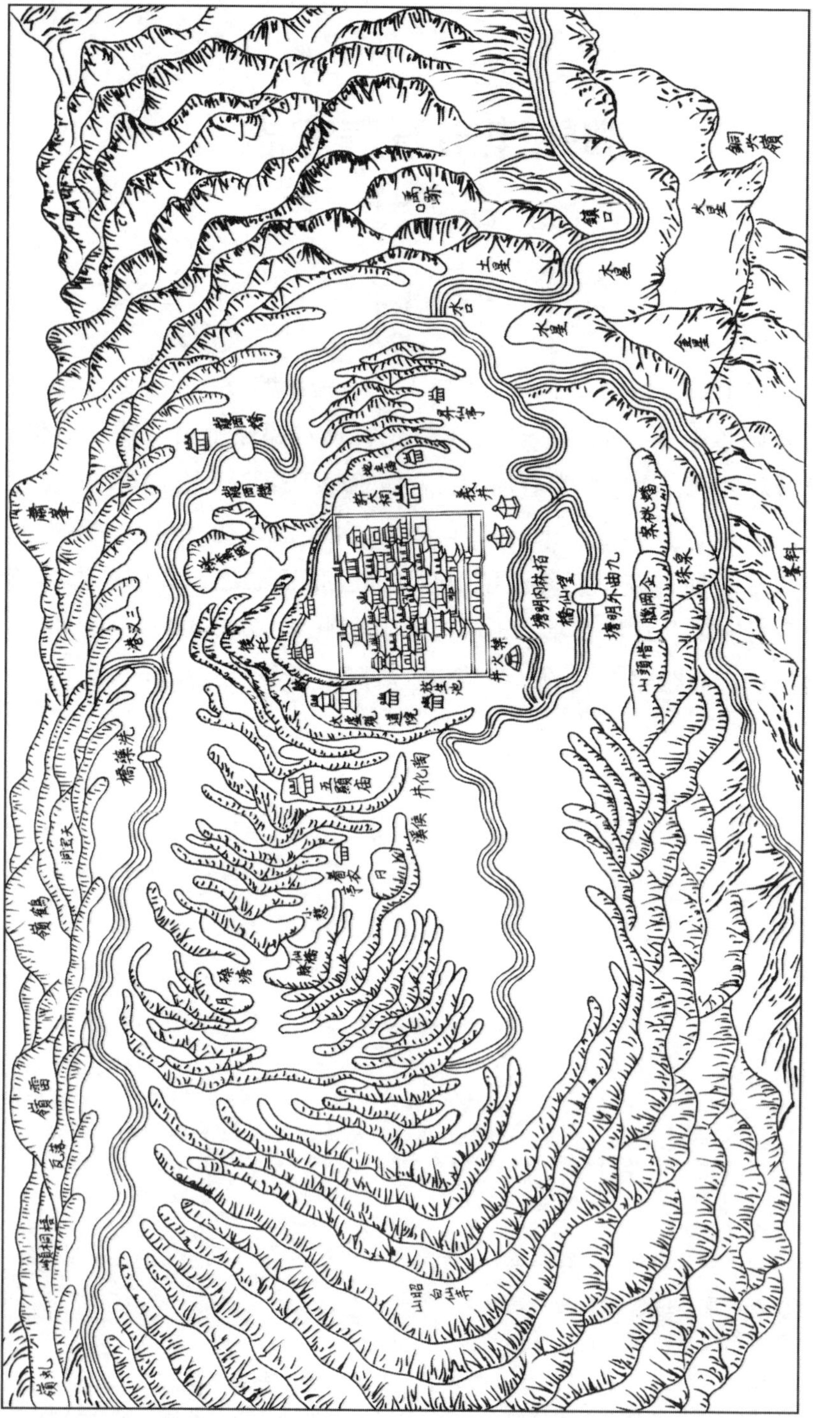

西山全图

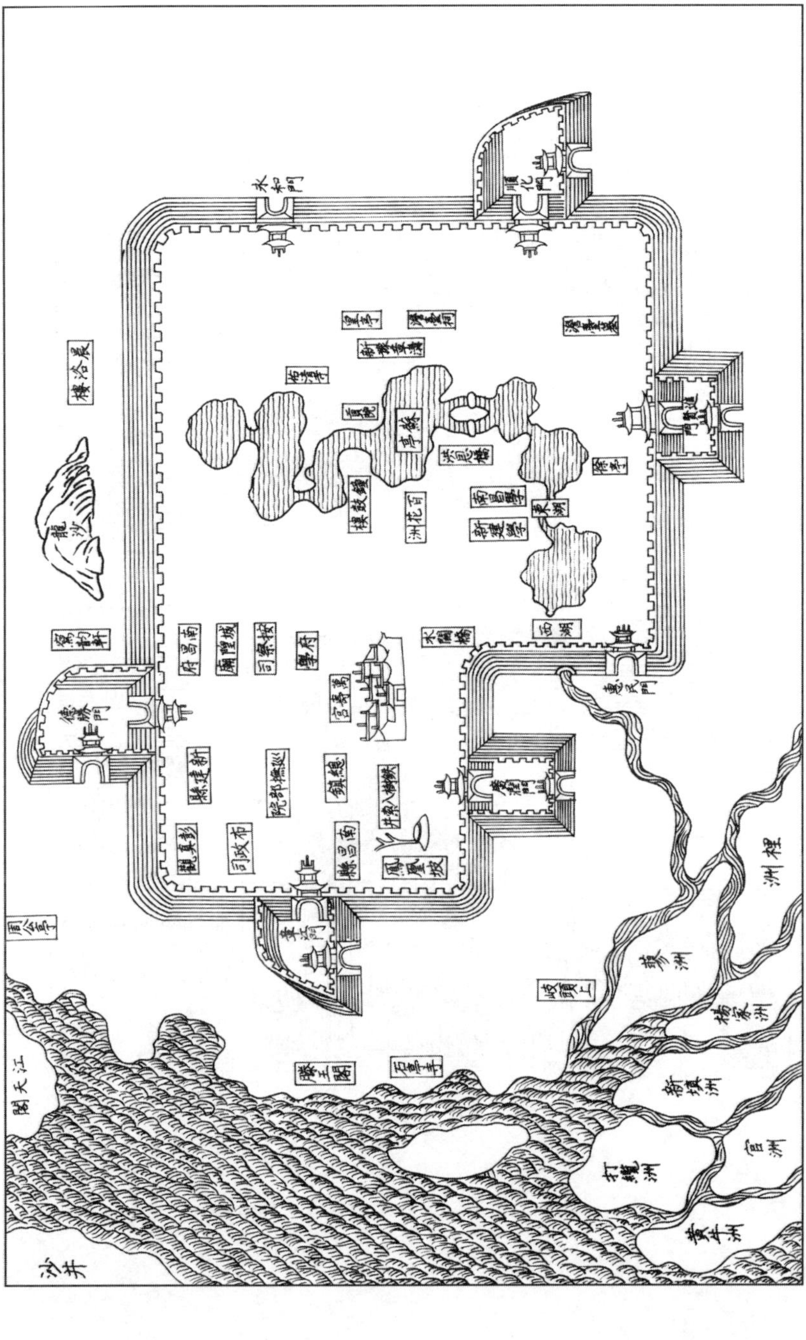

豫章江城名迹

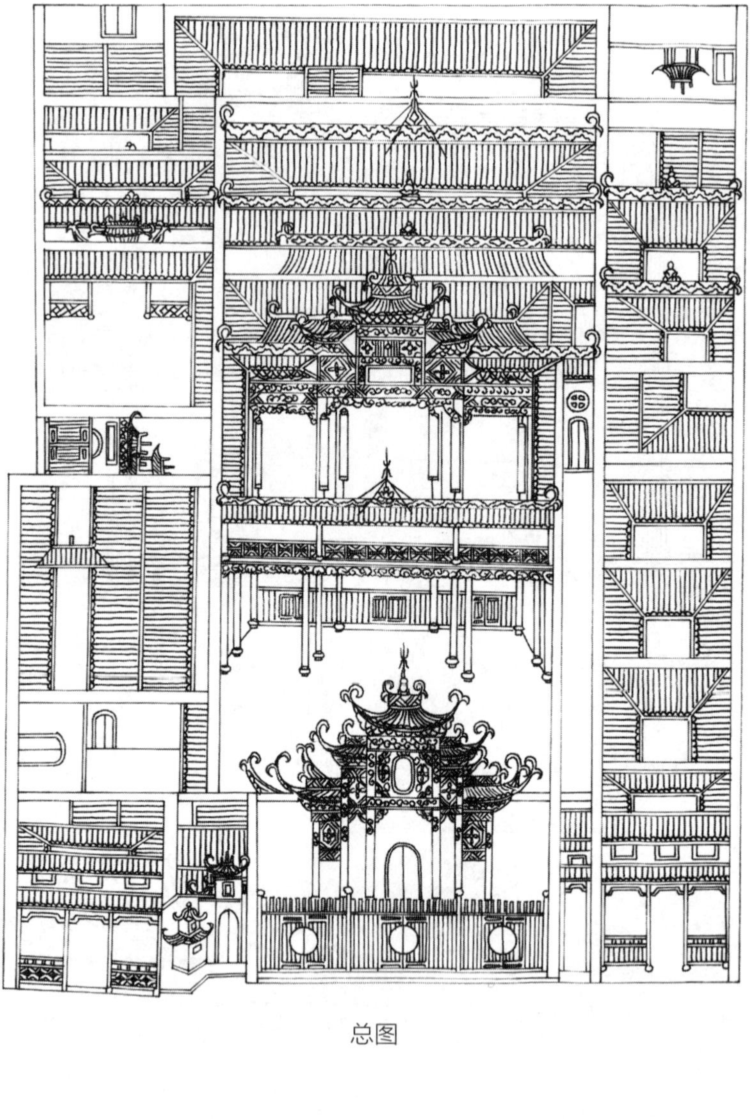

总图

门坊

殿前春秋楼图

外台之图

大殿之图

东廊、西廊

上下两龛图

分绘观音堂

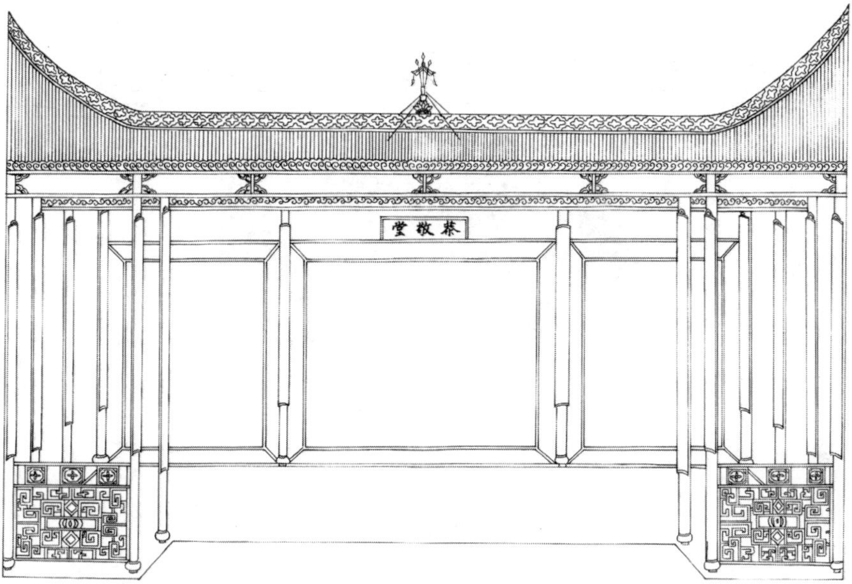

恭敬堂图

轩辕殿图

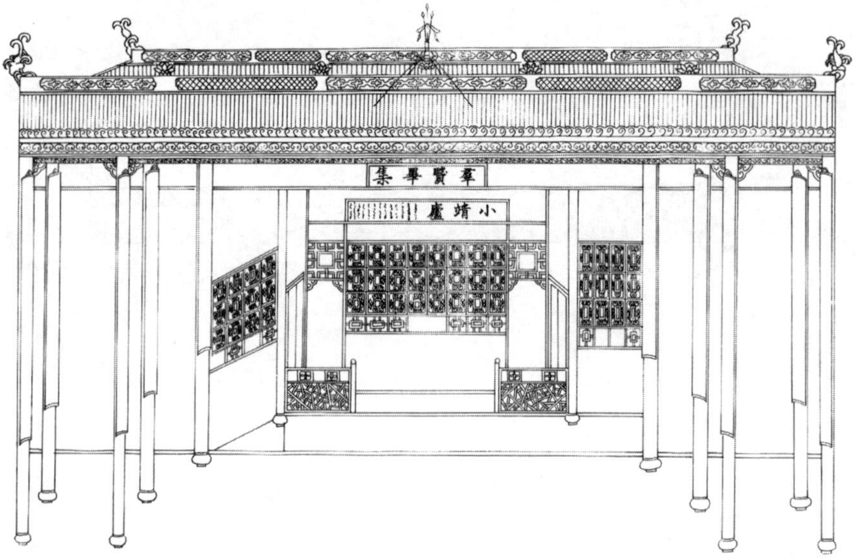

小靖庐图

澹园之图

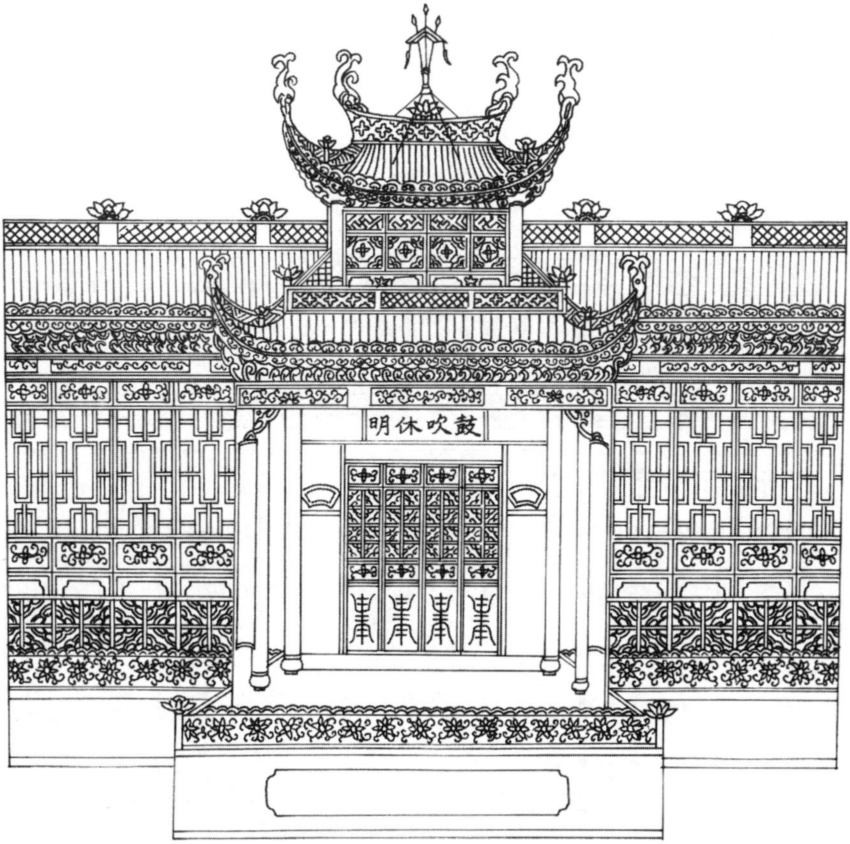

内台之图

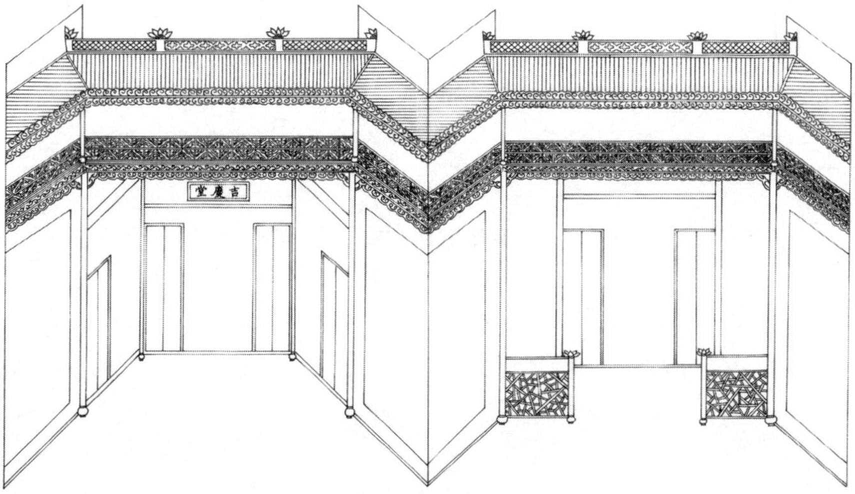

吉庆堂图

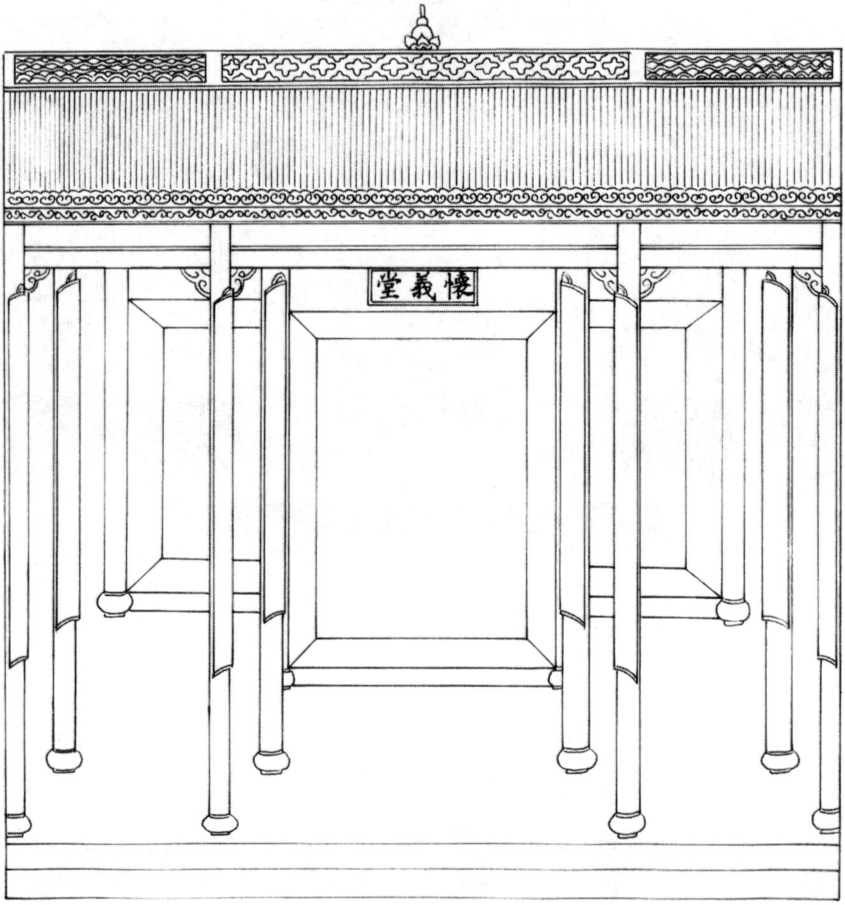

附昭武怀义堂图

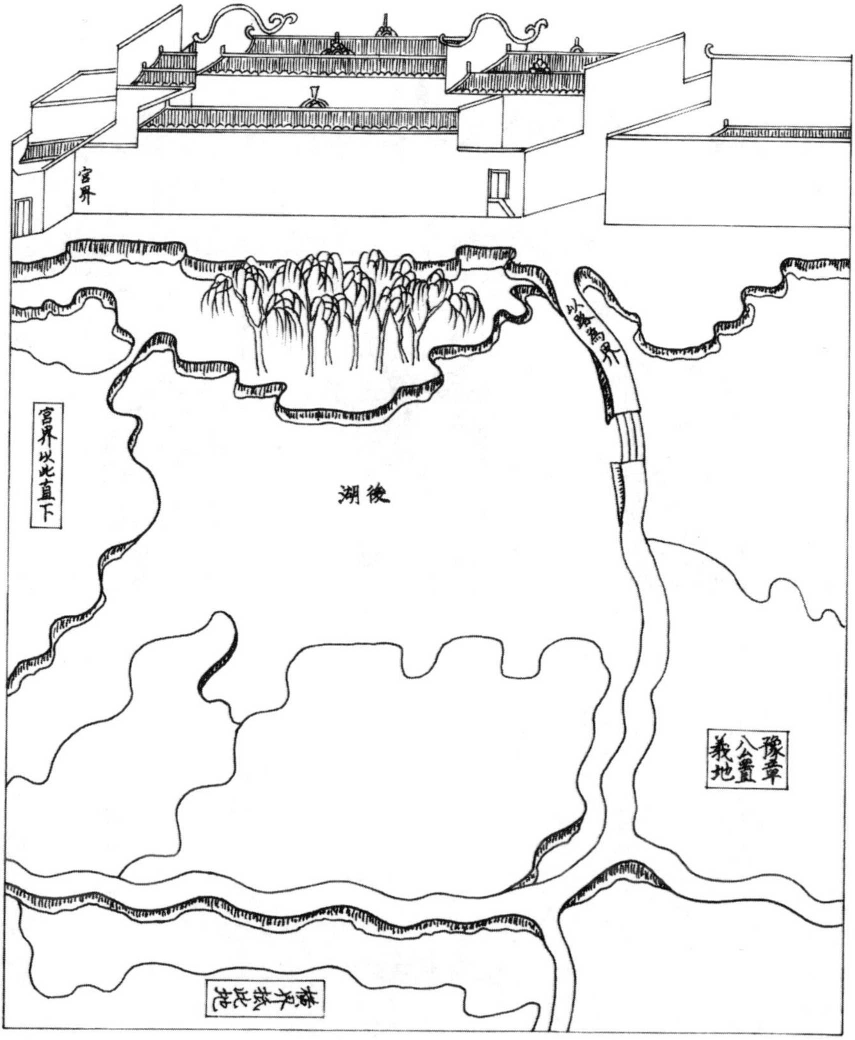

馆后基地之图

附昭武如意殿图

附昭武地藏殿图

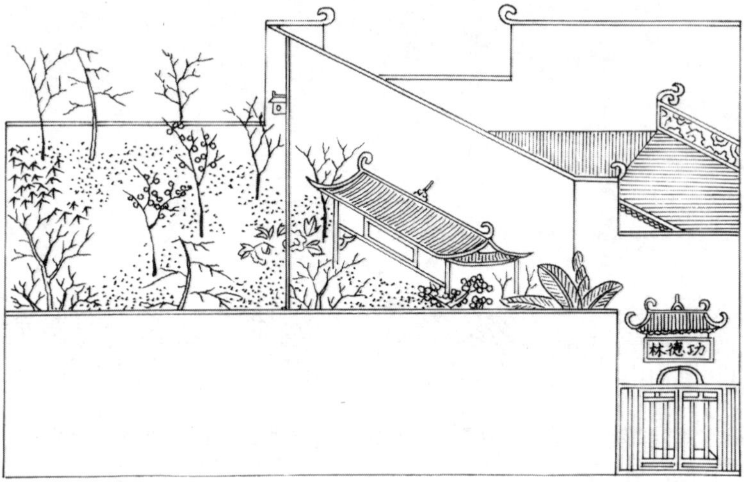

附昭武悟园图

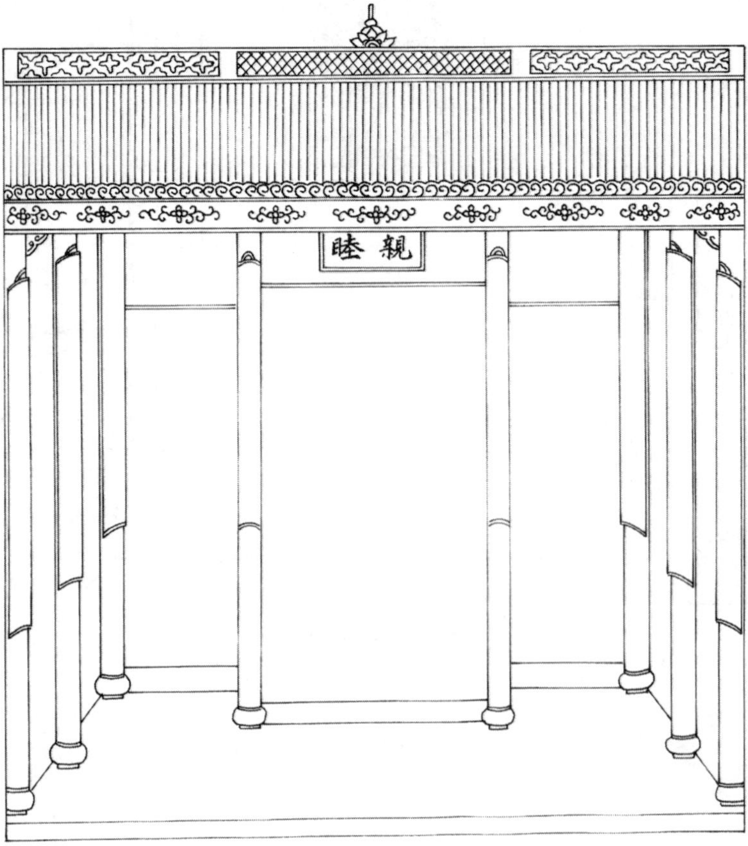

附昭武客堂图

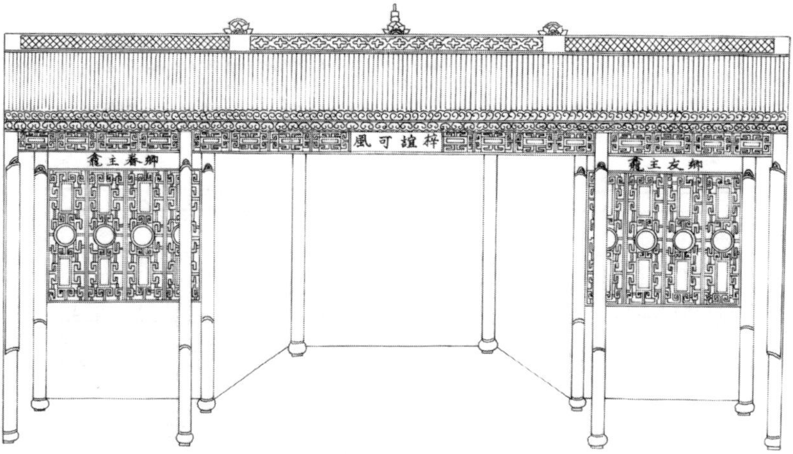

附南吉临瑞四德堂之图

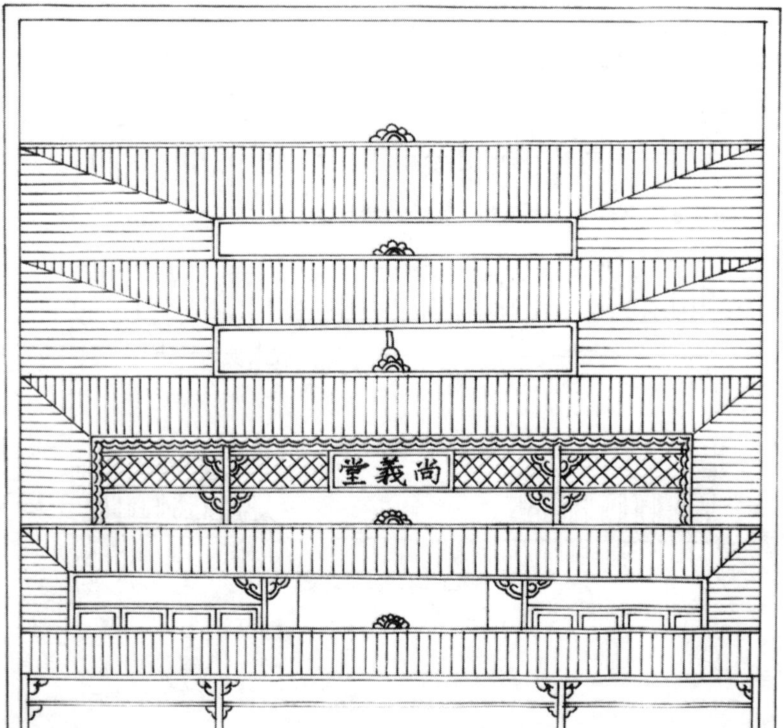

附吉郡尚义堂之图

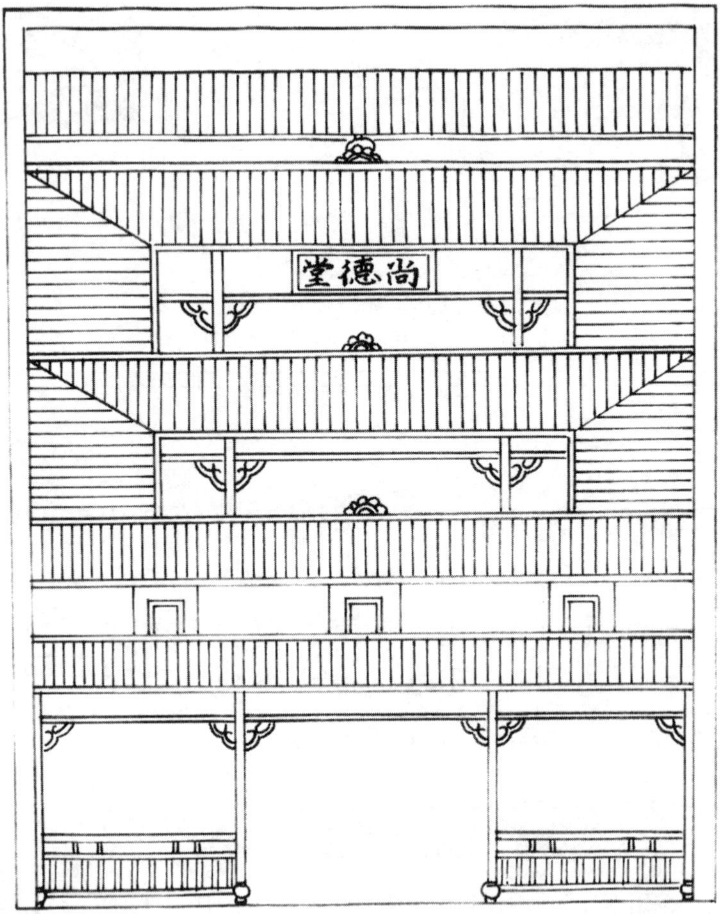

附吉郡尚德堂之图

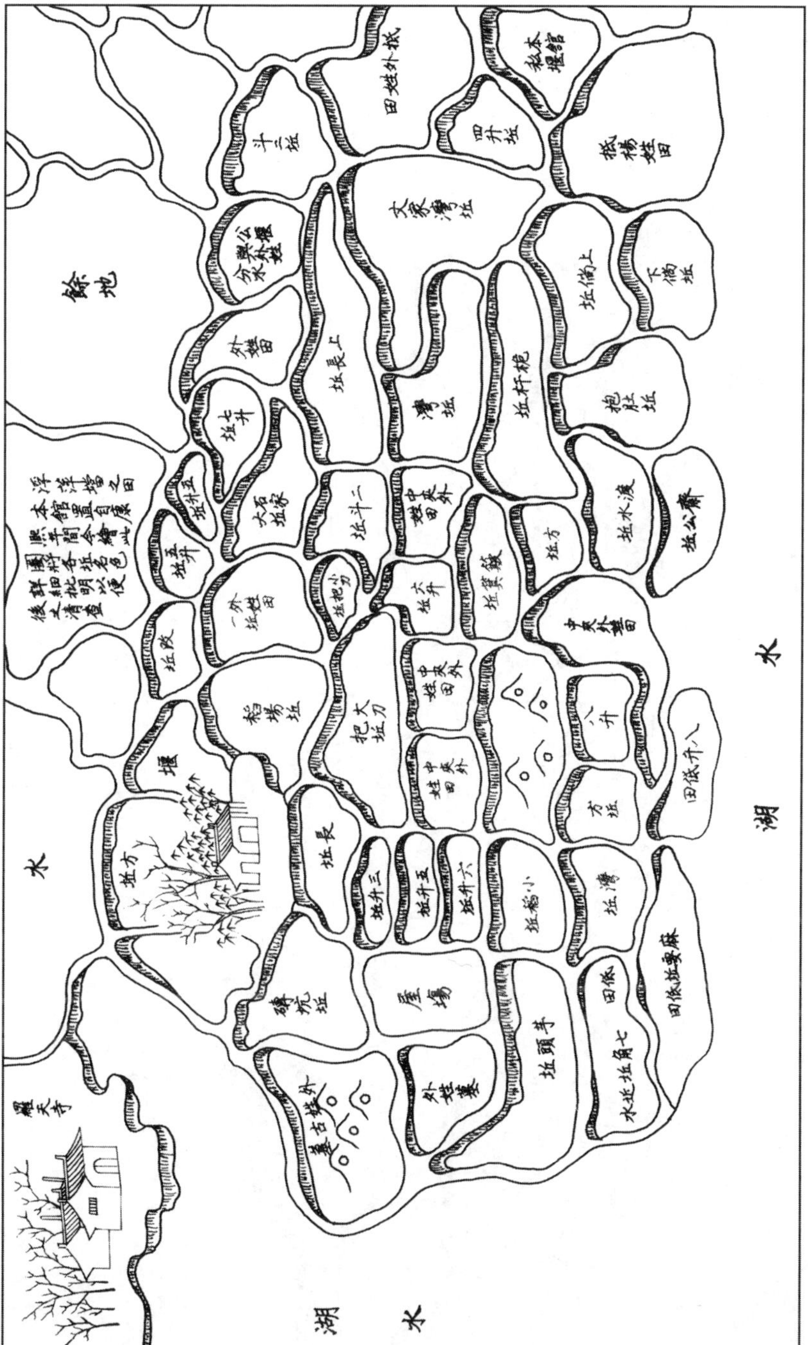

浮萍垱田之图

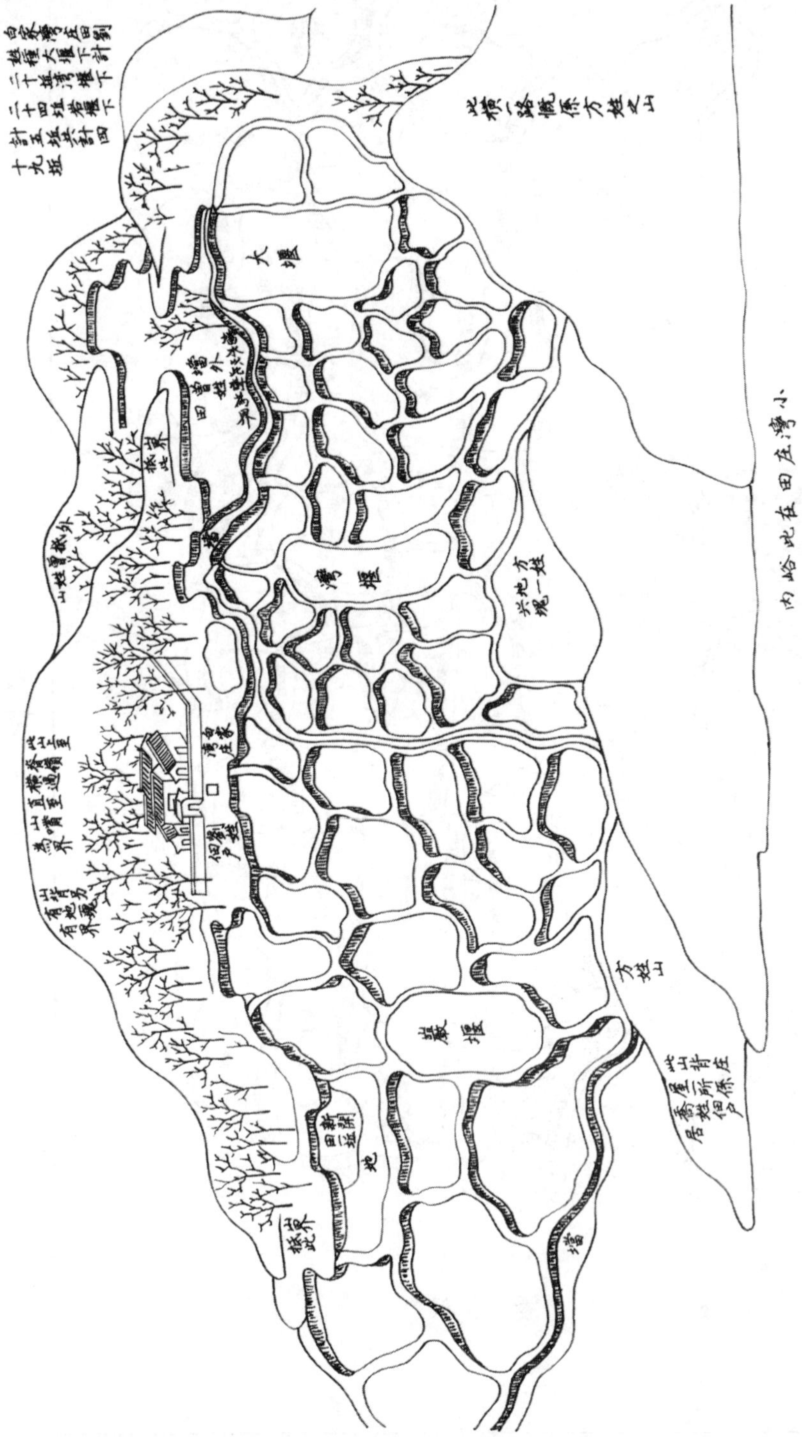

四府田山之图一

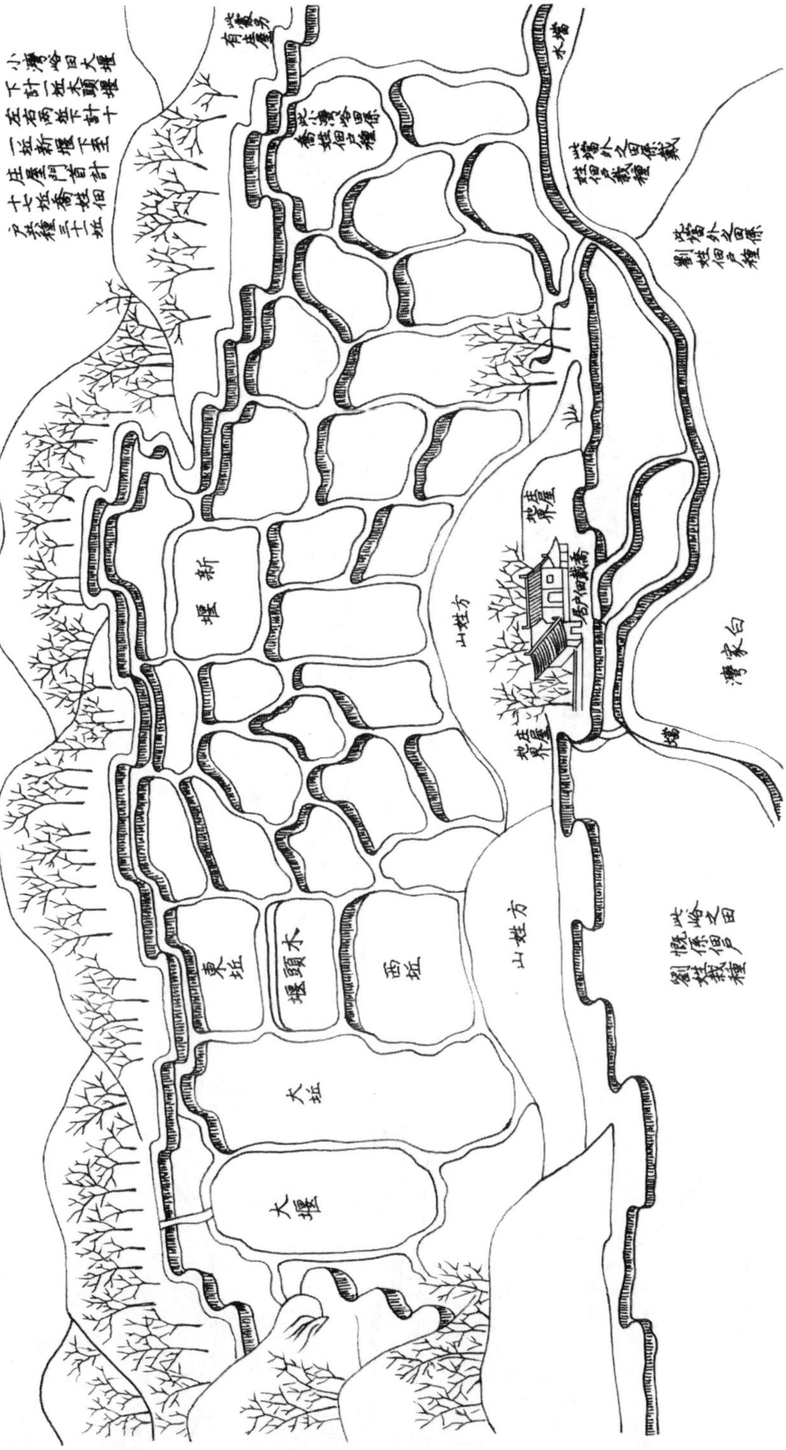

四府田山之图二

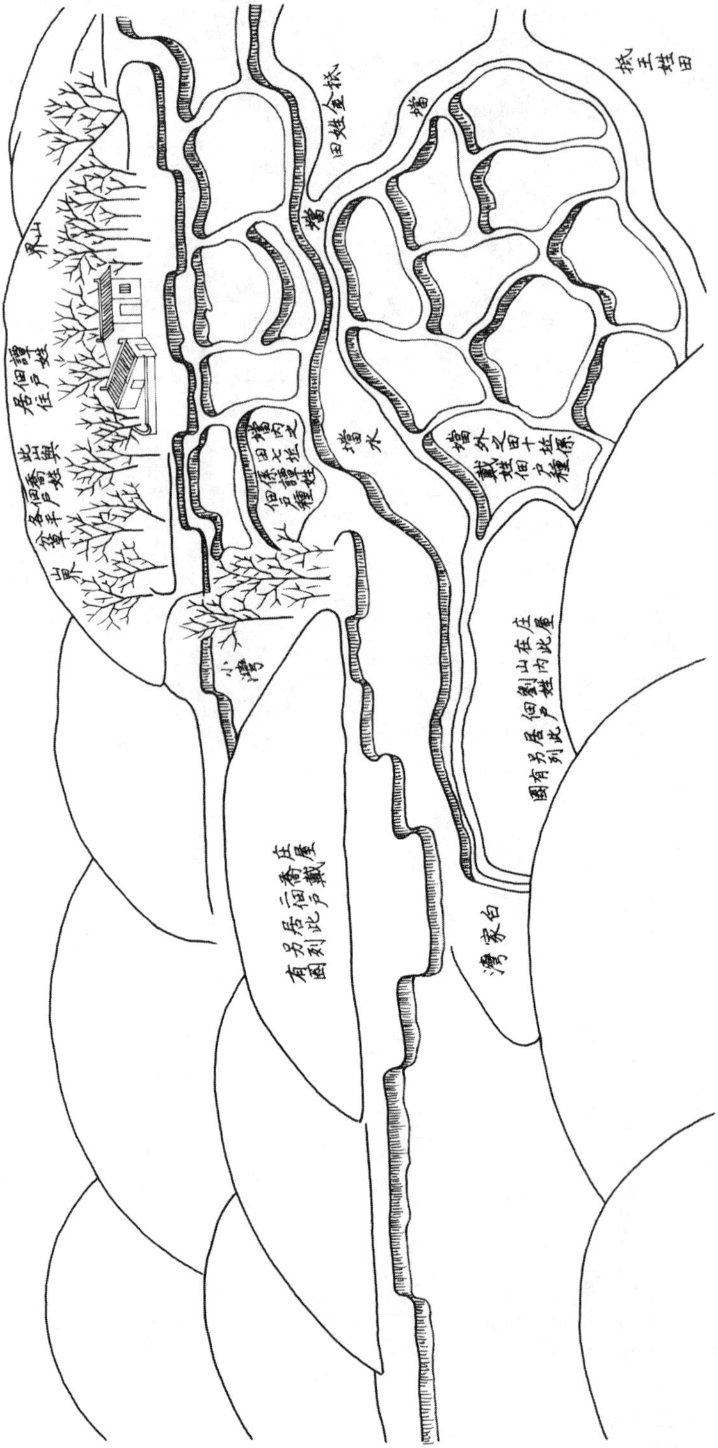

四府田山之图三

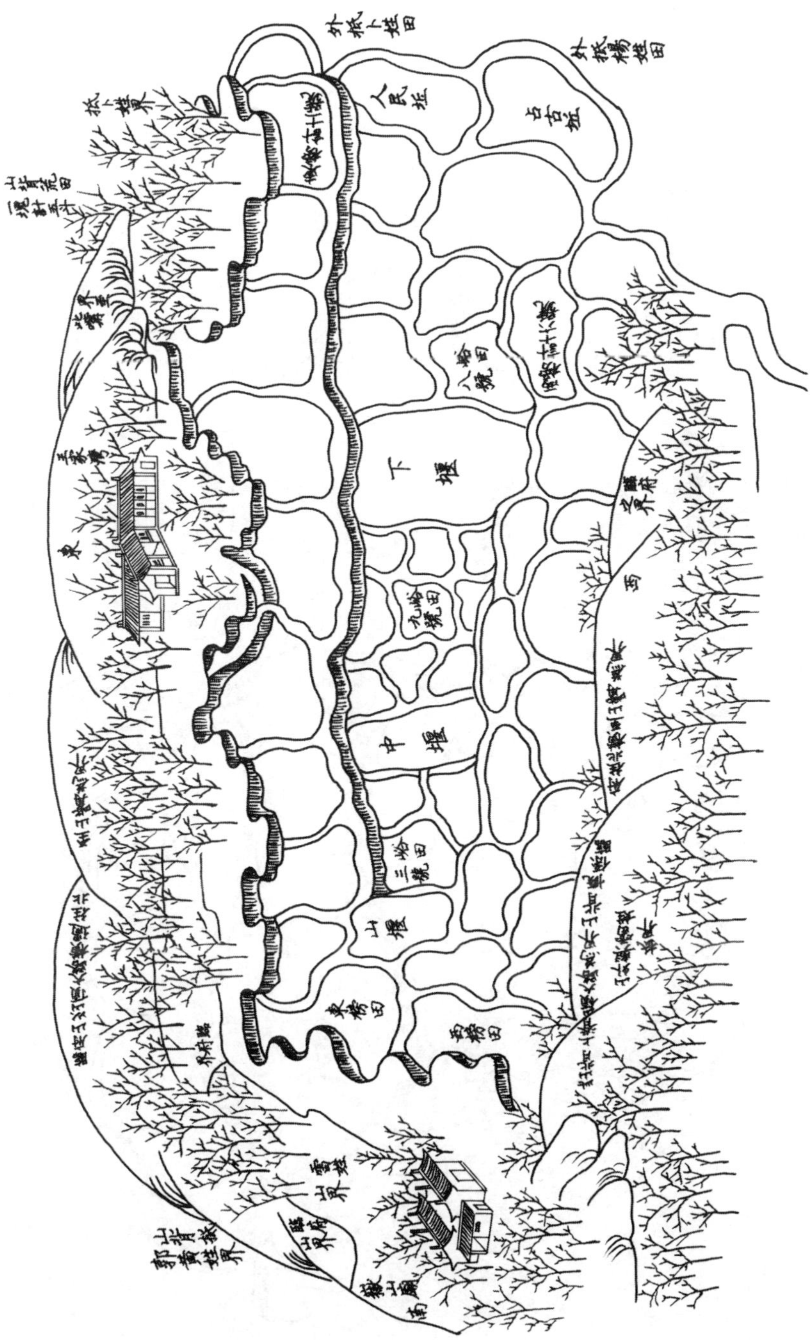

临府岳山庙田山图

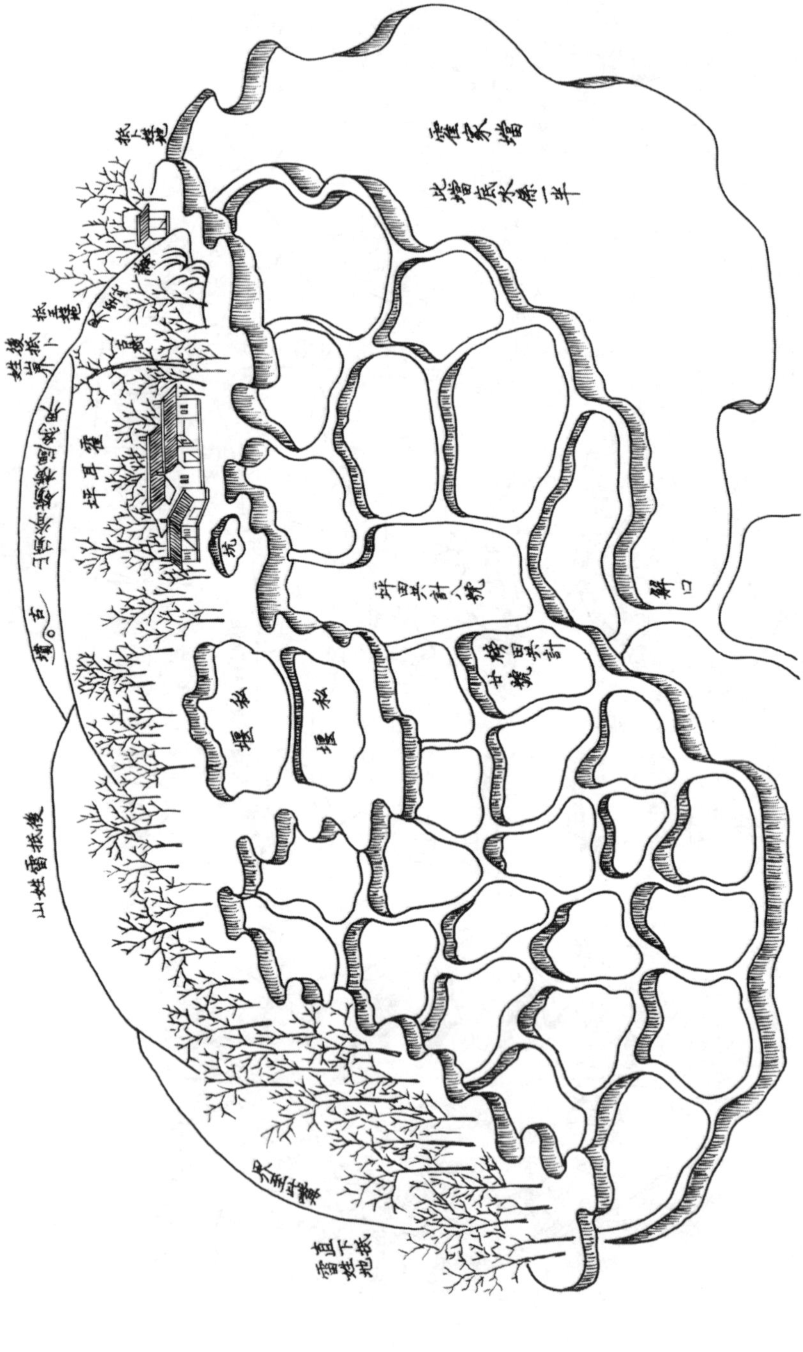

临府霍家坪田山图

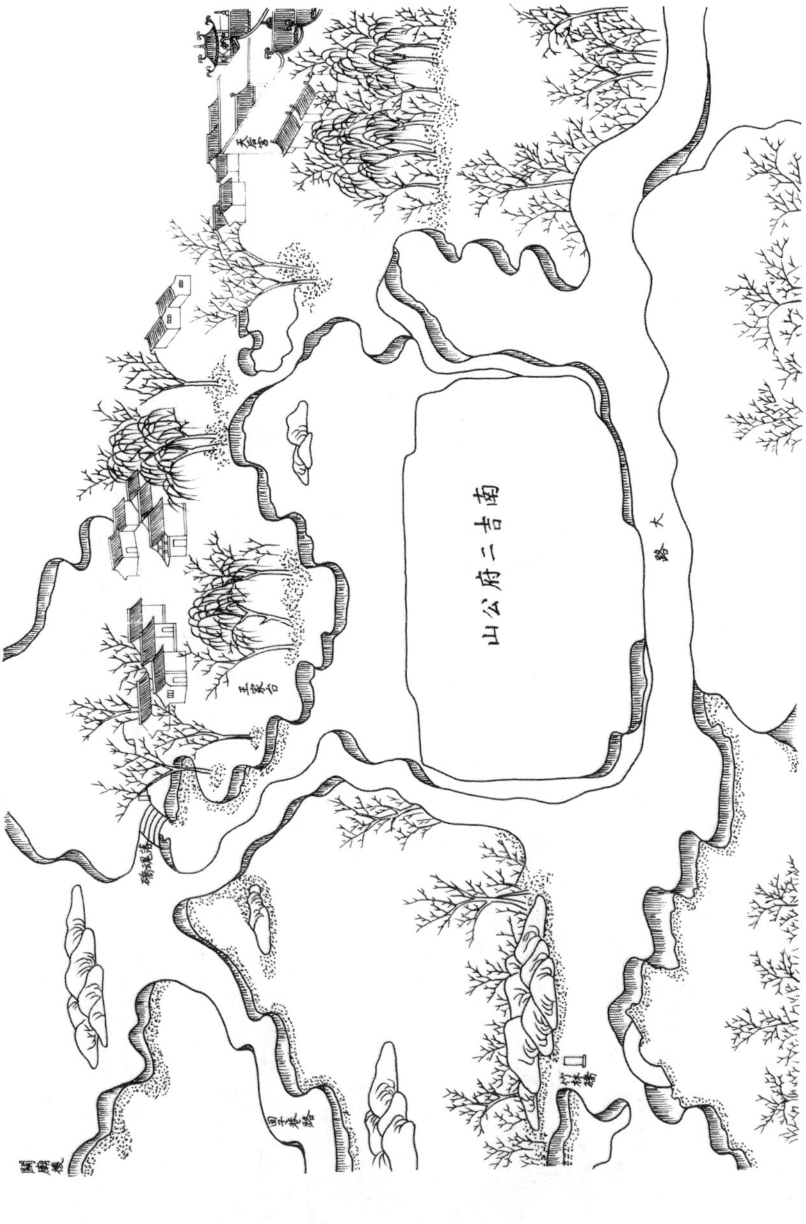

南吉两府公地

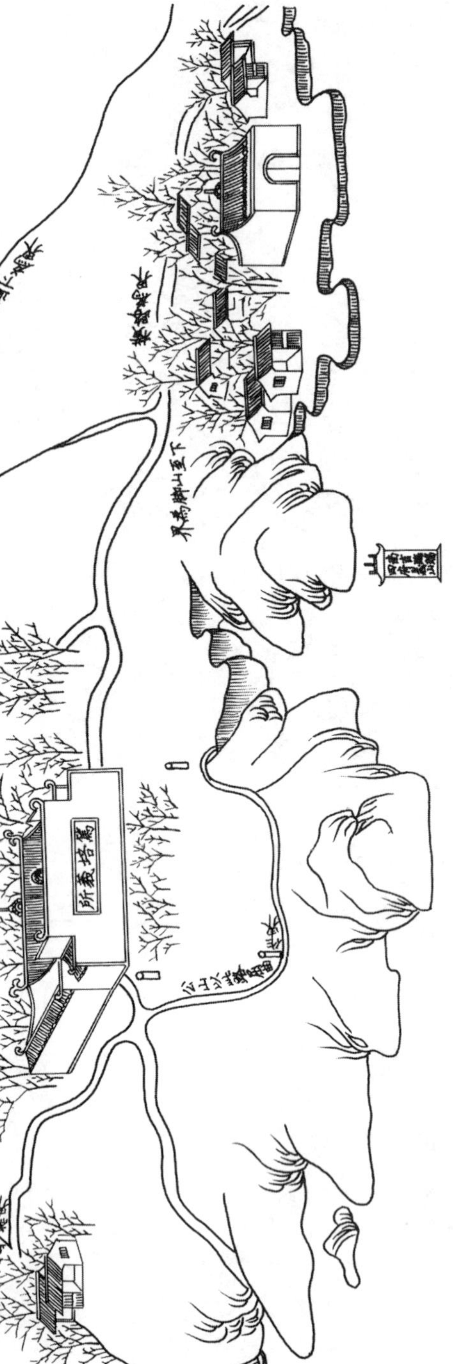

四府公山之图一

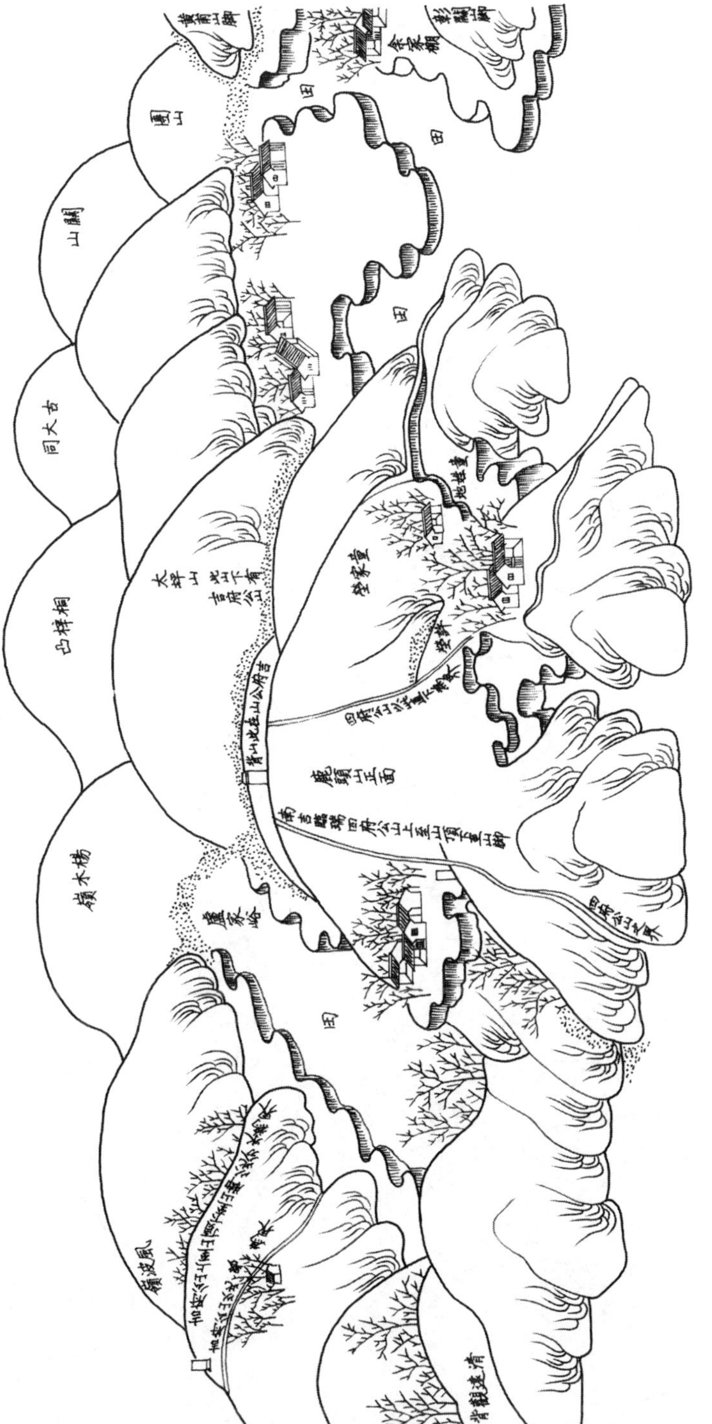

四府公山之图二

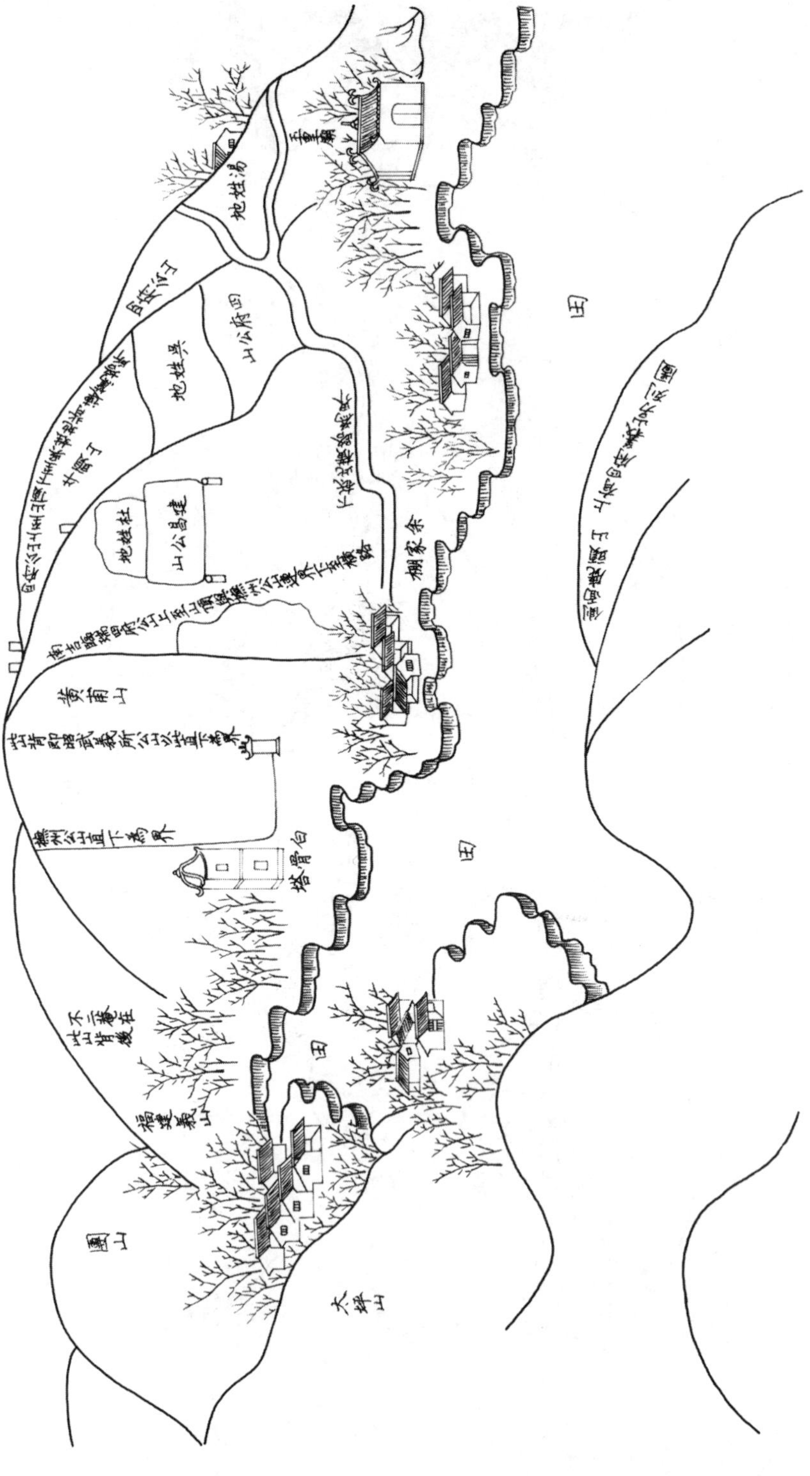

四府公山之图三

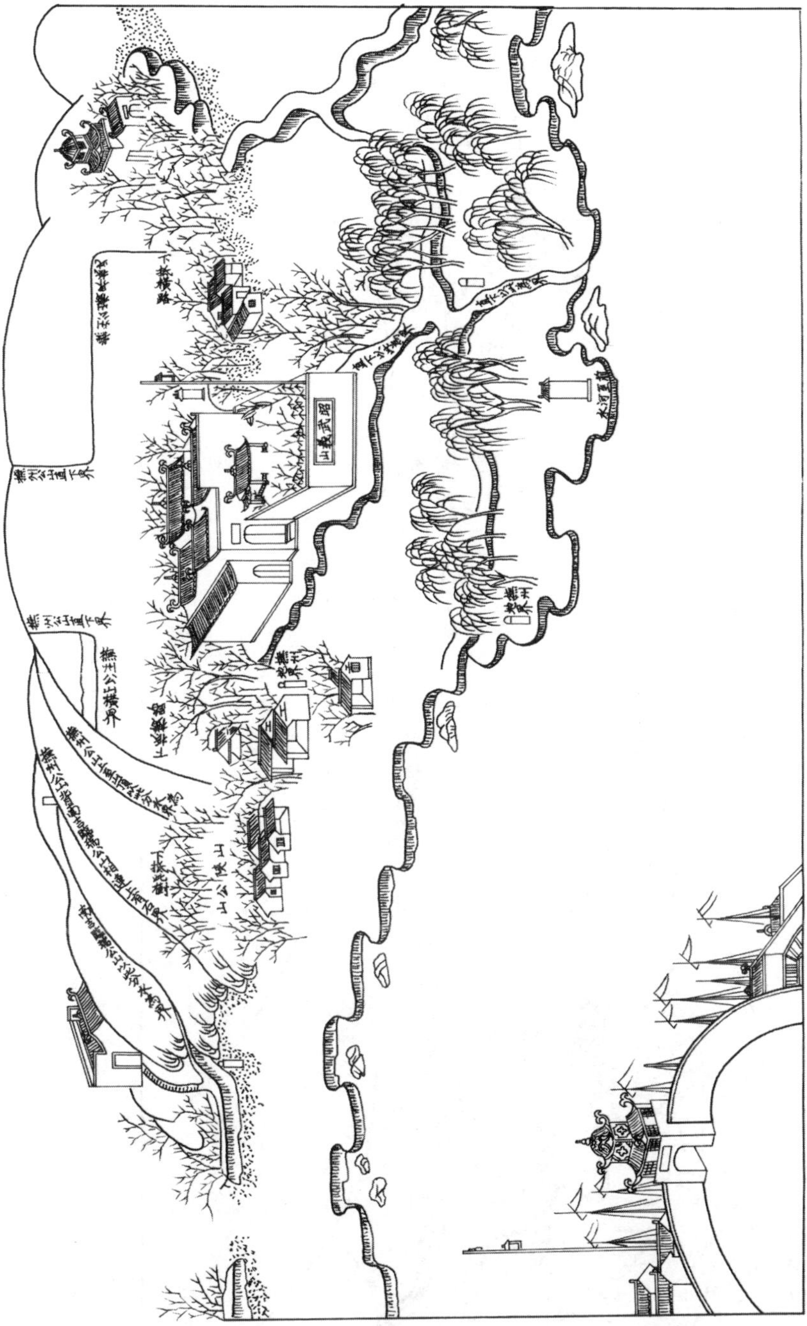

昭武公山之图一

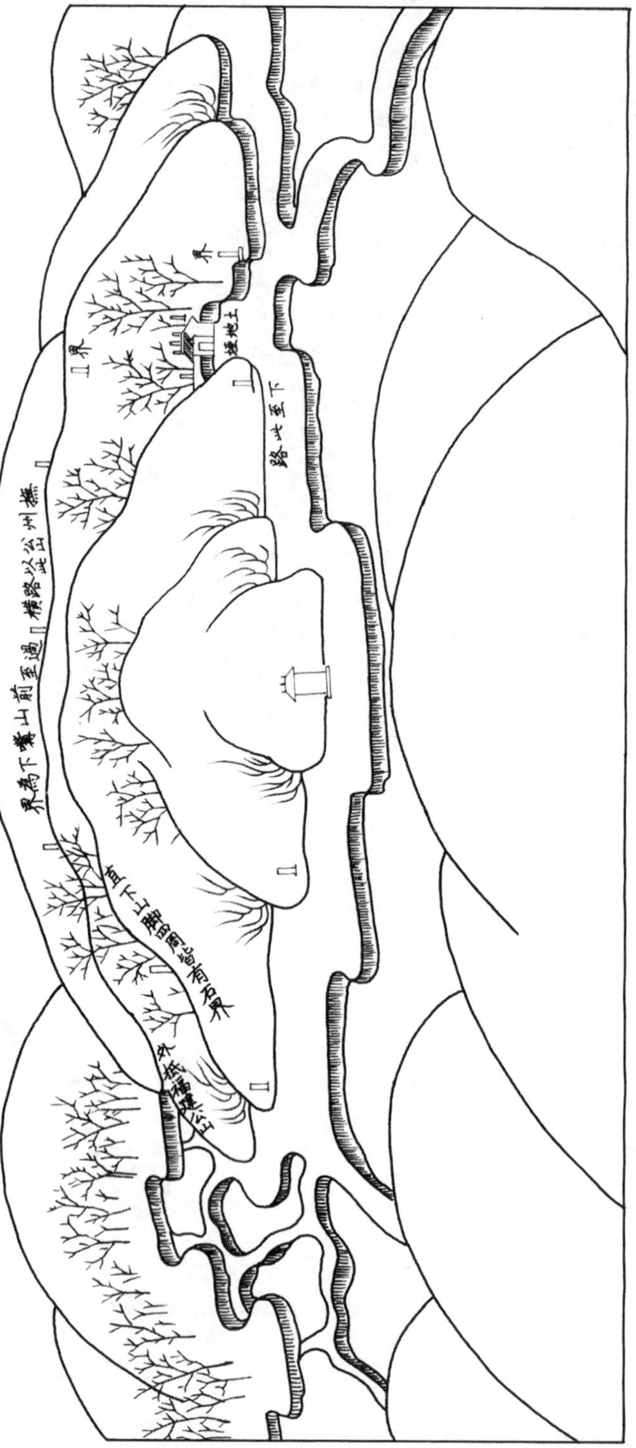

昭武公山之图二

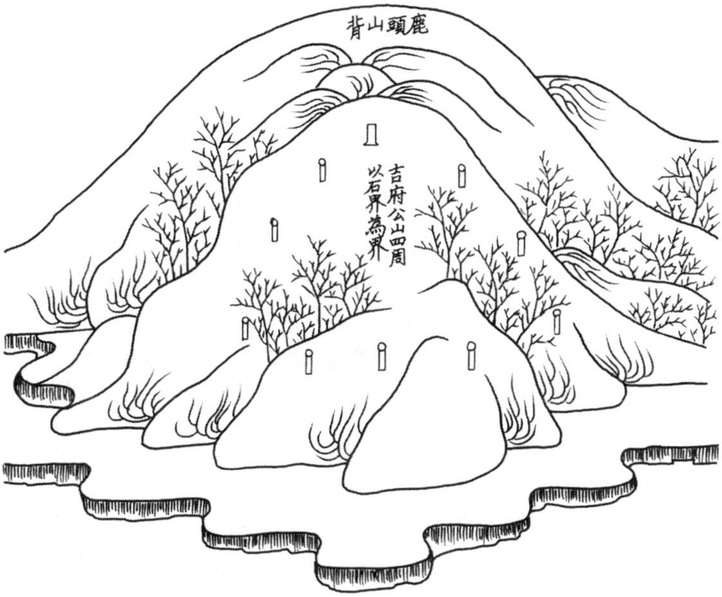

吉郡公山之图一

吉郡公山之图二

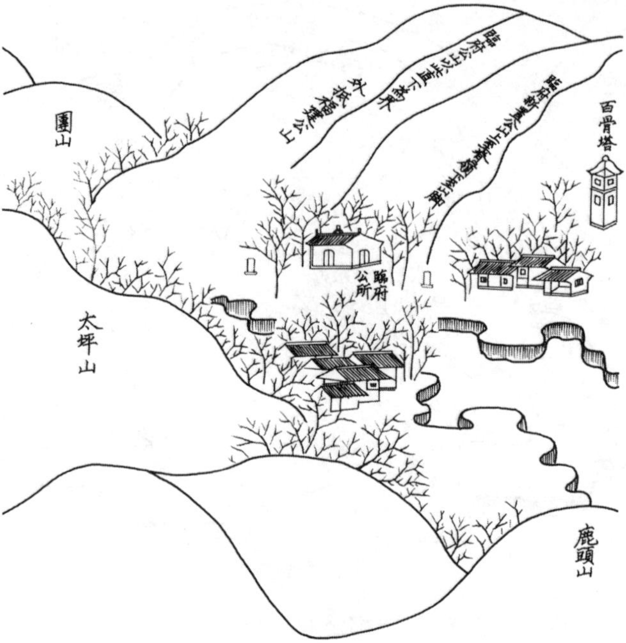

附临府公山图

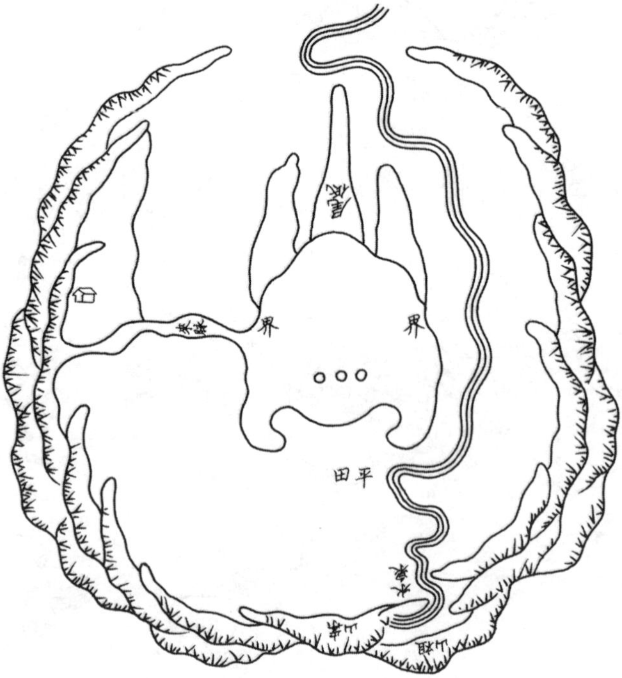

附聂氏茔图

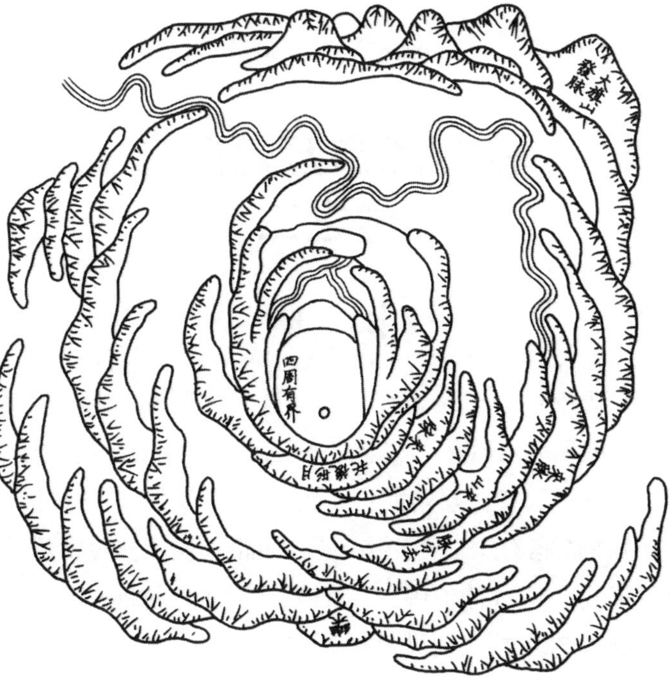

附刘氏茔图一

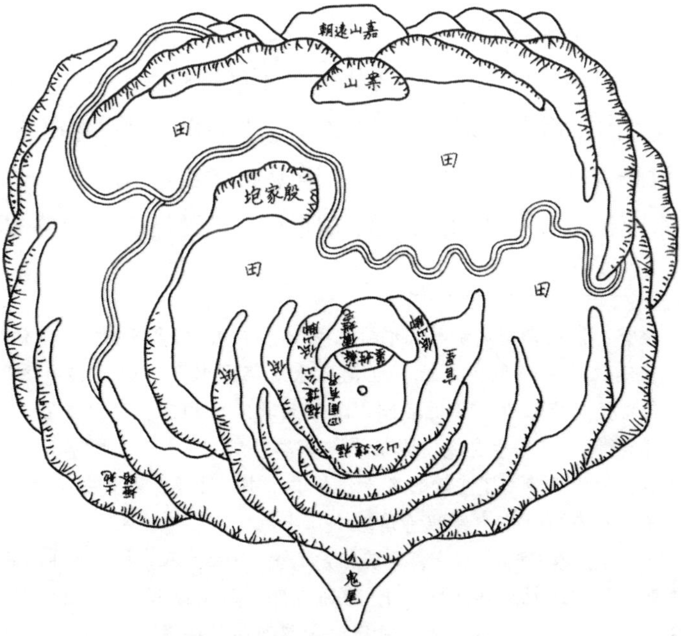

附刘氏茔图二

澧州津市万寿宫志
卷之二

国　典

遥遥魏晋千百余年矣，真君赫赫厥声，濯濯厥灵。自宋升观为宫，并命仿照西京崇福宫[①]例鼎建庙廷。历元及明，褒宠尊荣，叠晋徽号，春秋遣官致祭。嘉靖间更特锡宫名“万寿”，夫一代制作当王者贵。惜明季流寇[②]，玉隆残毁，历代宝诰，荡无复存，从兵燹灰烬。后捃拾而辑刊之不过什伯中一二，不可谓非鬼神呵护也。因汇辑都为一卷，庶共知真君之炳灵效顺，震古烁今，非区区捍患一时，御灾一事，群附会而祭赛也。纪国典。

宋徽宗玉册醮告词

维政和二年（1112）太岁壬辰五月丁巳朔越十七日，皇帝御名[③]谨遣内侍省内殿程奇[④]请道士三七人[⑤]，于洪州玉隆观建道场七昼夜。罢散日设醮一座，三百六十分位。谨上启神功妙济真君：伏以至神无象，杳莫能名，盛德在人，姑从所示，式褒显迹，肇荐徽称，冀

---

①崇福宫：崇福宫创建于西汉元封元年（前110），初名万岁观，宋代改名崇福宫。崇福宫不仅是名儒聚集之地，也是历代著名道教学者栖身传教之所。崇福宫位于河南省登封市北部，临近洛阳，洛阳为北宋时西京。

②明季流寇：明末李自成、张献忠起义军。

③御名：为避讳隐去了皇帝的名号。《修真十书玉隆集》则直书：“皇帝佶（宋徽宗赵佶）谨遣入内内侍省内殿程奇请道士三七人。”

④《全宋诗》卷1069：“程奇，具茨（今河南禹县北）人。神宗元丰二年（1079），为大理评事。哲宗元祐元年（1086），为通直郎。徽宗政和元年（1111），提举京畿京西路盐香事。”《全宋诗》录《游师埪寺留题》诗一首。

⑤三七人：三十七人。

享褒崇，永绥福地。

御名诚惶诚恐，恳祷之至。谨词[①]。

又：御降真君册诰表文

维政和二年（1112）岁次壬辰五月丁巳朔越十七日癸酉，臣御名祇奉高真，肇扬显迹，仰太霄之在望，祓灵宇以申虔。美利所加，既作黎民之福；纯熙来被，更延景历之昌。

臣御名诚惶诚恐，稽首顿首。谨言[②]。

又：上徽号词

维政和二年（1112）岁次壬辰五月丁巳朔十七日癸酉，皇帝御名再拜言曰：

天眷用懋，宠绥四方，爰有至真，克相上帝。烜威赫德，锡羡降康，名号弗宣，曷彰厥典？乃诏有司，考循秘牒，发挥遗德，垂示无穷。

恭惟真君躬握元图，密用妙契，由魏迄晋，嗣休炳灵。赈乏蠲疴[③]，一方攸赖，剪妖馘毒，三气获分。肆膺谌母之符，荣启都仙之籍。超升璇极[④]，载祀绵邈，庙像屹崇，风烈如在。矧炎晖之有赫，方皇运之郅[⑤]隆。荐降嘉祥，聿彰幽赞，禬禳[⑥]响答，民物阜安。宜极徽称，以昭严奉。谨遣朝奉大夫、充集贤殿修撰、知洪州军、兼管内劝农事、赐紫金鱼袋王寔[⑦]上尊号曰“神功妙济真君”。恭惟降鉴，诞受王章，佑我无彊〔疆〕，保兹景命。俾缉熙于纯嘏[⑧]，用敷

---

①《全宋文》卷3580录自《修真十书玉隆集》卷三四，题作“《上许真君尊号醮告词》政和二年五月”。行文略有异。

②《全宋文》卷3580录自《修真十书玉隆集》卷三四，题同，行文略有异。

③ 蠲疴（juān kē）：又作蠲痾，治愈疾病。攸：连词，于是。

④ 璇极：天子之位或皇室，此处指天庭。

⑤ 郅：最。

⑥ 禬禳（guì ráng）：泛指祈求消除祸患灾异。

⑦ 嘉靖《江西通志》卷五：王寔，由朝议大夫知洪州军。未系年。

⑧ 缉熙：光明。纯嘏（gǔ）：大福。

锡[①]于群伦。谨言[②]。

宋理宗祈嗣表

维大宋嘉熙元年（1237）岁次丁酉　月　日，天子御名伏为保延国祚，恭祈嗣续，敬赉香信，祈荐冲科。命道官二十一员于隆兴府逍遥山福地玉隆万寿宫启建灵宝道场一昼二夜，满散三百六十分位，告盟天地，诞集嘉祥。谨依旧式，诣逍遥山投送金龙玉简，切望至圣至真鉴此丹悃，迄为誊奏上帝九天。

臣伏以元储虚位，未开熊梦之祥[③]；边圉分屯，尚调虎符[④]之试。保安全于国土，用雪荡以兵氛。仰惟祖宗积累之仁，宏赐幽潜扶持之力。得巽而应方震[⑤]，禧延庆梦之期；偃武而致太平，坐致敉宁[⑥]之治。保基图于巩固，助民物于攸宁。祇迓灵休，永依大造。臣无任恳祷之至。谨言。

附：政和二年准诰封十一真人词[⑦]

吴真人猛[⑧]

词曰：洪都福地，紫府列真，既灵异之有闻，岂褒崇之可后？

---

①敷锡：施与，赐予。

②《全宋文》卷3580录自《修真十书玉隆集》卷三四，题作“《御降真君玉册文》政和二年五月”。行文略有异。

③熊梦之祥：又作熊罴之祥，指生儿子的吉兆。

④边圉（yǔ）：边疆。虎符：古代皇帝调兵遣将用的兵符，用青铜或者黄金做成伏虎形状的令牌，劈为两半，其中左半交给将帅，右半由皇帝保存。只有两个虎符同时合并使用，持符者即获得调兵遣将权。

⑤巽（xùn）、震：八卦中之风、雷。

⑥敉（mǐ）宁：安抚，安宁。

⑦下列真人只有十人。据白玉蟾《逍遥山群仙传》，还应有甘战。此处漏列。补录于后。道教人物多是真实的历史人物，但传说带有道教虚幻的神话色彩。下据江西《万寿宫通志》对十一真人予以简介。

⑧吴猛：字世云，濮阳人。仕孙吴为西安县（今修水县）令，因家焉。性至孝，为“二十四孝”中“恣蚊饱血”的主人公。年四十，得至人丁义神方。继师从于南海太守鲍靓，得秘法，为道教净明派十二真君之一，天师许真君之师。北宋政和二年（1112）封“神烈真人”。

以尔早学至道，当悟秘言，道化密行，世称慈父。功行甫就，飞升帝乡，大江之西，尚宅存焉。

凡祷辄应，吾民是依，锡之新封，用彰厥懿。朕命惟允，其鉴于兹。可特封“神烈真人”。

陈真人勋[①]

词曰：（同前）

以尔早以诚恳，师事道君，门人之中，独掌秘奥。功行甫就，执幢而升，大江之西，俨有遗像。

（诰同前）可特封“正持真人”[②]。

周真人广[③]

词略曰：以尔早弃尘宇，师事仙君，元化通神，能得其道。功行甫就，偕升帝乡，大江之西，俨有故迹。

（诰同前）可特封“元通真人”。

曾真人亨[④]

词略曰：以尔骨秀神惠，夙禀殊姿，师事仙君，雅与道合。功行甫就，偕游帝乡，大江之西，尚存坛井。

（诰同前）可特封“神惠真人”。

---

①陈勋：字孝举，蜀人。少博学洽闻，有出尘之志。入青城山，师谷元子，求度世之法。后闻许真君在旌阳，遂谒公庭，任书记。许引为弟子，典司经籍、守护药炉。居玉隆宫西庑孝举道院，号承仙府。宋政和二年（1112）诰封“正特真人”。

②《全宋文》卷3582和《万寿宫通志》均作“正特真人”。

③周广：字惠常，庐陵（今江西吉安县）人，吴大将军周瑜之后。少好天文、音律，长通无为清静之教。曾游四川云台山，后为许真君弟子，后其居所号宣诏府。宋政和二年（1112）诰封“元通真人”。

④曾亨：字兴国，泗水（今山东泗水）人。曾参之后，十二真君之一。宋政和二年（1112）封“神惠真人”。

时真人荷[①]

词略曰：以尔系出东海，世称仙材，能自得师，已有洪施。前驱龙节，骖驾同升，大江之西，尚存故宅。

（诰同前）可特封“洪施真人”。

施真人岑[②]

词略曰：以尔性勇而悟，能自得师，授以至言，俾之入室。神童指妙，飞升帝乡，大江之西，故宅尤在。

（诰同前）可特封“勇悟真人”。

彭真人伉[③]

词略曰：以尔绝名去利，潜默内修，竭诚亲师，授以秘要。功行甫就，飞升帝乡，大江之西，尚存故宅，仙室灵坛，俨有遗迹。

（诰同前）可特封“潜惠真人”。

盱〔盱〕真人烈[④]

词略曰：以尔学真君之道，悟五练之源，惟性闲和，动合大化。卒与其母，偕升帝乡，大江之西，尚存故宅。

（诰同前）可特封“和靖真人”。

---

① 时荷（？—374）：字道阳，巨鹿（今河北巨鹿）人。少修道德之教，十二真君之一。宋政和二年（1112）封“洪施真人”。

② 施岑：字太玉，沛郡人。祖父施朔仕吴，因居于九江赤乌县（今属江西瑞昌市）。后为许真君逊弟子。宋政和间封为“勇悟真人”。

③ 彭伉：字武阳，兰陵（今山东峄县）人。举孝廉，仕晋，累迁至尚书左丞。密修仙业，后引疾归。师事许真君，纳女为真君媳。晋穆帝永和二年（346）致仕南游，挈家居豫章城，朝夕叩问真君。北宋政和间封“潜惠真人”。

④ 盱烈：字道微，南昌人。盱烈母亲为许逊之长姊，亦即许逊为盱烈之舅。从真君学道。北宋政和间封“和靖真人”。

钟离真人嘉[①]

词略曰：以尔持修炼之术，善符禁之能，普惠遐迩，功行昭著。真君付诀，升游帝乡，大江之西，尚存故宅。

（诰同前）可特封“普惠真人”。

黄真人仁览[②]

词略曰：以尔袭初平之庆，禀州常之姿，师事道君，洞该至妙。功行甫就，升游帝乡，大江之西，尚存故宅。

（诰同前）可特封“冲道真人”。

甘真人战[③]

词略曰：以尔幼耽道教，同事仙君，驱妖除邪，厥功甚茂。精行既备，升游帝乡，大江之西，尚存故宅。

（诰同前）可特封“精行真人”。

旧按：许旌阳冲翥[④]之后，由隋唐以迄元明，历朝褒崇加上尊号曰“大孝大仁江西福主、九州都仙太史兼高明大使、雷霆泰省天枢伏魔上相、至道玄应神功妙济掌九天[⑤]司职太乙定命注生仙卿、三天[⑥]按察都检校、普奏谏议大夫、天医大帝、度人祖师、净明普保天

---

① 钟离嘉：字公阳（或作钟嘉，字超本），南昌人。为许真君次姊之子，亦为真君外甥。从真君学道。北宋政和年间封为“普惠真人”。

② 黄仁览：字紫庭。豫章建城（今属江西高安市）人。其父黄辅举孝廉，为御史。仁览有孝行，真君以女妻之，是为真君之婿。又为真君弟子。宋政和间封为“冲道真人”。

③ 甘战：字伯武，丰城人。以孝行见推于乡党，慕神仙久视之术。闻许真君行孝悌法，遂入门下。后归丰城，布德行惠。陈宣帝太建元年（569）卒。宋政和间封“精行真人”。

④ 冲翥（zhù）：即飞升。

⑤ 九天：道教所谓郁单无量天、上上禅善无量寿天、梵监须延天、寂然兜术天、波罗尼蜜不骄乐天、洞元化应声天、灵化梵辅天、高虚清明天、无想无结无爱天。

⑥ 三天：道教所谓清微天、禹余天、大赤天。

尊”。旧有累朝玉册诰文及敕书宝藏阁上，以岁远年湮，叠经兵燹，今皆不知所在。即间有存者亦鼠残蠹余，不可复识。故不能备载，估俟博雅君子旁搜远揽，他日补编而嗣刻之可也。

御赐服物

唐永淳中，胡天师慧超重建道院，上亲赐“游帷观”额，并香烛、幢旛等物。

玄宗遣中使赍金帛加意寅奉。

宋太宗赐御书以示褒崇。

真宗初年，赐御书，又遣使赐香烛、花旛、旌节、舞偶。祥符三年（1010），又赐内帑[①]增修观宇，改赐额曰“玉隆”［旧按：白玉蟾《传》[②]，赐额时仍称“玉隆观”，未及升宫，迨政和六年（1116）乃改观曰宫，加“万寿”二字。据王安石《记》[③]，则祥符中升其观为宫矣。］。禁樵采，蠲租赋，复置官提举，为优异老成之地，俱属旷典[④]。

仁宗赐御书以昭崇报。

徽宗政和六年（1116），建玉隆万寿宫，赐西京崇福宫为例，降图本鼎新修造。仍诏江西诸路收拾钱粮于本宫送纳。遣承务郎前知洪州军方轸[⑤]董其事，有敕命一道附载于左。

奉天承运，皇帝制曰：

洪州军有玉隆宫，乃东晋许逊升仙处也。朕欲作立宫殿，崇祀

---

① 内帑（tǎng）：国库钱财。

② 白玉蟾《传》，即《旌阳许真君后传》，见江西《万寿宫通志》。

③ 王安石《记》，即《重建许旌阳祠记》，见《全宋文》卷 1408。

④ 旷典：前所未有的典制。

⑤ 方轸：字叔时，福建莆田人，元符进士。以父任补太庙斋郎。方轸乃一代耿介之臣，置生死于度外，数上书论蔡京罪，流岭南，寻放还。政和间复进状，乞收权独断，复编管永州，以恩赦放归。靖康初补明州鄞县令。贫不能归，遂寓于鄞。方轸何时知洪州军史乘无载。《宋登科记考》元符三年（1100）进士有：“方轸，字叔载，兴化军莆田县人，寓居明州鄞县。”康熙《兴化府莆田县志·选举》卷十二中，宋元符进士有方振，字叔载。但宦途与方轸不符。

弗替。特虑鸠工庀材，方命虐民。尔承务即〔郎〕方轸夙凛官箴，久操廉洁，兹命尔董修是举。宜思匪载雕镂，曷表诚悃。忘私忘身，聊抒经济之才；克勤克俭，用彰土木之功。宏兹令典，绘乃新图，其将体朕崇祀至意。钦哉！

无替朕命。故谕。

大宋政和六年（1116）丙申岁八月二十二日。

明年宫殿告竣，徽宗复赐御书，门额曰“黄问门”，殿额曰“玉隆万寿宫”。又赐真君像一尊，铜铸香炉、花瓶一副，钟、磬二口，烛台、银器十二卓，法服六通，三素玉案等物，以资崇奉（以上敕赐御札、明器，俱藏正殿后敕书玉册阁。）。

高宗绍兴二十八年（1158），赐御书十轴，令本山宝藏之，以镇福庭。

宁宗嘉定十一年（1218）戊寅春，降御香，遣官于万寿宫建醮，绵国祚，祈大有。［按：嘉定岁戊寅为十一年，旧志纪三十年者误，盖嘉定甲申（十七年，1224）之明年乙酉岁即为宝庆元年（1225）矣。］

理宗宝庆元年（1225）重修，复改赐额曰“玉隆万寿宫”，以大学士真公德秀提举纲目。特书。

元成宗元贞元年（1295），特诏加封。

奉天承运，皇帝制曰：

朕为拔宅凌空，亘古今之奇事；济世利物，参造化之玄功。爰举追封，用彰灵应。神功妙济真君，江西真逸太上都仙。超然九清，盖无幽而不烛；去矣千载，常有感以必通。疾疠消于烟瘴之乡，雨旸协于肸蚃[①]之际。允谓南州之显迹，具形外省之奏陈。至人固难强名，加号实稽彝典。世所丕赖，邦之荣怀。於戏[②]！茅盈白日升大〔太〕清，特以歌谣而著；老君紫气度函谷，至哉道德之言。益光前

① 肸蚃（xī xiǎng）：比喻灵感通微。

② 於戏（wū hū）：感叹词，同“呜呼”，也作“於乎”。

闻，式克励相。可加封“至道玄应神功妙济真君”，余如故主者施行。

元贞元年（1295）闰四月。

明高祖初定鼎，宴群臣于滕王阁，幸铁柱宫，降御香。嗣是益重厥祀。

正德时赐金修葺铁柱宫。

嘉靖间，铁柱宫火，两赉帑金助修。上亲洒宸翰，有“神仙抬世”之句。

万历朝，颁给《道藏经》于万寿宫。时江右澧士建庙京师，疏请名额，上亲赐“灵祐宫”名。

春秋戊祭祝文

惟神道本神圣，德昭忠孝。施金除疫，宏利济于群生；治水斩蛟，庆平成于万古。西江是赖，南国具瞻。兹际仲春秋，谨尊祀典，肃陈牲币，敬布几筵。尚飨！

秦抚宪奏请加封改题祝文

惟神福佑群生，功昭千古，西山佳气葱茏，常绕梅檀；南浦祥云纷郁，遍笼桑梓。自蛟麾神剑，永无罔象之堪虞；而柱镇金茎，早庆地维之弥固。祈佑而焚香可券，铭功则编录难详。昨岁旱魃将灾，农夫告窘。建坛雩而率舞，共切焦心；奉燋燎以升烟，咸劳引领。某代民请命，特虔诣夫仙山；为谷祈年，重荐馨于帝座。致斋三日，应响崇朝。喜兴雨之祈祈[①]，顿忘咨暑；快良田之驿驿[②]，竟获有秋。岁取十千，鼓腹者争歌赐餔；廛登三百，吹豳者竞拟酬功。既获邀默佑之施，永宜志潜扶之惠。爰稽祀典，信乎能御大灾；祇请褒封，庶足稍抒微悃。幸封章之甫达，蒙宸翰之遥颁。

---

① 祈祈：徐缓貌。《诗经·小雅·大田》：“有渰萋萋，兴雨祈祈，雨我公田，遂及我私。”

② 驿驿：长势旺盛貌。《诗经·周颂·载芟》：“驿驿其达，有厌其杰。”

本年正月，钦奉天子敕旨加封“灵感普济之神”。伏思感必曰灵，谓神听实通天听；济惟能普，知神工可代天工。视宋元而号益加隆，历奕祀而典垂不朽。式昭崇祀，用答洪庥。谨率在省属官，虔诚展谒于下；恭将宠颁封号，用光昭告于神。并檄饬通省各属，一体敬谨，遵照缮修。

於戏！继自今妥侑惟虔，式凭有赫，灵泯阴阳之沴[①]，聿除旱潦之浸。合十四郡而共袭休祥，统亿万户而同资庇荫。诚无不格，在明神原享精禋；德无不酬，在守土益虔奉祀。敬荐酒醴，伏祈神鉴。

附：明敕封萧公谕旨

皇帝敕谕萧英佑侯[②]：

朕惟帝王之政微显阐幽，故凡能御大灾、能捍大患者，表异无间于人神；以劳护国、以惠济民者，褒崇无间于幽显。此诚旌德劝功之要道也。

〔咨尔水府〕萧〔公〕英佑侯，聪明正直以为神，忠义勤诚而护国。西洋济险，先朝已锡于崇封；水面持危，公私咸遂于康吉。应祈捷于影响，眷善宜有旌嘉。兹特加封神为“水府灵通广济显应英佑侯”。神尚溥施灵通，拯江河舟楫之险厄；大张威力，保军民输运于安康。水顺风调，波恬浪静。人苟获无虞之患，神亦蒙有德之褒。

钦哉！故谕。

景泰四年（1453）九月二十六日。

御制春秋二祭祝文

大明成化二十年（1484）岁次甲辰　月　日，皇帝遣新淦县[③]官某，谨以牲帛庶羞[④]之仪致祭于敕封“灵通广济显应英佑侯”萧公之神。曰：

惟神功加上下，德被遐迩，尚冀用歆，引长勿替。尚飨。

---

① 沴（lì）：自然灾害。

② 萧英佑侯：名萧天任。后有传。

③ 新淦县：今新干县。

④ 庶羞：“羞”通“馐”，多种美味。

澧州津市万寿宫志
卷之三

祀　典

神不歆[①]非类，民不祀非族，非仅谓黍稷非馨，明德惟馨[②]也。真君为江右福主，托庇者千六百余年，如婴儿之恋慈父母，家尸户祝[③]未能报赛于万一。然地方有司官戊祭[④]岁奉天子命维谨，吾侪小人亦既闻而见之。使非牲牷肥腯，粢盛[⑤]丰备，何以云“既齐既稷，既匡既敕[⑥]”哉？自春徂秋，际遇良辰，苾芬享祀，其庶几不数不疏[⑦]之义乎？

萧侯、晏公[⑧]籍隶临郡[⑨]，故祔祀于左右龛。至前楼后殿敬奉列列神圣，则或因制度而报本，或因利涉而酬功，皆阛阓中所当乞灵而徼福者，各以诞节工祝致告，式礼莫愆[⑩]。纵不免谄祭之讥，自不阶

---

① 歆（xīn）：神灵享受供品。

② 出自《尚书·君陈》：“至治馨香，感于神明。黍稷非馨，明德惟馨。”谓黍稷的香气不是真正的香气，真正能够发出香气的是美德。

③ 尸：陈设神像神位。祝：用言语向鬼神祈福。

④ 戊祭：中秋祭祀道教遵神。

⑤ 粢（zī）盛：盛在祭器内以供祭祀的谷物。

⑥ 既齐既稷，既匡既敕：出自《诗经·楚茨》，意为态度恭敬而举止敏捷，庄严隆重又小心谨慎。

⑦ 不数不疏：意为祭祀的次数要适当，不要过于频繁，也不要过于稀少。《礼记·祭义》：“祭不欲数，数则烦，烦则不敬。祭不欲疏，疏则怠，怠则忘。”

⑧ 临郡：江西临江府。

⑨ 晏公：晏戌，后有传。

⑩ 愆（qiān）：错过。

淫祀之厉。“神之格思，不可度思。”[①]“肇禋，迄用有成。”[②]“不吴不敖，胡考之休。”[③]志祀典。

江西铁柱万寿宫戊祭仪注

祭丁[④]次日巡抚致祭，率文武官诣万寿宫。到：

通赞唱　就位　鞠躬　拜兴[⑤]　拜兴　拜兴　拜兴

奠帛　献爵　跪　读祝文（读毕通唱）　俯伏　复位

拜兴　拜兴　拜兴　拜兴　焚祝帛　揖　礼毕

正月二十八日，恭奉真君福主瑞诞。前期三日，由值年饬住持预备红柬，饬长班走达列列绅首及名望卓著并曩昔馆中出力最大且多之行号，于二十七日申刻[⑥]齐集，省视牲牢，捧盛笾豆，设鼓吹于两廊，设庭燎于前院，焚香炳烛，整肃衣冠，序立殿墀行礼。礼毕，于西花厅开夜宴。

二十八日黎明，绅首皆于恭敬堂候齐，住持敬备表文，击鼓撞钟，升炮发号，鼓吹交作，笙管并举，序立殿墀，献帛上表。礼毕，至恭敬堂，公揖交贺。饬梨园登场，开锣扮演。竟日设面筵于小靖庐，俟地方有司官入庙祭祝后，然后回家稍憩。申刻复衣冠集馆，以彩觞饮福受胙[⑦]。吾江右素倚真君为福主，凡有血气者莫不尊亲，

---

①出自《诗经·大雅·抑》，是说神的行踪是不可以揣测的。

②出自《诗经·周颂·维清》，意为祭天开始之时，直到一统大业获得成功。

③出自《诗经·丝衣》，意为不喧哗也不傲慢，保佑大家都长寿。

④祭丁：丁祭。旧时每年仲春及仲秋上旬丁日祭祀孔子之称。

⑤拜：跪。兴：起。

⑥申刻：相当于现在的下午三点到下午五点。

⑦彩觞：身穿艳丽的服装向神灵敬酒。饮福受胙（zuò）：祭祀仪式，文庙祭祀孔子的第六道程序。清沿古礼，凡郊祀大典，于三献完毕，即行饮福受胙之礼。届时皇帝升坛至饮福之位，跪，奉爵官斟福酒，奉胙官奉胙，跪进。皇帝受爵、胙，三叩，起立，复位，率群臣行三跪九叩礼，撤馔送神。如皇帝不亲往祭祀而遣官代行祭祀，则罢饮福受胙之礼。

公款祝釐[1]之外，各郡邑更竭诚庆祷，分班排日。具志于左。

正月二十二日，南府庆祝，演戏一台。

二十四日，吉府庆祝，演戏一台。

二十五日，临府庆祝，演戏一台。

二十六日，建府庆祝，演戏一台。

二十七日，南邑永定堂庆祝，演戏一台。

二十八日，南郡轩辕堂庆祝，演戏一台。

二十九日，抚郡庆祝，演戏一台[2]。

前三日，饬长班柬请他郡绅首，届期绅首齐集，俟抚郡绅首献供上表。礼毕，随至恭敬堂揖贺，早设面筵，晚以彩觞饮福受胙。

谨按：吾馆中台戏之盛甲于澹津。每年正月四日团拜开锣，分宪派差二名守护弹压。除国忌敬避而外，日辄二三台不等，逾月方休。然或新开堂致祭，或因鸣谢酬恩，日期皆难预定。是以姑从阙略，概弗登录。

八月初一日，恭奉真君受箓飞升吉期。值年前期具柬走达，一如正月诞节。以七月晦日[3]，列列绅耆整肃衣冠，申刻齐赴馆中，省视牲牢，捧盛笾豆，设鼓吹于两廊，设庭燎于前院，焚香炳烛，序拜丹墀。礼毕，设灯果于恭敬堂。

次日八月朔黎明，绅首仍于恭敬堂候齐。住持敬备表文，击鼓撞钟，升炮发号，鼓吹交作，笙管备举，序立丹墀，献帛上表。礼毕，至恭敬堂公揖交贺，饬梨园竟日扮演。设面筵于小靖庐，俟地方有司官入庙致祭后，方得暂回家少憩。申刻复衣冠齐集，以彩觞饮福受胙。吾江右素以八月为净月，为祈赛真君良辰。逍遥山车马络绎，喧阗塞道。虽一廛授津，吾乡人不敢忘本，苾苾芬芬，祀事

---

① 祝釐（xǐ）：祈福。

② 以上南府、吉府、临府、建府、南邑、南郡、抚郡分别为南昌府、吉安府、临江府、建昌府、南昌县、南昌府和抚州府。清代没有“郡”的行政级别，郡与府级别相当，“郡”是古称。

③ 晦日：农历每月的最后一天。

孔明，较之孟春尤相倍蓰[①]。七月望后[②]，馆中绅首即须饬住持督率长班[③]，铺张灯彩，检视陈设，悬挂帐幔，拂拭幢葆，派定执事人役逐日洒扫殿阶，以待吾乡人顶礼庆祝。向定章程，分班排日，具志于左。

七月十九日，泰邑[④]庆祝，演戏一台。

二十日，纸号庆祝，演戏一台。

二十六日，草帽号庆祝，演戏一台。

二十七日，上河帮各号[⑤]庆祝，演戏一台。

二十八日，豆豉号庆祝，演戏一台。

三十日，南邑永定堂庆祝，演戏一台。

八月初二，南府轩辕堂庆祝，演戏一台。

南府前三日饬长班柬请他郡绅首，届期衣冠齐集，俟南郡绅首献供上表。礼毕，随至恭敬堂揖贺，早设面筵，晚以彩觞饮福颁脤[⑥]。

初二日，又同文堂庆祝，演戏一台。

初三日，吉郡庆祝，演戏一台。

吉府前三日饬长班柬请他郡绅首，届期衣冠毕集，俟吉郡绅首献供上表。礼毕，随至恭敬堂揖贺，早设面筵，晚以彩觞饮福受胙。

初三日，又布号庆贺，演戏一部。

初四日，钱号庆贺，演戏一部。

初五日，铁号庆贺，演戏一部。

初七日，广货行庆贺，演戏一部。

---

① 倍蓰（xǐ）：倍即两倍，蓰为五倍，倍蓰泛指很多。

② 望：农历每月十五日，望后：十六日。

③ 长班：指旧时官绅所雇的仆人。

④ 泰邑：泰和县。

⑤ 上河：指澧水上游大庸、桑植、慈利等地。上河帮各号：这里是指往返于上河与津市之间经商的江西商号，并非上河本土人。后卷十二中《同善堂告示》下列捐资名录就有："上河各帮捐资姓名"，其商户均为江西人，分别来自于安福、吉安、庐陵、南昌、临川、金溪、高安、丰城等县。

⑥ 脤（shèn）：古代祭社稷用的生肉。

初八日，油行庆贺，演戏一部。

初十日，进贤堂庆贺，演戏一部。

十二日，山货行庆贺，演戏一部。

十三日，首饰号庆贺，演戏一部。

十五日，成衣号庆贺，演戏一部。

十六日，京货号庆贺，演戏一部。

十七日，药材号庆贺，演戏一部。

十八日，杜康堂庆贺，演戏一部。

十九日，酱园、南货号庆贺，演戏一部，晚以彩觞饮福。

二十一日，烟号庆贺，演戏一部。

二十四日，铜锣号庆贺，演戏一部。

以上演戏吉期，皆标定牌板悬挂春秋楼下，岁以为常，毋许紊越改移，共答神庥。

二月十九日，观音大士瑞诞。前期走单各仪节如初。届日绅首整肃衣冠，辰刻毕集，献供上表，仍设面筵于小靖庐，梨园台戏全部。

三月十五日，赵公元帅瑞诞，世俗奉为财神。市井中类以是日享祀妥侑，前殿西龛既崇厥祀，允宜共申祈报。馆中旧规，上表献供，南府定于十三日，钱号定于十四日，抚府定于十五日，吉府定于十六日。皆前期具柬遍请列列绅首，届日整肃衣冠，登楼行礼。梨园各演台戏一部，或具早餐，或具早面，至晚又各以彩觞饮福，共馂神余[①]。

四月朔日，萧公瑞诞。仪节同于二月十九日。梨园台戏一部。

四月初八日，浴佛节，馆中即以是日致祭。

韦驮尊者仪节如四月朔日。梨园台戏一部。

四月二十八日，药王孙真人瑞诞。临郡绅首前三日具柬敦请列列绅首，届期整肃衣冠，序立行礼，献供上表。礼毕，至恭敬堂揖

① 馂（jùn）：吃剩下的食物。馂神余：吃神灵剩下的食物，实际上就是先敬供神灵，再将供品吃掉。

贺，设面筵于小靖庐，梨园台戏全部，晚后彩觞饮福。

五月十三日，关圣帝君瑞诞。仪节如四月朔日。梨园台戏全部。

六月初六日，杨泗将军瑞诞。先期一日庆祝。仪节如五月十三日。梨园台戏一部。

九月十五日，轩辕皇〔黄〕帝[①]圣诞。南郡绅首前三日具柬敦请列列绅首，届期整肃衣冠，序立行礼，献供上表。礼毕，至恭敬堂揖贺，设面筵于小靖庐，梨园台戏一部，晚后彩觞饮福。

九月十九日，观音大士成道吉期，仪节如二月十九日。梨园台戏一部。

九月二十日，洞庭王爷瑞诞。先期二日庆祝，仪节如六月六日。梨园台戏一部。

十月初三日，晏公瑞诞。仪节如九月二十日。梨园台戏一部。

附：

二月花朝后，功德林、笃培所、吉庆堂、清远堂值年分命长班周祭山坟，唤集山户壮丁填培崩陷（详见章程中），并馆后所设义山亦然。至节届清明，具柬走达列列绅首，届日具牲醴、粢盛、香楮[②]，由值年偕三五少俊过河，前诣公茔墦祭[③]。礼毕，稽查四至界牌有无移损，点视筑填工程，回至馆中馂余。

附：

七月中元俗传为大庆之月。吾乡人乡谊素笃，生死不渝。初十后即饬住持约齐僧众预备盂兰会[④]。疏奏值年亲拣楮镪[⑤]，检点包封，核对逝者姓名，每名奉钱纸一斤（其有私自捐钱入堂者，大约输钱一串，每年另

---

① 轩辕皇帝：为“轩辕黄帝”，原刻有误。

② 香楮（chǔ）：祭神鬼用的香蜡纸钱。

③ 墦（fán）祭：在坟前祭祀先人或亲友的亡灵，即扫墓。

④ 盂兰会：农历七月十五的中元节，是古人祭祀祖先的日子，也是佛教徒追念在天之灵的祭日，称“盂兰盆会”或“盂兰盆斋”，道教也袭用。

⑤ 楮镪：指祭供时焚化用的纸钱。

奉钱纸一斤，所输较多者以此数推）。

十三、十四两日，功德林设坛赈幽[①]，

十四、十五两日，笃培所设坛赈幽，

十六、十七两日，吉庆堂设坛赈幽。

其各邑馆中私设秋祭者不一而足。然皆另定吉期，于馆中无涉，故不备载。

附：

正月初四日为履端肇庆[②]之吉，馆中举行团拜。除夕前一日，由值年预备全红柬帖，饬长班走达列列绅首耆俊，届期整肃衣冠，辰刻[③]诣恭敬堂候齐，先向丹墀序立拈香，然后回至恭敬堂团团立定。长班铺设四面红毡，住持高唱："团拜"，各就位交拜，行一跪三叩首礼。礼毕，住持中立跪贺，饬梨园登台开锣。徐宽公服，设酒筵于西花厅。燕毛旅酬，行无算爵[④]，迎送皆以值年为主人。

---

① 赈幽：中元节接济无亲属祭奠、恭奉的孤魂野鬼。

② 端、肇：均为开始。

③ 辰刻：上午七点至九点。

④ 无算爵：指某些典礼中不限定饮酒爵数的饮酒礼，尽醉方休。

澧州津市万寿宫志
卷之四

列 传

学者载籍极博，犹考信于六艺[①]，故诸子百家每足补经史所遗。我真君至诚如神功化攸，隆圣不可知，凤翥[②]而后，凡有血气者莫不尊亲。往往摛藻扬华，搜奇访逸，为之详原委，纪勋烈，光芒万丈，百祀如新。汇而辑之，岂第谓有斐不可谖[③]，祀典昭明，香火庄严哉？将使金篆玉章上通帝谓，人皆知净明忠孝，蕴之为道德，发之为事功，百世下闻风兴起，勉勉于高山仰止，景行行止也。志列传。

---

① 六艺：古指礼、乐、射、御、书、数六种才能和技艺。

② 凤翥：即飞升。

③ 有斐（fěi）：格调高雅；谖（xuān）：忘记。《诗经·国风·淇奥》："有斐君子，终不可谖兮。"

实录[①] 紫清明道真人白玉蟾[②]撰

真君姓许氏，名逊，字敬之，颍阳由[③]之后也。曾祖琰，祖玉，父肃。世为许昌人（今河南许州），高节不仕。〔父〕汉末避地于豫章之南昌，因家焉。母符氏（一云何氏）梦金凤衔珠坠于掌中，玩而吞之，因是有娠。于吴赤乌二年（后汉后帝延禧二年，魏景初三年）而真君降生焉。〔勾曲山远游君迈、护军长史穆皆真君再从昆弟也。〕

真君生而颖悟，姿容秀伟，器识通疏，性仁厚。髫龀时早以忠孝自矢[④]，大不类俗气也。常〔尝〕从猎，射一麀鹿[⑤]，中之，子坠〔堕〕，麀犹顾舐（今两山对峙，一名麀冈，一名鹿冈），未竟而毙。因感悟，即折弃弓矢（今名"悔过桥"），刻〔克〕意为学。博通经史，明天文、地理、历律、五行、谶纬诸书，尤嗜神仙修炼之术。闻西安（今南昌府义宁州武宁县。《一统志》[⑥]，汉建安中置西安县。）吴猛（吴君事迹具详《一统志》）得

---

① 出自白玉蟾《修真十书玉隆集》，原题为《旌阳许真君传》。行文或语序略有差异，或所据版本不同。因异害意处以方括弧补正，或加注释。

② 白玉蟾（1134—1229）：原姓葛，乳名玉蟾。稍长取名葛长庚，字白叟、如晦、以阅、众甫，号海琼子、海蟾、云外子、琼山道人、海南翁、武夷翁，世称紫清先生。北宋琼管安抚司琼山县（今海南省海口市）人。7岁能赋诗，12岁应童子科落第，渐渐厌恶科举仕途。南宋绍兴十九年（1149）离家云游，23岁只身渡海到大陆各地求师。最后入住武夷山止止庵，师从道教南宗四世祖陈楠，得其道术。并遵师命至黎母山，遇真人授"上注法篆洞法玄累诀"，创立道教南宗宗派。嘉定年间，诏入太乙宫中，为皇帝讲道，被封为紫清明道真人。绍定二年（1229）卒。他平生博览群经，多才多艺。书法善篆、隶、草，画艺精于竹石、人物，又工于诗词。一生著述颇丰，有《道德宝章》《海琼集》《金华冲碧丹经秘旨》《海琼白真人语录》《罗浮山志》《海琼白玉蟾先生文集》等。《旌阳许真君传》、白玉蟾《修真十书·玉隆集》卷33、《道藏》第四册下，引文文字及语序多有差异，或者所据版本有异，因异害义者予以注明。

③ 许由：传为尧舜时期贤人。相传尧帝要把君位让给他，他推辞不受，逃于箕山下，农耕而食。

④ 髫龀（tiáo chèn）：幼年。自矢：立志不移。

⑤ 麀（yōu）鹿：母鹿。

⑥ 所引《一统志》应为乾隆《钦定大清一统志》，有乾隆九年（1744）和乾隆五十五年（1790）刻本。《嘉庆重修一统志》在清代没有刊行，只有抄本束之高阁，本志作者不可能看到。乾隆《钦定大清一统志》卷二三八"南昌府武宁县"下有："建安中孙权分立西安县。"下引《一统志》不注。

至人丁义（《一统志》，晋丁义真君女秀英，在瑞州府西北七十里崇元观炼丹，后仙去，葬衣冠于观北。或云即丁令威也。故居在武宁县东三十里，晋建武初飞仙即其地。为精灵观，鹤时往还。）神方，乃往师之，悉传其秘。遂与郭璞（《一统志》，山西闻喜县人。博学好古，妙于阴阳。撰《洞林》《新林》《卜韵》，注《尔雅》《三苍》《方言》《山海经》《楚辞》，著《江赋》《南郊赋》。晋王导重之，引为参军，元帝以为著作佐郎。）访名山、求善地为栖真之所，得西山（《一统志》载，西山在南昌府西章江之外，道家第十二洞天。）之阳逍遥山（《一统志》在南昌府城西八十里，乃道家第四十福地，南有旌阳玉隆宫。）金氏宅（金氏有传），遂徙居之。日以修炼为事（今有丹井、药臼存焉。），不求闻达，然孝友德义之风骎骎[①]化远迩。尝有售铁灯檠者，细视之金也，访而还之。人有馈遗，苟非其义一介不取。郡举孝廉不就，朝廷屡加礼命，大〔太〕康元年（280）（晋世祖武皇帝庚子）起为蜀郡旌阳〔县〕令（今成都府华阳县）[②]，时年四十二。

视事之初，诫吏胥去贪鄙，除烦细，脱囚絷，悉开谕以道，吏民悦服自新，发摘如神，吏不敢欺。其听讼必先教以忠孝慈仁，忍慎勤俭，近贤远奸，去贪戢暴。具载文诫，言甚详悉。复患百里之远难于户晓，乃择秀民之有德望与耆老之可语者委之劝率，故争竞之风日销，久而至于无讼。

先是岁饥民无以输租，郡、邑绳以法，率多流移。真君乃以灵丹点瓦砾为金潜瘗县圃。一日，籍民之未轮〔输〕者咸造于庭，喆〔诘〕[③]责之，使服力役于圃。民镬地得〔获〕金，获〔得〕以输纳，遂悉安堵。邻境流民慕其德惠，来依附者甚众，遂至户口增衍。

属岁大疫，死者十七八[④]，真君以所授〔神〕方拯治之，无不立愈。传闻他郡，病民相继而至者日且千计。于是标竹于郭外十里之江（按《一统志》，成都江一名锦江，以水濯锦愈鲜得名。真君以符置水中，饮病者，病

---

① 骎骎（qīn）：迅疾。

② 旌阳：前已注，旌阳不在蜀郡，华阳县从未名“旌阳”。只有南郡枝江县曾名“旌阳”，“蜀郡”误作“南郡”应自此始。当然，所谓许真君本是仙道虚构人物，所有生平事迹皆不可据信。

③ 繁体“輪”与“輸”、“喆”与“詰”形近致误。

④ 死者十七八：即“死者十之七八”。

者皆立愈），置符水于其中，俾就其下汲饮之，皆瘥[①]。其不能自至者但得水饮亦获痊安。蜀民为谣曰："人无盗窃，吏无奸欺，我君活人，病无能为。"其后江左之民亦来汲水于旌阳，真君乃以符水一器令持归，效所施于旌阳者，应亦如之（《一统志》，许逊为蜀旌阳令，有奇术，病疫者多诣逊，请治。逊以濯锦江斗水投之上流，饮者无不愈，故名。蜀江亦曰锦水，源出袁州万载县龙河渡，流至上高县凌江，合新昌县滕江，经瑞州府城东，汇南昌象牙潭而入章江也。《广舆记》《类腋》并同。）。

真君任旌阳既久，知晋室将乱，乃弃官东归。蜀民感其德化，无计借留，所在立生祠，家传画像，敬祀如神明焉。启行之日，裹〔赢〕粮[②]而送者蔽野。有至千里始还者，有随至其宅愿服役而不返者，乃于宅东之隙地结茇[③]以居，状如营垒，多改氏族以从真君之姓，故号许家营焉。其遗爱及民，有如此者。

真君尝至新吴（今南昌府奉新县东，汉置新吴县。），憩于柏林（今名"柏林观"。《一统志》，瑞州府城西南四十五里集仙观，有真君手植古柏三株，丹井在焉。），忽有女童五人持宝剑来献，真君异而受之。既而偕至真君之第，惟日击剑自娱，人莫能测。真君识其剑，仙也，常礼遇之，卒获神剑之用（真君飞升后遂隐于手植柏下，因号柏树仙童。）。

既而与吴君游于嵩阳，闻镇江府丹阳县黄堂靖有女师谌姆（《类腋》，靖安县北有谌母峰，世传许旌阳会谌母于此。桃花夹径上有石坛、炉灶）多道术，遂同往致敬，叩以道妙。姆曰：君等皆夙禀灵骨，仙名在天。然昔孝悌王[④]自上清下降，化度人世，〔示〕陈孝道。初降兖州曲阜县兰公家，谓公曰：后晋代当有神仙许逊传吾此道，是为众真之长。留下金丹宝经、铜符铁券，令授公，使吾掌之以俟子，积有年矣。吾复受孝道明王之法，亦以孝为本。子今来矣，吾当授子。乃为阐明

---

① 瘥（chài）：病愈。

② 赢粮：挑着粮食。贾谊《过秦论》："天下云集而响应，赢粮而景从。"

③ 茇（bá）：草房。

④ 孝悌王：中国神话人物。《太平广记》卷一五"兰公"条引《十二真君传》：兖州曲阜县高平乡九原里有至人兰公。家族百余口，精专孝行，感动乾坤。忽有斗中真人，下降兰公之舍，自称孝悌王。

孝道，示〔誓〕戒丁宁[①]。出铜符铁券、金丹宝经，并正一斩邪之法、三五飞步诸秘要，悉以传许君。顾谓吴君曰：君昔以神方为许君之师，今孝道明王之道独许君得传，君当返师之也。况玉皇元谱君位元〔玄〕都御史，许位高明大使，总领仙籍，品秩相辽[②]。又所主十二辰配十二国之分，许君元〔玄〕枵[③]之野于辰为子，统摄十二分野，君领星纪之邦于辰为丑耳。自今宜以许君为长也。二君礼谢讫，辞行。真君方心期每岁必来谒姆，姆觉之，曰：子勿来，吾即还帝乡矣。因取香茅一根望南掷之，曰：子归认茅落处立吾祠，岁秋一至足矣。二君还，首访飞茅之迹，寻于所居之南四十余里得之，已丛生矣。遂建祠宇，亦以"黄堂"名之（《一统志》，黄堂隆道宫在南昌府城南，昔许、吴二君，师丹阳黄堂谌母，及归，母取香茅一根望南掷之曰：子归，认茅落处立吾祠。二君访茅迹，得于所居南五十里，茅已丛生，遂建祠，以"黄堂"名。元虞集、揭傒斯并有《记》[④]，今丰城县亦有黄堂。）。每岁仲秋之三日必往谒焉。厥后遇日、月帝君授以净明灵宝忠孝之道。自是道益进。

初，真君往访飞茅，路旁见陂水清澈，为之少憩，曰：憩真靖。又见乡民盛烹宰以祀神，且相咤〔诧〕曰：祭不腆则神怒，降祸矣。真君曰：怪祟敢尔耶？夜宿于逆旅，召风雷伐之，拔其林木。明日告其里人曰：妖社已驱，毋用祭也。又见负担远汲者满道，乃以杖刺社前涸泽出泉以济之，虽旱不竭（今大泽村紫阳靖石井也。）。明日登山岭〔巅〕[⑤]，指山腰之泉罅（《一统志》，蛟井在南昌府上蓝院，一名横泉，即许逊逐蛟之所。）曰：是有异物藏焉，后将为孽。遂立坛靖[⑥]以镇之（今号龙池观）。乃渡小蜀江（今名黄湖口），抵江干之肆。主人朱氏虽贫，而迎

---

① 丁宁：今作叮咛。

② 相辽：相缭，相互缠绕，此处指相当，不相上下。

③ 玄枵（xiāo）：《左传·襄公二十八年》："岁在星纪，而淫于玄枵。玄枵，虚中也。"

④ 虞集《黄堂钟楼记》，见《全元文》卷859。揭傒斯《仙茅述》，见《全元文》卷923。

⑤ 繁体"嶺"与"巔"形近致误。

⑥ 坛靖：指道家诵经修道之处。

接甚敬。真君画一松于其壁而去，其家即日市利加倍。后江涨溃堤，市舍俱漂，惟松壁不坏（今名松湖市，朱氏现庙食其地。）。

真君尝炼神丹于艾城（今义宁州武宁县。《一统志》，艾城在宁县西一百里龙冈坪。春秋鲁哀公时，吴公子庆忌出居于艾，即此。汉有艾县，隋省入建昌。）黄龙山，山湫有蛟魅，护为〔卫〕渊薮（《一统志》，黄龙山在宁州一百八十里。吴黄武中，黄龙见此。或云：山头湫中有黄鱼二，能致风雨，岁旱，祷之辄应。晋永嘉中，旌阳令许逊尝炼丹于艾城之黄龙山，有蛟魅为渊薮，辄作洪水，欲漂丹室。逊擒之，钉于石壁。），辄作洪水，欲漂丹室。真君遣神兵擒之，钉于石壁（今钉蛟石犹存。《一统志》，上高县西灵峰山侧铜钉岭，一名铜精岭，旧传许旌阳以铜钉钉蛟于此。）。丹成，祭于幕阜（《一统志》，在宁州西一百九十里。吴太史慈拒刘磐至此置营幕，故名。）葛仙公石室（《一统志》，葛仙公名元，江南句容人，从孙洪[①]亦好神仙导养之术，晋元帝辟为丞相掾，以平贼功赐爵关内侯。成和初，选为散骑常侍。不就，求为勾漏令[②]，曰：非欲为荣，以有丹耳。乃于罗浮山炼丹，悠游间养。著内、外篇，号《抱朴子》。今江西、江南、广东、四川，葛洪山、井、石室所在有之。）。遂至修水（《一统志》，源出宁州幕阜山，经武宁、建昌，以其修远而达于彭蠡湖，故名。郭璞云：有水名修，有鱼名鯈，天下大乱，此地无忧。），爱其湍急而味坚，乃取神剑磨于涧石之旁[③]（《一统志》，在宁州，隔水一里，旧传许逊于此磨剑。宋蒋之奇诗："闻说旌阳旧筑坛，故浮修水一来看。至今磨剑池犹在，冷浸一天星斗寒。"）。寻渡水登秀峰（名旌阳山。《一统志》，在宁州东，隔水山势壁立，横截水口。相传晋旌阳许逊尝逐蛟过此。上有旌阳观。），特为坛于峰顶，以酬〔醮〕谢上〔圣〕帝，乃服仙丹。

吴君居近焉（峰南有村，曰吴仙观，即吴君故居也。），遂造吴君之宅。过西安县，途经县西小庙（相传神姓毛，兄弟五人，后封为协佑侯），有迎告者曰：此有蛟孽害民，知仙君来，往鄂渚避矣。后将复还，愿为斯民

---

① 从孙：同父兄弟的孙子，即侄孙子。洪：葛洪（约 283—363），字稚川，自号抱朴子，世称小仙翁，丹阳句容（今属江苏）人。东晋时期道士、道教学者、炼丹家、医学家、科学家。

② 勾漏：亦作"勾屚"。山名。在今广西北流县东北。为道家所传三十六小洞天的第二十二洞天。汉置勾漏县，隋废。《晋书·葛洪传》："以年老，欲炼丹以祈遐寿，闻交趾出丹，求为勾屚令。"

③ 涧石之旁：原作"涧旁之石"，应是。

除之。真君知其为庙神也，如其言，蹑迹追至鄂渚，路逢三老人（今三王庙是也），惊顾惕悚，见真君至皆趋相谒云：蛟伏前桥下，请君亟图之（今武昌府有伏龙桥）。真君至桥侧，仗剑叱之，蛟惊奔入江，匿于渊（今名下龙口）。乃敕吏兵驱之，蛟从上流奔出，遂诛之（今名上龙口）。真君怒西安社伯之不职，锢其祠门，止民享祀，令祀小庙（今义宁州城隍庙正门常闭，开则有火灾，出入俱由偏户。）。已而还郡城。真君曰：此地水陆冲要，人物繁夥，岂无分应得仙之人？试以丹数粒杂他药货之，令其信缘而取。既而赎者虽多，竟无一人遇者。真君吁叹，以世间仙才之难得也。

真君闻新吴有蛟〔为孽〕，因持剑捕逐之（《一统志》，试剑石在奉新县三十四都，有巨石，中分相向如削。旧传许真君逐蛟尝试剑于此。）。蛟惧，窜入溪穴（今名藏溪）。真君乃以巨石书符及作《镇蛟文》以禁之（今名镇蛟石。《一统志》，在奉新县延真观内。旧传许、吴二真君逐蛟入穴，以巨石书符镇之。有石碣尚存。）。时海昏（今南康府建昌县[1]、南昌府武宁县地。）之上缭有巨蛇，据山为穴，吐气成云，亘四十里，人畜在其气中者即被吸吞，无得免者。江湖舟船亦遭覆溺，大为民害。真君闻之，乃登北岭之巅验之，见毒气涨空。真君愍[2]斯民之罹其害，乃集弟子往诛之。初入其界，远近居民三百余人知真君道法，竞来告诉，求哀甚切。真君曰：世运周流，当斯厄会，生民遭际，合受其灾。吾此来正欲为汝曹除之，吾誓不与此妖俱生也。有顷，弟子至，亦同劝请。真君曰：须时至乃可。于是卓剑于地，默祷于天。良久飞泉涌出（《一统志》，卓剑泉在建昌县南四十里广福观，世传许逊斩蛇淬剑于此。今武宁县东一都亦有剑泉。），有赤乌飞过。真君曰：可矣（赤乌盖许真君禀太阳余气而生。世传金凤衔珠误也。）。遂前至蛇所仗剑布气。蛇惧，入穴，乃飞符召神兵驱之。蛇出穴，举首十余丈，目若火炬，吐毒冲天。乡民咸鼓噪相助。是时真君啸命风雷，指呼神兵，以慑服之，使不得动。吴君乃飞步蹑〔踏〕其首，以剑劈其颡。蛇始低伏。弟子施岑、甘战引剑挥之，蛇腹裂，有小

① 南康府建昌县：清南康府治今庐山市，建昌县即今永修县。

② 愍：同“悯”，怜悯。

蛇自腹中出，长数丈，奔行六七里，闻鼓噪声，犹返听而顾其母，群弟子请追而戮之。真君曰：蠢兹小孽，未为民害，且仓皇中犹知返顾其母，吾不忍污吾剑。若五百年后仍为民害，吾当复出诛之。以吾坛前植柏为验，其枝覆坛拂地乃其时也。又预谶云：吾仙去后一千二百四十年间，豫章之境，五陵之内，当出弟子八百人。其师出于豫章，大扬吾教。郡江心忽生沙洲，掩过井口者是其时也。此时小蛇若为害，彼八百人自当诛之，苟无害于物，亦不可诛也。蛇子遂得入江（《一统志》顺济庙在吴城山，世号小龙，相传即吴、许二君所诛大蛇子。宋封顺济王，有真宗御制《戒蛟》石刻。熙宁中遣大〔太〕常林希逸[①]致祭，即有异蛇堕祝上，翌日行礼，蛇引首望礼，毕出循几案，俄循入帐中。及希逸还，蛇复尾舢舻送至彭蠡而没。后苏轼自儋耳北归，舣舟祠下，忽得古石砮矢于岸测〔侧〕。传观左右，失手坠江中，乃祷于神，许留庙中。使人没水求之，一探而获，因为之《记》[②]。）。大蛇既死，其骨聚而成洲。真君于海昏经行之所皆留坛靖，凡六处，通候时之地为七（《一统志》，七靖井在建昌县。许逊自艾城还郡时，海昏有巨蛇据山为穴，吐气为云，逊诛之法。北斗七星每靖置一靖井以镇之。赞曰：海昏之地，府属当阳，南昌之州〔洲〕，龙安之场。上缭艾县，古城之冈，地遭蛇穴，侵截川江。占其地土，防民之殃，于今立靖，万古吉祥。），其势布若斗星状，盖以镇弭后患。

复至邑之西北，见山泉清洌（《一统志》，冷水亭在建昌县治西，晋吴猛游息之所，其地有泉清冷。），乃投符其中，与民疗疾（《一统志》，吴猛泉在建昌县治西，《方舆胜览》云，有疮疾，或饮或洗，皆愈。），其效亦比蜀江。巨蟒既诛，妖血污剑，于是磨洗之（名磨剑池，今名磨刀，在建昌县上乡。《一统志》，在建昌县北五里冷水观前。相传晋许逊斩蛇时常磨剑于此。），且削石以试其锋（旧名剑石，今名□石，在武宁县东修江石湖之北。宋黄山谷建亭其上，石镌“水丹双清”）。告其徒曰：大蛇既灭，蛟精未诛，彼物通灵，必知吾有除害意。恐其

---

① 宋代有林希逸，但为南宋晚期人，主要活跃在理宗时期。而熙宁在北宋中晚期，相距160多年。林希逸（1193—？），字肃翁，号竹溪，又号鬳斋，福建福清县（今福清市）人。端平二年（1235）进士。南宋著名理学家。历翰林权直兼崇政殿说书，终中书舍人。林希逸也曾任太常少卿，但显然系年有误（参见《宋登科记考》）。

② 苏轼之《记》即为《顺济王庙新获石砮记》。载《东坡全集》卷三十八。

伺隙溃郡城，吾归郡乎，战、岑二子其从我焉。时晋怀帝永嘉六年（312）也。

真君道术高妙，著闻远迩，求为弟子数百人，却之不可得。乃化炭为美妇（今名炭妇河，在江西省南康府建昌县西新津。《一统志》，名炭妇市，后人就其地立观，额曰“妙明”。至今香火之盛甲于通省。），夜散群弟子处以试之。明旦阅之，其不为所染污者惟十人耳，即异时上升诸高弟也。自是凡周游江湖，诛蛟斩蛇，无不从焉，余多自愧而去。

真君乃与甘、施二君归郡，周览城邑。适有一少年，美风度，衣冠甚伟，通谒，自称姓慎（一本姓卢，名慎。），礼貌勤恪，应对敏给，遽告去。真君谓弟子曰：适者非人，老蛟之精，故来见试也。体貌虽是，而腥风袭人，吾故愚之，庶尽得其丑类耳。迹其所之乃在江浒，化为黄牛卧郡城沙碛之上（今黄牛洲。《一统志》，在南昌府西南二十里，旧传蛟精为许逊所逐，化黄牛于此。）。真君乃剪纸化为黑牛斗之，令施岑潜持剑往，候其斗酣即挥之，乃中其左股。牛奔入城南之井中，潜至长沙，于贾谊井中出，化为人，抵贾玉使君之家。

先是，蛟精尝慕玉之女美，化为一少年谒之，玉大爱其才，许妻以女。因厚赂玉之亲信，皆称誉焉，遂成婚。居数岁，生二子。尝以春夏之交孑然而出，周游江湖，若营贾者。至秋则乘巨舸重载而归，所资皆宝货，盖乘春夏大水覆舟所获也。是秋徒还给玉云：财货为盗所劫，且伤左股。玉举家叹惋，求医疗之。真君密知其迹，乃为医士谒玉，玉喜，召其婿出求医。蛟精觉之，惧不敢出。玉自起召之，真君随至其室，厉声叱曰：江湖蛟精，害物非一，吾寻踪至此，岂容逃遁耶？蛟计穷，与二子皆现本形，蜿蜒堂下，并诛之。贾女几变形，其父母为哀求真君，给以神符，得不变。真君谓玉曰：蛟精所居其下即水，今居舍下深不逾尺皆洪波也，可速徙居，毋自蹈祸。玉举家骇惶，迁居高原。其地不日陷为渊潭（今名昭潭，在长沙府善化县昭山下。《湘中记》[1]："湘水最深处。"），深不可测。

真君复还豫章，而蛟之余党甚盛，虑真君诛之，心不自安，乃化为人，散游城市。访真君弟子，诡言曰：仆家长安，积世崇善，远闻贤师许君有神剑，愿闻其功。弟子语之曰：吾师神剑，指天天裂，指地地坼，指星辰则失度，指江河则逆流。万邪莫敢当，神圣之宝也。又曰：抑有不能伤者乎？弟子戏之曰：惟不能伤冬瓜、葫芦耳。蛟以为诚然，尽化其属，连枝带蔓浮泛满江，拟流出境。真君以剑授施岑，使履水斩之。党属茹连，悉无噍类[2]，江流为之变色。真君曰：此地蛟螭所穴（《一统志》，蛟穴有二，一在丰城县东二里，一在丰城县治西。其中积水四时不竭。旧传蛟精尝蛰于此，许真君以符咒逐之，蛟遂遁去。），不有以镇之，后且复出为患，人不能制也。乃役鬼神于牙城南井铸铁为柱，出井外数尺，下施八索，钩锁地脉（《一统志》，铁柱宫在南昌府城内市中，宫前有井，水黑色，其深莫测，与江水相消长，铁柱立其中。相传晋许真君所铸，以息蛟患者。元吴全节诗："八索纵横维地脉，一泓消长定江流。"又载：铁柱在南昌府城南，许旌阳既斩蛟蜃，谓：赣江百怪丛居，虑为后害，乃铸铁柱二，一在子城南，縻一铁索，以镇蜃穴。今西山生米万寿宫井中铁柱，与《一统志》同。）。祝之曰："铁柱若斜，其妖再兴，吾当复出。铁柱若正，其妖永除。"由是水妖屏迹，城邑无虞。复虑后世奸雄妄作，故因铁柱以为谶记，曰："铁柱镇洪州，万年永不休。八索钩地脉，一泓变江流。天下大乱，此地无忧。天下大旱，此地薄收。地胜人心善，应不出奸谋。纵有奸谋者，终须不到头。"真君之虑后世也深，有如此者。

次年，真君以蛟蜃之属有散入鄱阳、浔阳界者，虑其后还，乃周行江湖以殄灭之。至岹峣[3]山顶有蛟湖三所，其孔穴透大江，通饶

---

① 陈运溶《麓山精舍丛书》中有《湘中记》辑佚三种，均无此条。在所辑《湘州记》中有："岳阳有昭潭，其下无底，湘水最深处。"辑自《初学记》。又有："益阳有昭潭，其下无底，湘水最深处也。或谓周昭王南征不复，没于此潭，以为名。"辑自《水经注》。本志或引自两书之一。

② 噍（jiào）类：存活者。

③ 岹峣：山高峻貌。

信[1]。真君诛其蛟魅，立玉阳府靖以镇之。又铸铁符镇鄱阳湖口（今九江府湖口县上石钟山，相传有铁符镇之。），杜其所入之路。铸铁盖覆庐陵元〔玄〕潭（又曰在吉水），制其所藏之薮，仍以铁符镇之（今号飞符岭，有观号“崇镇”。）。留一剑在焉。

明年永嘉七年（313），真君复南游长沙，遂至昭阳县[2]。〔又〕明年至郴、衡诸郡，所至皆为民馘毒除害，乃还豫章。前后凡立府靖十余所（《一统志》，吉安府城北五里有真君山，上有高明宫，吉水县东三里太平山有旌阳道场。又县东北崇元观有试剑石。瑞州府城东南四十里有丹井。府治南蜀江观有圣水井，饮之愈疾。府城西五十里相传旌阳乘槎流至此，乡人遇之，名遇仙桥。府城西□贤乡升元〔玄〕观有仙迹坛，尝至瑞竹〔州〕上高县南二十五里，亦有丹井。新昌县北三十五里五云观有仙人石迹。宋刘应龙有诗。又县东北六十里元〔玄〕道观东有云峰坛仙迹，及龙潭有许、葛二仙桥。县北七十里有磨剑池。广信府贵溪县逍遥峰真君炼丹处。绕州府乐平县东仙人峰有真君庙。），皆所以镇郡邑、辟凶灾也。

太宁二年（324），大将军王敦（《鉴略》，敦字处仲，以帝抑扬其权举兵，以清君侧为名。帝以敦为丞相，都督中外诸军，录尚书事。敦既得志，遂复构逆谋。）举兵内向，次于干湖，真君与吴君同往上谒，冀说止之。时郭璞先生在幕府，乃因璞与俱见。处仲喜，延之饮而问曰：予梦以一木破天，君等以为何如？真君谓：非佳兆。吴君曰：木上破天未字也，公其未可妄动。敦色变，令璞筮之。璞直言吉凶，处仲大怒，令武士擒璞斩之（《一统志》，明帝时荧惑守房，又赤乌见，上疏请改年，肆赦[3]。后为王敦所害。）。真君乃举杯掷起，化为白鸽，飞绕梁栋。处仲一举目，已失二君所在。处仲竟败。

二君还至金陵，欲赁舟至豫章，而船主告以乏操舟者。真君曰：尔等但得瞑目安坐，切毋觇视，吾自为尔驾之。乃召二龙挟舟而行，经池阳，以印印西岸之崖壁辟水怪（今印文犹在）。舟渐凌空，俄过庐山顶，至紫霄峰金阙洞。二君欲游洞中，故其舟稍低，抹林梢戛戛有

---

① 饶信：古饶州和古信州。

② 昭阳县：古县名。西汉置，治今湖南省邵东县东。

③ 肆赦：犹缓刑，赦免。

声。舟人不能忍，乃窃窥之，二龙委去，舟坠于层崖之上（《一统志》，铁船峰在庐山。世传许旌阳与吴猛乘船，二龙挟行，戒舟人瞑目。至紫霄峰茂林戛击有声，舟人窃视之，龙即委去，船坠于此。故名。下有牖底池。），桅折于深涧之下。真君谓舟人曰：汝不听吾言，将何所归乎？舟人求济度，真君教以服饵灵草，遂得辟谷不死，尽隐于此山。

二君乃各乘一龙分水陆还，会于北岭之天宝洞，遂归旧隐。日与弟子讲究，发明孝道明王[①]所授《净明真诠》。洁净身心，吐纳阳和，践履光明，栖迟[②]真境。不留事务，不逃事务，草衣木食，恬淡无心。无心无境，游燕三清，人间紫府，四序皆春。嗣是不复以时事关意，惟精修至道，垂语训人。乡党化之，皆迁善远罪，孝弟兴行。平时出处随机应物，不异常人。但所居之处鸣鹤飞翔，景云旋绕而已。自东晋乱离，江左频扰，惟祖师所居环百余里盗贼不入，闾里晏安，年谷屡登，人无灾害。其福被生灵，人莫知其所以然也。

至孝武帝宁康二年（374）甲戌八月朔旦，有二仙拥云仗而下，盖玉真上公崔子文、元真上卿瑕丘仲也。导从甚都降于真君之庭。宣上帝诏命，真君再拜登受，二仙去。真君乃召门弟子与乡曲耆老告之曰：今者天诏降，授我九州都仙太史兼高明大使，冲举有期，仙使告我矣。乃设斋宴，共叙惜别。且教以行善立功，净明忠孝之旨。反复开陈，三致意焉。著《灵剑子》等书，又与十一弟子各为五言二韵《劝诫诗》十首以遗世，及大功如意丹方传众弟子之不同上升者以济世，即丁义神方中之一也。是月望日，至日中遥闻音乐之声，祥云弥望，羽盖龙车，从官兵卫，仙童彩女，前后导从。红霞紫气，舒布环绕。前二仙使又至，宣诏毕，仍封远祖由"玉虚仆射"，曾祖琰"太微兵卫大夫"，祖玉"太极把业录籍典者"，父肃"中岳仙官"，赐所居宅曰仙曹左府。玉真上公又曰：卿门弟子虽众，惟六人合从行，余各自有超举之日，不得偕往也。乃揖。真君升龙车，命陈勋、时荷持册前导，周广、曾亨骖御，黄仁览与其父族侍从，盱烈与母

---

① 孝道明王：道教神祇。

② 栖迟：游玩休憩。

部从。其不与升门弟子号泣振天。真君曰：仙凡路殊，悲欢自切，汝等但能遵行孝道，利物济民，何患不陟降帝左右耶？公等且留，吾请从此逝矣。乃与仙眷四十二口同时冲举，鸡犬亦随逐飞升。留下修行钟一口，并一石函，表异时之记（《一统志》，西山南有广福观，旧传许旌阳上升，其斩蛟神剑藏于山后石室中。）。

有仆许大者与其妻市米于西岭，闻真君飞升，奔驰而返，车覆（名翻车冈。《一统志》，在南昌府城西南四十里。《列仙传》，许仙役夫许大者与其妻运米于此，忽闻仙君上升，仓皇奔归，遂覆车于此。上有许仙庙。），遗米于地，米皆复生（今生米市是也）。比至，泣求从行。真君以其分未应仙，乃授以地仙之术，夫妇皆隐于西山。

仙仗既举，有顷，坠下药臼、车毂各一，又坠一鸡笼于宅之东南十里余，并鼠数枚坠地，虽拖肠而不死，意其常〔尝〕得窃食仙药也。后人或有见之者必为瑞应焉。

初，真君回自旌阳，奉蜀锦于谌姆，制为殿帷，至是忽飞来，旋绕于故宅之上，复入云霄。仙驾凌空向远，望之不可见，惟祥云彩霞弥漫山谷。百里之内，异香芳馥，经月不散。

真君生于吴大帝赤乌二年己未正月二十八日，住世一百三十六年。在天则判雷霆泰省，净明学者尊之曰道师君。仙后周氏夫人，仙子恭顺至孝仙王，仙媳彭氏夫人，句曲山远游君迈、护军长史穆，皆真君再从昆弟云。

附：临江萧公及晏公列传 明兵部尚书泰和郭子章[①]传

临江新淦[②]大洋洲萧氏，其先开封祥符[③]人。宋绍定中有允康者官至金紫光禄大夫、开府仪同三司。子兰芳、桂芳，兰芳登宋咸淳进士，官吉安路刺史。允康就养官署，子、父咸卒于吉，遂留寓吉。允康葬吉永丰葛溪桥凤凰尾，兰芳葬吉永丰塘头龙坑。

伯轩即兰芳子也，娶于吉永新坪上刘氏。伯轩因访道临江金凤洲谢真人，爱淦江山水之胜，遂由吉徙淦之大洋洲。不事生人产，惟好行其德。晚有神识，事皆前知。元大德十年（1306）坐化，乡人祀之为水府神。元至大二年（1309）封五湖显应真人。

子祥叔亦娶于永新坪上刘氏，增修父道，更复神异。每于洪涛漻㵳[④]崩云屑雨中显其灵明。尝游湖南，木筏胶于沙，公咄咤水溢，筏遂大浮。过洞庭飓风四起，雄浪拍天，公出神半空以衣袂压水，而少顷波恬，众舟尾其后而进焉。元至正五年（1345），伯颜南征归，奏公圣德广被，诏封公为“永灵神化普济显德舍人”。九年（1349）卒，合祀于伯轩庙。

洪武初金陵定鼎，建宫殿，庀材楚蜀，楩楠杞梓蔽江而下，石尤[⑤]倏起，运卒颠危。公现身云中，高涛顿息，助木南下。运官以闻

---

① 据乾隆《泰和县志》卷22：郭子章，字相奎，号青螺，又自号蠙衣生，泰和人。隆庆五年（1571）进士。初为福建建宁府推官、摄延平府事，入为南京工部虞衡清吏司主事，又督权南直隶太平府、领明祖陵事。万历十年（1582）迁广东潮州府知府，四年后督学四川，不久迁为浙江参政、山西按察使、湖广右布政、福建左布政。万历二十六年（1598）为右副都御史巡抚贵州、兼制蜀楚军事，与湖广川贵总督李化龙合力剿平播州杨应龙叛乱，又多次平定贵州苗、瑶起义，以功封兵部尚书、右都御史，加太子少保衔。万历四十六年（1618）卒，年七十六岁。郭子章一生著述宏富。据其九世从孙郭子仁于清光绪七年（1881）统计，郭子章的著作当时犹存92种、约数百卷之多。

② 新淦：今新干县。

③ 祥符：今河南开封市祥符区。

④ 漻㵳（jiāo gé）：水深广貌。

⑤ 石尤：即石尤风。传说古代有商人尤某娶石氏女，情好甚笃。尤远行不归，石思念成疾，临死叹曰：“吾恨不能阻其行，以至于此。今凡有商旅远行，吾当作大风为天下妇人阻之。”后因称逆风、顶头风为“石尤风”。

高皇帝，遣官祭劳，恩礼特隆。

子天任生而广颡修髯，□轶常流，似有夙慧。凡经史百家一寓目靡不淹贯。不受世趋，潇然物外，踵祖、父之武[①]为湖海游。壮年以后，吉凶皆预知。每瞑目出救江湖舟楫之险，醒而菽粟之类往往掬指掌。问诘之则曰：此覆舟物也。里巷戚朋同日招饮，侯分形化身，无处不与，有栾巴、冷谦[②]之风焉。永乐三年（1405）冬，端坐越旬日，休粮绝食，后啖白石而化，年八十有二。遗令覆以巨桶，木周匝二十有八以象列宿，环以竹箍五以象五行。藏庙左庑，迄今数百余年如新没后，愈益神异。

十七年（1419）春，朝廷遣内臣下西洋，内臣航海艰险，颠倒天吴，九首[③]更笑叠怒，神屡掖之。成祖皇帝封为英佑侯。正统十四年（1449），英宗北狩，虏骑阑入关，燕齐蠢动。会神舟舣临，官民乞灵，侯降神乩。判诗有："虚惊雷鼓响，依旧老江山"之句，军民始帖席无溃志。上皇南归，钟虡[④]不移，江山如故，神乩验矣。景泰三年（1452），楚武冈、靖州苗判，神复降乩，言苗款在即。遣其裔孙萧鸣、祠祝王灏输香钱二百金饷兵。未几，苗果就抚。四年（1453），楚抚臣李某[⑤]奏请加侯封号，蒙加"灵通广济显应"六字。成化二十年（1484），御制祭文，诏新淦邑令具牲醴致祭。万历三十七年（1609）己酉夏，疫疹大作，里医袖手。远迩士女祷侯祠，挹江水

---

① 武：量词，古代以六尺为步，半步为武。引申为足迹、脚步。

② 栾巴：字叔元，东汉魏郡内黄人，好道。冷谦：明初道士，道号龙阳子。

③ 天吴：古代中国神话中的水神。九首：《山海经·海外北经》载"九首人面，蛇身而青"，后因以九首指力大无穷的怪兽。

④ 钟虡（jù）：悬钟的格架。

⑤ 景泰四年（1453）"楚抚臣李某"应为李实。《明英宗实录》卷二〇五："景泰二年（1451）六月戊辰朔癸巳（二十六日），巡按直隶监察御史朱骥言：向者也先叛盟，朝廷简命礼部侍郎李实两诣虏中，宣播恩威，仗义执言，卒成和好。此皆皇上知人善任使之所致也，实遂以是升为右都御史。迩因湖广巡抚缺人，命实往理其事。"又："景泰四年（1453）二月戊子朔，近日五开、清浪等处地方俱有苗贼生发，烧毁屯营，杀害官军，攻围城池。敕至，尔琺仍总督军务，星驰往彼，会同内官梁达、都督陈友、都御史李实并督湖广三司等官，速调官军人等相机剿捕。"

乞神方药，注水治疾，所完活甚夥。不数月骤盈千金，会庙、堤毁，两姓子孙悉付治新庙、筑堤，费累四千金，详丰城邱尚书[1]《记》中。海内江浒在在祀神，惟新淦之大洋洲，蜀之李渡[2]，燕京之萧公塘为最著。

当胜国[3]时，清江镇有晏公者名戌（一名戌仔），为文锦堂长。因病归，登舟即尸解，人以为神，立庙祀于本镇。灵显江湖，封“平浪侯”。与萧公同著灵异，天下称水府必曰萧、晏云。

---

① 邱尚书：邱士毅，字远程，江西丰城县人。据乾隆《丰城县志·人物志》，邱士毅登万历三十二年（1604）杨守勤榜进士，选庶吉士，授翰林院检讨。四十一年（1613）分校礼闱，四十三年（1615）出典湖广乡试。后历官左春坊左赞善、南京礼部侍郎、《神宗实录》总裁官，崇祯二年（1629）任礼部尚书。著有《吾美楼集》。

② 李渡：四川省南充市李渡镇。

③ 胜国：被灭亡的国家。《周礼·地官·媒氏》：“凡男女之阴讼，听之于胜国之社。”郑玄注：“胜国，亡国也。”后因以指前朝。此处指元朝。

澧州津市万寿宫志
卷之五

年　表

世艳称我旌阳真君神化仙迹，拔宅冲举，几疑为别有捷悟。不知净明之学原本忠孝，法天行健，阴骘下民，其忧勤[①]之岁月固有历历可考者。逍遥山旧《志》[②]中有《年表》一册，因亟录而梓之。借以见河岳日星生有自来，德与年俱盛，业与日俱新，而非徒以眉寿永年夸怪诞于黄石、赤松[③]也。志年表。

〔蜀〕汉后主延熙二年己未　魏景初三年　吴赤乌二年（239）　许真君生，作一岁

真君生于南昌县长定乡益塘陂，今慈母里许仙村即其地。〔时为三国，真君本吴人，兹仿纲目例纪年尊汉，崇正统也。真君禀太阳之精，故生于赤乌时，有赤乌飞过，盖赤乌即阳精之符兆。后诛大蛇会仙峰。〕[④]

三年庚申　魏正始元年　吴赤乌三年（240）　真君二岁

四年辛酉　魏正始二年　吴赤乌四年（241）　真君三岁

---

① 忧勤：多指帝王或朝廷为国事而忧虑勤劳。此指许真君。

② 逍遥山旧《志》，即今江西《万寿宫通志》，下与之校对。

③ 黄石：黄石公，下邳人（今江苏睢宁古邳镇）。世称“圯上老人”“下邳神人”。黄石公本为秦汉时人，后被道教纳入神谱。赤松：赤松子，又名赤诵子，号左圣南极南岳真人、左仙太虚真人，秦汉传说中的上古仙人。

④ 此处语序原有误，兹据江西《万寿宫通志》改。原文语序为：“真君禀太阳之精，故生。时为三国，真君本吴人。兹仿纲目例纪年尊汉，崇正统也。于赤乌时。后诛大蛇会仙峰，有赤乌飞过，盖赤乌即阳精之符兆。”

五年壬戌　魏正始三年　吴赤乌五年（242）　真君四岁

六年癸亥　魏正始四年　吴赤乌六年（243）　真君五岁

入学读书。

七年甲子　魏正始五年　吴赤乌七年（244）　真君六岁

是时即知孝事二亲，凡所言行嘉与道合。

八年乙丑　魏正始六年　吴赤乌八年（245）　真君七岁

九年丙寅　魏正始七年　吴赤乌九年（246）　真君八岁

十年丁卯　魏正始八年　吴赤乌十年（247）　真君九岁

十一年戊辰　魏正始九年　吴赤乌十一年（248）　真君十岁

是时已解经书大意。

十二年己巳　魏嘉平元年　吴赤乌十二年（249）　真君十一岁

十三年庚午　魏嘉平二年　吴赤乌十三年（250）　真君十二岁

十四年辛未　魏嘉平三年　吴太元元年（251）　真君十三岁

十五年壬申　魏嘉平四年　吴建兴元年（252）　真君十四岁

十六年癸酉　魏庆〔嘉〕平五年　吴建兴二年（253）　真君十五岁

十七年甲戌　魏正元元年　吴五凤元年（254）　真君十六岁

射鹿悔过，自折弓矢[①]。

十八年乙亥　魏正元二年　吴五凤二年（255）　真君十七岁

后一意勤修圣贤道学。

十九年丙子　魏甘露元年　吴太平元年（256）　真君十八岁

二十年丁丑　魏甘露二年　吴太平二年（257）　真君十九岁

后主景耀元年戊寅　魏甘露三年　吴永安元年（258）　真君二十岁

二年己卯　魏甘露四年　吴永安二年（259）　真君二十一岁

三年庚辰　魏景元元年　吴永安三年（260）　真君二十二岁

四年辛巳　魏景元二年　吴永安四年（261）　真君二十三岁

五年壬午　魏景元三年　吴永安五年（262）　真君二十四岁

---

①“自折弓矢”原系于下年。

后主炎兴元年癸未　魏景元四年　吴永安六年（263）　真君二十五岁

甲申　魏咸熙元年　吴元兴元年（凡二国）（264）　真君二十六岁

此时好方外游①。

晋武太〔泰〕始元年乙酉　魏咸熙二年　吴甘露元年（是岁魏亡，晋代，凡二国）（265）　真君二十七岁

二年丙戌　吴宝鼎元年（266）　真君二十八岁

三年丁亥　吴宝鼎二年（267）　真君二十九岁

从事吴猛，悉传其秘。

四年戊子　吴宝鼎三年（268）　真君三十岁②

五年己丑　吴建衡元年（269）　真君三十一岁

六年庚寅　吴建衡二年（270）　真君三十二岁

七年辛卯　吴建衡三年（271）　真君三十三岁

八年壬辰　吴凤凰元年（272）　真君三十四岁

九年癸巳　吴凤凰二年（273）　真君三十五岁

十年甲午　吴凤凰三年（274）　真君三十六岁

卜居逍遥山金田村之桐园。

武帝咸宁元年乙未　吴天册元年（275）　真君三十七岁

郡举孝廉不就，或云筮仕于此时者误。

二年丙申　吴天玺元年（276）　真君三十八岁

三年丁酉　吴天纪元年（277）　真君三十九岁

还金灯檠。

四年戊戌　吴天纪二年（278）　真君四十岁

五年己亥　吴天纪三年（279）　真君四十一岁

世祖太康元年庚子　吴天纪四年（是年吴灭）（280）　真君四十二岁

是年起为蜀郡旌阳县令，循声异绩，遗爱无穷。详《实录》，又

---

① 江西《万寿宫通志》系于二十七岁。

② 江西《万寿宫通志》本年下有："举公孝廉者，累辞不就。或云范宁荐者，非。"

邑《志》[1]山川类蜀水注，晋元帝时南昌大疫，诣许旌阳请救，与水一器令投上流，饮者皆愈。今考《帝王世纪》[2]，晋武帝在位二十五年，惠帝在位十七年，怀帝在位六年，愍帝在位四年，元帝在位六年。若元帝时尚在蜀，是真君宦游不下三十五六年矣。而怀帝永嘉之末又何缘在家斩蛇耶？故施水救疫必在怀、惠之间。此笔之讹也。识者宜辨之。

二年辛丑（281） 真君四十三岁

三年壬寅（282） 真君四十四岁

四年癸卯（283） 真君四十五岁

五年甲辰（284） 真君四十六岁

六年乙巳（285） 真君四十七岁

七年丙午（286） 真君四十八岁

八年丁未（287） 真君四十九岁

九年戊申（288） 真君五十岁

十年己酉（289） 真君五十一岁

惠帝永熙元年庚戌（290） 真君五十二岁

致仕归里。

惠帝元康元年辛亥（291） 真君五十三岁

游新吴，五女童献剑。

二年壬子（292） 真君五十四岁

谒丹阳谌母。

三年癸丑（293） 真君五十五岁

四年甲寅（294） 真君五十六岁

---

①邑《志》指《南昌县志》。

②《帝王世纪》是西晋皇甫谧创作的一部专述帝王世系、年代及事迹的一部史书，所叙上起三皇，下迄汉魏，未及晋。而且皇甫谧卒于晋武帝太康三年（282），岂知惠、怀、愍、元诸帝事？因此，此处所谓《帝王世纪》应是指《晋书》中《帝纪》。

公既得神剑，渐有为民除害之意。按：先是蛟虎伤人，周处[1]已尝射虎、斩蛟，公亦同此志也[2]。

五年乙卯（295） 真君五十七岁

六年丙辰（296） 真君五十八岁

七年丁巳（297） 真君五十九岁

八年戊午（298） 真君六十岁

九年己未（299） 真君六十一岁

惠帝永康元年庚申（300） 真君六十二岁

惠帝永宁元年辛酉（301） 真君六十三岁

惠帝大〔太〕安元年壬戌（302） 真君六十四岁

二年癸亥（303）〔成建初元年〕 真君六十五岁[3]

惠帝永兴元年甲子 汉元熙元年 成建兴元年（凡僭国二）（304） 真君六十六岁

二年乙丑 汉元熙二年（305） 真君六十七岁

惠帝光熙元年丙寅 汉元熙三年 成晏平元年（306） 真君六十八岁

怀帝永嘉元年丁卯 汉元熙四年（307） 真君六十九岁

二年戊辰 汉永凤元年（308） 真君七十岁

施药求贤，化炭作妇。

三年己巳 汉河瑞元年（309） 真君七十一岁

四年庚午 汉烈宗刘聪光兴元年（310） 真君七十二岁

五年辛未 汉嘉平元年，成玉衡元年（311） 真君七十三岁

六年壬申 汉嘉平二年（312） 真君七十四岁

---

①据嘉庆《宜兴县志·人物志》：周处，字子隐，吴郡阳羡（今江苏宜兴）人。西晋大臣、将领，东吴鄱阳太守周鲂之子。少时纵情肆欲，为祸乡里。后来改过自新，拜访名人陆机和陆云，浪子回头，发奋读书，留下“周处除三害”的传说。三害者：猛虎、蛟龙和周处自身。

②江西《万寿宫通志》系于上年，紧承“谒丹阳谌母”。

③江西《万寿宫通志》此年下有：“是时，曾亨、时荷、甘战、施岑辈闻公孝道法，皆接踵受学焉。”

是年海昏诛蛇，时杜弢寇蜀[①]。详《实录》并《吴仙传》。自海昏诛蛇而外，今皆不纪年矣。

愍帝建兴元年癸酉　汉嘉平三年（313）　真君七十五岁

二年甲戌　汉嘉平四年（314）　真君七十六岁

三年乙亥　汉建元元年（315）　真君七十七岁

四年丙子　汉麟嘉元年（316）　真君七十八岁

东晋建武元年丁丑　汉麟嘉二年　凉建兴五〔元〕[②]年（凡僭国三）（317）　真君七十九岁

元帝太〔大〕兴元年戊寅　汉主刘曜光初二〔元〕[③]年（318）　真君八十岁

二年己卯　汉改号赵光初二年　后赵石勒元年（凡四僭国）（319）　真君八十一岁

三年庚辰　赵光初三年　后赵二年（320）　真君八十二岁

四年辛巳　赵光初四年　后赵三年（321）　真君八十三岁

元帝永昌五〔元〕[④]年壬午　赵光初五年　后赵四年（322）　真君八十四岁

明帝大〔太〕宁元年癸未　赵光初六年　后赵五年（323）　真君八十五岁

二年甲申　赵光初七年　后赵六年（324）　真君八十六岁

旧按：王敦擒〔郭〕璞，真君与吴真人掷杯化鸽以避。详《实录》。

---

① 杜弢（？—315）：字景文，蜀郡成都人。永嘉五年（311），成为流民叛乱首领，自称梁、益二州牧，平难将军，湘州刺史。率军攻陷郡县，杀害地方官员。建兴三年（315），晋元帝派王敦、陶侃等讨伐杜弢。杜弢兵败投降，得到晋元帝赦免，以为巴东监军。仍受各镇将领攻击，内心十分愤怒，再次反叛。同年八月，派部将王真进军武陵。王真兵败，逃往湘城，归降荆州刺史陶侃。杜弢率众溃逃，死在途中。《晋书》有传。

② 公元 317 年为十六国前凉张寔建兴元年。“五”与“元”形近致误。

③ 东晋元帝大兴元年为前赵刘曜光初元年（318），本年十月，刘曜自长安至赤壁（今山西河津西）称皇帝，改元光初，为元年，“光初二年”误。

④“五”“元”形近致误。

三年乙酉　赵光初八年　后赵七年（325）　真君八十七岁

成帝咸和元年丙戌　赵光初九年　后赵八年（326）　真君八十八岁

二年丁亥　赵光初十年　后赵九年（327）　真君八十九岁

干支异名，强圉，丁也；大困献，亥也；涂月，十二月也[1]。此载于铁券，昭昭可考者。但前之丁亥真君仅廿五岁[2]，方事修炼，惟是年为八十九，道已大成。以其寿计之，此后尚四十六年游于尘世，而《实录》《本传》斩蛟俱在永嘉之末，与券不符，岂斩除在先而制伏在后欤？惜无可考矣。附此存疑[3]。

三年戊子　赵光初十一年　后赵太和元年（328）　真君九十岁

四年己丑　赵光初十二年　后赵太和二年　赵亡（凡三僭国）（329）　真君九十一岁

五年庚寅　〔后〕赵建平元年（330）　真君九十二岁

六年辛卯　〔后〕赵建平二年（331）　真君九十三岁

七年壬辰　〔后〕赵建平三年（332）　真君九十四岁

八年癸巳　〔后〕赵建平四年（333）　真君九十五岁

九年甲午　〔后〕赵王石弘延熙元年（334）　真君九十六岁

成帝咸宁〔康〕元年乙未　〔后〕赵王石虎建武元年　成主李期玉恒元年（335）　真君九十七岁

二年丙申　〔后〕赵建武二年（336）　真君九十八岁

三年丁酉　〔后〕赵建武三年（337）　真君九十九岁

四年戊戌　〔后〕赵建武四年　成改号汉　汉兴元年　代建国元年（凡四僭国）（338）　真君一百岁

五年己亥　〔后〕赵建武五年（339）　真君百一岁

---

① 干支纪年和纪月的别称。“强圉”为丁，“大困（yuān）献”又作“大渊献”，为亥，“强圉大困献”为丁亥年。“涂月”为阴历十二月。合为丁亥年十二月。本志卷六“龙沙谶记”亦署强圉大困献涂月。

② “前之丁亥真君仅廿五岁”与系年不符。“前之丁亥”为晋武帝泰始三年（267），记真君二十九岁。二十五岁时为蜀汉后主炎兴元年（263）。

③ 江西《万寿宫通志》直言“此载于前之丁亥”，语义更明确。

六年庚子 〔后〕赵建武六年（340） 真君百二岁

七年辛丑 〔后〕赵建武七年（341） 真君百三岁

八年壬寅 〔后〕赵建武八年（342） 真君百四岁

康帝建元元年癸卯 〔后〕赵建武九年（343） 真君百五岁

二年甲辰 〔后〕赵建武十年 后〔成〕汉李势元〔太〕和元年（344） 真君百六岁

穆帝永和元年乙巳 〔后〕赵建武十一年 燕王慕容皝十二年〔九年〕[①]（凡五僭国）（345） 真君百七岁

二年丙午 〔后〕赵建武十二年 汉嘉宁元年（346） 真君百八岁

三年丁未 〔后〕赵建武十三年（是岁汉亡，凡三僭国）（347） 真君百九岁

四年戊申 〔后〕赵建武十四年（348） 真君百十岁

五年己酉 〔后〕赵太康〔宁〕元年（349） 真君百十一岁

六年庚戌 〔后〕赵永宁元年 〔冉〕魏永兴元年（凡五僭国）（350） 真君百十二岁

七年辛亥 〔后〕赵永宁二年 〔冉〕魏永兴二年 秦黄〔皇〕始元年[②]（是岁赵亡，凡五僭国）（351） 真君百十三岁

八年壬子 〔冉〕魏永兴三年 秦黄〔皇〕始二年 燕元玺元年（是岁魏亡，凡四僭国）（352） 真君百十四岁

九年癸丑 秦黄〔皇〕始三年 燕元玺二年（353） 真君百十五岁

十年甲寅 秦黄〔皇〕始四年 燕元玺三年 凉和平元年（354） 真君百十六岁

十一年乙卯 秦寿光元年 燕元玺四年 凉去年号（355） 真君百十七岁

十二年丙辰 秦寿光二年 燕元玺五年（356） 真君百十八岁

---

① 慕容皝称燕王在晋成帝咸康三年（337），至此时虚岁为九年时间。

② 十六国前秦苻健僭号。

〔穆帝升平〕元年丁巳　秦永兴元年　燕光寿元年（357）　真君百十九岁

二年戊午　秦永兴二年　燕光寿二年（358）　真君百二十岁

三年己未　秦甘露元年（359）　真君百二十一岁

四年庚申　秦甘露二年　燕慕容暐建熙元年（360）　真君百二十二岁

五年辛酉　秦甘露三年　燕建熙二年　〔前〕凉奉升平之号（361）　真君百二十三岁

哀帝隆和元年壬戌　秦甘露四年　燕建熙三年（362）　真君百二十四岁

哀帝兴宁元年癸亥　秦甘露五年　燕建熙四年（363）　真君百二十五岁

二年甲子　秦甘露六年　燕建熙五年　〔前〕凉张天锡〔太清〕二年（364）　真君百二十六岁

三年乙丑　秦建元元年　燕建熙六年（365）　真君百二十七岁

帝奕太和元年丙寅　秦建元二年　燕建熙七年（366）　真君百二十八岁

二年丁卯　秦建元三年　燕建熙八年（367）　真君百二十九岁

三年戊辰　秦建元四年　燕建熙九年（368）　真君百三十岁

四年己巳　秦建元五年　燕建熙十年（369）　真君百三十一岁

五年庚午　秦建元六年　燕建熙十一年（是岁燕亡。凡四僭国）（370）　真君百三十二岁

简文咸安元年辛未　秦建元七年（371）　真君百三十三岁

二年壬申　秦建元八年（372）　真君百三十四岁

烈宗康宁〔宁康〕元年癸酉　秦建元九年（373）　真君百三十五岁

二年甲戌　秦建元十年（374）　真君百三十六岁

是年八月朔，有二仙降诏旨，告真君以冲举之期。至望日拔宅飞升，鸡犬随之。郡志、邑乘载朔朝冲举，误也。详《实录》。

澧州津市万寿宫志
卷之六

宝 训

修道者教载道者文，五经四书，炳若日星。至于诸子百家，诣有独至。所见即不免于偏，往往语焉不精，择焉不详。道其所道，而非尧、舜、禹、汤、文、武、周公、孔子之所谓道。若我真君净明之学，忠孝为基，大本克端，可立可权[①]，其和顺之积，英华之发，著书数万言，在在与圣经贤传相表里。非高谈元〔玄〕妙，遁于虚无，演扬咒法，滞于迹象者所可同日语。学者玩索而有得焉。其有裨于身心，有功于儒教，岂浅鲜哉？志宝训。

太上灵宝净明四规明鉴经

立本章第一

道者性所有，固非外而铄[②]；孝弟道之本，固非强而为。得孝弟而推之忠，故积而成行，行备而道日充。是以上士学道，忠孝以立本也，本立而道日生矣。道混乎其同，同于愚智，愚智不为道而分也。愚者昧，智者巧，昧则不明，巧则不真，不明不真，去道所以远也。知道[③]，则廓愚以为明，去智以成真。明、真而信于道，道则

---

① 可立可权：出自《论语·子罕》“可与立，未可与权”。意为能够坚守道的人，未必能够随机应变。“可立可权”则反其意用之。

② 铄（shuò）：美好，华丽。

③ 知道：这是两个单音词，“知”为知晓、通晓；“道”为道家之教旨、道义。白话文“知道”只表示文言文中“知”的含义。

为汝有矣。学道以致仙，仙非难也，忠孝者先之。不忠不孝而求乎道，而冀乎仙，未之有也。比干[①]杀身以成忠，生者人所甚爱，比干不爱其身，而舍生以求道，信道有备，知其不误其为仙也。大舜终身以成孝，劳者人所甚畏，大舜不惮其劳，而服劳以求道，信道有备，知其不误其为仙也。忠孝之道，非必长生，而长生之性存，死而不昧，列于仙班，谓之长生。有曰：养气延年，无功而多岁齿者，特未得其一二尔。君子之致乎道者，八极是也。故善卷[②]杀身以成廉，南容[③]复圭以成慎，荣期[④]安贫以成宽，颜回[⑤]箪瓢以为裕。如是之人皆冠于仙卿，是岂山泽之癯[⑥]者哉？后世失道之人不忠不孝，以乱其国家。国家败乱，乃无所容其身，乃入山以学道。是犹舍厦屋而入炎火也。子不见民之不忠，天生聚敛之臣；子之不孝，妇生败宗之孙。兵戈旱蝗非国之罪也，君不忠不孝于上，臣民不忠不孝于下，气感而生，天生兵戈为乱者。衅积于己，恶心盈而罪贯积，逆乱萌于心。天以此正其罪，假手于其人戮之，而曰民之无辜，岂知言哉？吾为弟子说：忠孝为本，立本以成仙，则天下之仙举可数矣。

---

①比干：商代帝王文丁的次子，帝乙的弟弟，帝辛（商纣王）的叔叔，官拜少师。比干先后辅佐殷商两代帝王，忠君爱国，为民请命，敢于直言劝谏。对帝辛的暴虐统治，比干多次劝谏，但都未有效果，最终以死相谏。周朝尊其为“国神”，唐太宗追赠太师，谥“忠烈”，元朝加封为“仁显忠烈公”。

②善卷：又称单卷相，单父（今山东单县）人，传为尧舜时隐士。舜以天下让善卷，辞不受。归隐枉山（今湖南常德德山），德播天下，成为中国道德文化的渊源。但善卷传说中并无“杀身以成廉”的典故。后《中黄八柱经粹语》中作“比干极谏杀身谓之忠”“善卷不受尧让谓之廉”乃是。

③南容：南宫括。孔子的学生。《论语·先进》：“南容三复白圭，孔子以其兄之子妻之。”

④荣期：春秋隐士荣启期。唐吴筠《高士咏·荣启期》：“荣期信知止，带索无所求。”

⑤颜回：曹姓，颜氏，名回，字子渊，春秋鲁国人，鲁国思想家，儒客大家。十三岁拜孔子为师，终生师事之，是孔子最得意的门生，列七十二贤人之首。颜回能安贫乐道，淡泊自守。“一箪食，一瓢饮，在陋巷”，反映了颜回过着非常贫困的生活。

⑥癯（qú）：瘦。

未有不忠不孝而参天庭奉宸极也。

修身章第二

忠孝则无罪戾，去祸远矣。服炼[①]则无妄伪，无妄伪则身安矣。服炼者以心达心，以性达性，心性洞达，其光焕发。回丹田之气，而归天宫，还元精之气，而归大海。不以外物累，而形骸不能拘也，荣华不能诱也。知足常足，烦恼远矣。知和而和，是非消矣。身不自有，何有于物？外物不染，何有于妄？其心性真，其精神足。昼则无妄觉，所为者真也；夜则无妄梦，所安者固也。摄意归于身，摄想得乎正。其气蒸然，其神廓然，其见飞飞然。以神交神，神者自神；以气夺气，气出太空。太空之中，其福〔神〕卓然。卓然，不荡也。不荡之心，性也；不荡之性，心也。心性调而符药为筌蹄[②]，而可弃也。上士非必入山，绝人事，去妻子[③]，入旷野，舍荣华，而谓之服炼。服炼心性，心明气达，孝弟不亏，与山泽之臞[④]童者异矣。知吾道者，不难行矣。以心达心，以性化性。性止于一，心止于神。心性圆融，而自长生。得长生而自变化，上道不难，知上道则甚易也，小人舍易以求难。初入净明忠孝之道当求其易，得其易则不患其难也。何则？心性之明彻洞达人所固有，非伪为也。得真常之道，道斯在也。

建功章第三

天下有妙道，圣功生焉，神明出焉。神明者，心出为神，性出为明。有功以达夫〔乎〕道，不昧吾之心性也。无功以失乎道，则去心性之道，心不明而性不神也。上士得道之妙在心性即真，而妄者远矣，远于妄所以成功也。一感而铅汞生，再感而黄芽茁，三感

---

① 服炼：服气修炼。道家养生延年之术。
② 筌蹄：局限，窠臼。
③ 去：离开。妻子：妻子和子女。
④ 臞（qú）：同“癯”，瘦。

而虎龙交，宝鼎安矣，庆云生矣，心性之了辩故也。于此而积所习，知所尚。何谓所尚？尚乎仁义忠孝。忠孝备而成本，可以立功。立功之道，无阳福，无阴愆[①]，无物累，无人非，无鬼责。所以上合于三元，下合于万物也。下士呼符水，治药饵，已人之一疾，救人之一病，而谓之功，非功也。此道家之事，方便法门尔。吾之忠孝净明者以之为相，举天下之民跻于仁寿，措四海而归太平，使君上安万民，阜万物，莫不自然。以之为将，举三军之众，而神于不战以屈人之兵，则吾之兵常胜之兵也。以吾之忠使不忠之人尽变以为忠，以吾之孝使不孝之人尽变以为孝，其功可胜计哉！何则有真有妄，惟天下之至真，可以摄天下之大妄。忠者尽忠，杀身不畏，孝者尽孝，虽劳不恶，则天下之甚真也。上士以真冥妄，妄自清矣，则天下之功成。况于人乎？况于鬼神乎？

成终章第四

学贵乎始，必有乎终。天事始乎春，至冬而岁成；地事始乎东，至北而化成；仙学始乎孝，至道而学成。上士以文立忠孝，中士以志立忠孝，下士以力致忠孝。昧道者反此，不有于忠孝。何谓上士以文立忠孝？以言为天下唱[②]。何谓中士以志立忠孝？以行为天下先。何谓下士以力致忠孝？以身为众人率。如此者文昌上宫著名，升籍入仙，而忠孝之道终矣。昧者反之，不忠不孝，故不成乎道。生则犯禁，死则犯科。犯禁者治于官，有典刑，犯科者治于幽，有反报。不忠者有臣祸，不孝者有子祸。不廉者辱，不慎者横逆，不宽者恼，不裕者贪而常不足，不容者多所触，不忍者自罹其毒。〔故生而不廉，死之魂为人则倡优[③]，为鬼则顽，为物则牛马；生而不慎，死之魂为人则士卒，为鬼则戮，为物则六畜。〕而余皆即此可以类推也[④]。是以

---

① 愆（qiān）：过错，罪孽。

② 唱：通“倡”，倡导。

③ 倡优：古代称以音乐歌舞或杂技戏谑娱人的艺人，又为娼妓及优伶的合称。

④ 此处原作：“故生而不廉死，生而不慎死（谨按：原本此行空白数字，不敢妄增）。”兹据江西《万寿宫通志》补全。

知道者畏之，谨心诚八极，立八极以为基，立基以明心性。心性明则不期于神，而神自神，谓之净明。净明之习，忠孝以为习，积忠孝而道备矣。何谓净？不染物。何谓明？不触物。物不染不触，忠孝自得。生乎由是，死乎由是。忠孝立而心性得矣。

太上灵宝净明中黄八柱经

中黄之道章第一

人生受正，委和以生，含纯一之气，保至真之元。阴阳和而后疾疢[①]不生，形骸坚固而后丹元可守。不亏元气，故得大全。是以中黄之道适正为本。知本者不反不侧，不乖不偏。理上下得四隅，知所以在，达所以存。知所在故不失其方，达所存故不遗其想，辨方知想是谓正道。深于道者能之，苟不深于道，则忘本务末，不归正中，而中黄之道乖矣。中言其位，黄言其色。知位不失，识色不胶。非位非色，得其所得。今黄天之气横于胸臆，明其本真，不迷不忒[②]，此之谓信。何谓至信，信在其中。黄钟之宫，中气所兆，年谷以丰。人生如是可以守一，守一既修，八柱以立，八柱既立，金丹赫奕。三千功成，步虚升陟。

黄庭之景章第二

浑沦辟而神洲之理明，形骸固而五官之用著。天地立，乾坤成。如立蜂房，如生蚁壤。乾坤之外亦有乾坤，六合[③]之内岂无六合？惟乾坤之理，六合之义，求之于身，则一身之中天地既立，则青华之都肝之正宫，赤明之府心之正室，素辉之景肺之正位，黑玄之郡肾之正楼。脾位乎中，名曰黄庭。以金为屋，以玉为门，门玉如毂，色如蒸粟。有真人焉，金缕之衣，如童子坐金莲，名蕊珠，字瑶仙。

---

① 疢（chèn）：热病，泛指疾病。

② 忒：差错。

③ 六合：常用于指上下和四方，泛指天地或宇宙。

识其面者，可使与天齐年。守其宫阙，念之常存，故能入于玄玄。

虚四谷章第三

眼为神光之谷，耳为和声之谷，口为灵泉之谷，鼻为真香之谷。知中黄之道者，使眼无非视而神光荧荧，使耳无非听[①]而和声殷殷，口无妄食而灵泉清，鼻无妄闻而真香馨，自然而已。恶欲不至则正气明，正气明谓之虚恬。虚恬者，如橐钥[②]可上可下，而正气交错，不忤于中。中扃[③]广漠，洞然开阔，不流于妄，即是真作。既曰即真，可以得道。道非他求，本自我身。四谷不虚，所以失道。虚以为用，中扃圆融，光照内反，发乎泰定。如有巨室，四窗高明，于中居止，可谓明白。故正中黄，中黄者，虚四谷也。

塞二兑章第四

二兑者，气精泄之门户也。人之所以夭折易衰者，前兑伤其精，后兑伤其气。伤精而精不固，则妄淫，是名横流之兑；丧气则气易耗，而妄发，是名贼流之兑。善养精气者，以精出乎思，思本乎脾，于是绝思；以气出乎食，食本乎脾，于是绝食。绝思则真精内固，不以好色而荡摇；绝食则真气内全，不以美味而败散。识二兑之正理，则中田固而有养。中田固矣，所以长寿，故正中黄者必塞二兑。

开二洞章第五

二洞者，神宫之正位也。仙药之本源，气液之道路。顶为乾灵之洞，能开之则气出入之门户也。上腭为玉神之洞，能开之则精液出入之关键也。能中黄者，既四谷虚而外邪不侵，二兑塞而内正不发，则无思绝食。举气而向上，则庆云出入于乾灵之门，可以飞神〔玉京〕；取液而漱咽，则灵液出于玉神之泉，可以灌溉金鼎。于此

---

① 非视、非听：看不该看的，听不该听的。

② 橐（tuó）钥：风箱。

③ 中扃（jiōng）：内心。

而嘉禾植。善得中黄开洞诀，方始名为大列仙。此其要，知其要，得道之本也。

立八柱章第六

身者，神之舍也。以形言之，谓之眉宇；以气言之，谓之气宇；以性言之，谓之泰定之宇。故身者神之所舍，欲神舍之长存者，莫善于立柱。柱者，屋室之主也。元气者，础也。元气为础，而八柱立。何谓八柱？虚四谷谓之五明之柱，塞二兑谓之两极，开二洞谓之辅栋。以元气为基，以精神为覆帱[①]，而后居焉。以安吾之性，以全吾之道。道者，大而无外也。不沉不浮，得所住，知所生。知所定，适所安，正所正，而宾主之道立矣。宾犹铅汞也，主犹心肾也。心肾正，铅汞生，而后可以安金鼎，为大烹也。故善学者以身为安宅，以见闻觉知为风雨。立八柱，安垣墉，而风雨之患消矣。所以先识其道，次明其景。立基定方，如王建国，面南背北，向明而治，此其道也。

正位章第七

道者，适乎正中，得正中之道，则洞然而已。何谓洞然？如彼卜宅，各安其居，宜前堂后室，各适其居。左青龙，右白虎，前朱雀，后玄武，各守其方。于是布八卦，定三田[②]，知升降，审节候。明自明也，而吾以不明明；白自白也，而吾以不染染。不明明则莫大之明，不染染物不得而染。以之识正果，全正真，超正路，出正途。泰然圆融，恰然不动。此名正位之本，识鼎之所。既识鼎所，还丹可取。

正性章第八

有正性，有妄性，性本一也，未尝有二。守一去二，得其正性。

---

① 覆帱：覆被帐幔。

② 三田：也叫三宝，指上、中、下三丹田。

知性之正，不失所正，正而不泥，何事于正？正者，正也。正所不正，不正乃正，随其所正，合乎正真，是名正性。性自恬和，以和故通，以通故达，以达故明。明明之性，是谓正性也。

浑含章第九

中黄本非意立，唯浑含斯识中黄。八柱本非精思，唯中黄斯有八柱。柱立而宅成，础坚而柱稳。惟浑含而天地之理得矣。天地之理得，而成位乎中正矣。故不知中黄未可以言人也。一饮食之肥瘦亦中黄也，一是非之绝累亦中黄也。知中和〔黄〕而大道彰矣。

八宝训章第十

忠则不欺，孝则不悖。廉而罔贪，谨乃无失。修身如此，可以成德。宽则得众，裕然有余。容而翕受，忍则安舒。接人以此，怨咎涤除。

附：《李长卿总集》中黄八柱经粹语 并疏

中言其正，黄言其色。六合之外亦有六合，乾坤之内岂无乾坤？一身之中，肝为精华之都，心为赤明之府，肺为素辉之宇，肾为黑玄之郡，脾位乎中，名曰黄庭。有真人焉，衣金缕，坐金莲，名蕊珠，字琼仙。守其宫，识其面者故能入于玄玄，与天齐年。正中黄者必虚四谷，塞二兑，开二洞，立八柱。四谷者：眼为神光之谷，耳为和声之谷，口为灵泉之谷，鼻为真香之谷。眼无非视则神光荧荧，耳无非听则和声殷殷，口无妄食则灵泉清，鼻无妄臭[①]则真香发。二兑者，前兑泄精，后兑泄气，精出于思，气出于食。少思则真精内固，少食则真气内全。二兑塞，中田固矣。二洞者，顶为乾灵之洞，气所出入者也；上腭为玉神之洞，液所出入者也。四谷虚而外邪不侵，二兑塞而内正不泄。举气上升，则庆云集于乾灵之洞，可以飞神玉京。取液漱咽，则醴泉出于玉神之洞，可以灌溉

---

① 臭（xiù）：同“嗅”，用鼻子闻气味。

金鼎。八柱者，神舍之主也，又为垂世八宝。忠则不欺，孝则不悖，廉则罔贪，谨则无失。修身如此，可以成德。宽则得众，裕则有余，容则翕受，忍则安舒。以此接物，怨咎涤除。中黄本非意主，惟浑含斯识中黄矣。八柱本非精思，惟中黄斯有八柱矣。

疏曰：道无位而曰中者，无位之位也；道无色而曰黄者，无色之色也。六合之外有六合者，大莫载也。乾坤之内有乾坤者，小莫被也。天地相去八万四千里，其间有黄中焉，是积阴生阳、积阳生阴之会也。人身心、肾相去八寸四分，其间有中黄焉，是积液生气、积气生液之会也。肝属东方之木，其色青而魂藏焉；心属南方之火，其色赤而神藏焉；肺属西方之金，其色白而魄藏焉；肾属北方之水，其色黑而精藏焉；脾属中央之土，其色黄而意藏焉。经曰：黄庭中人服锦衣者，真人也，老子所谓谷神不死。又谓天地之间不如守中，皆指此耳。守之之法总不出绵绵，若存之一语，存于有意无意之间，而五气会于中宫矣。

疏曰：五色乱目，使目不明；五音乱耳，使耳不聪；五臭[①]薰鼻，困惾中颡；五味浊口，使口厉爽；趣舍滑心，使性飞扬。此南华老人之言也。含眼光，凝耳韵，调鼻息，减舌气，是为和合四象。眼不视而魂在肝，耳不闻而精在肾，舌不味而神在心，鼻不香而魄在肺，四肢不动而意在脾，是为五气朝元。此紫阳真人之言也。皆足发明四谷之义。

疏曰：元精元气总会于中黄一宫。盖脾者思所从出，而食所由运者也。思道之外无邪思，是为少思，食气之外无杂食，是为少食。二兑之原塞矣，然不可不塞其流焉。前兑塞则任脉起毛际，由腹里达承浆，而上与督交。后兑塞则督脉起下极，循夹脊上升泥丸，落人中而下与任交。孔子赞《易》而曰"逆数"，斯深于二兑之旨矣。

疏曰：气者，精液之所生也，降于上腭，则为玉神之洞。玉京者，上帝之高居也；金鼎者，真人之玄房也。四谷虚矣，二兑塞矣，

---

① 臭（xiù）：泛指气味。五色为青、黄、赤、白、黑；五音为宫、商、角、徵、羽；五臭为臊、焦、香、腥、腐；五味为酸、苦、甘、辛、咸。

故呼吸之气化为元气，是为三华聚顶，而象之曰庆云；交感之精化为元气，是为华池神水，而象之曰甘露。庆云生则炼气化神，而嘿朝上帝；甘露降则五茅滋长，而温养真人。

疏曰：仲尼氏训忠孝，讨乱贼，忧世之志切矣。老氏乃曰：六亲不和有孝慈，国家昏乱有忠臣，又若有不肖焉者。晋人课虚无废名检，至与礼法之士相视若仇，宁独将无同而已耶？都仙起晋代，崇道德，惓惓以忠孝为教，又自忠孝而衍为八柱，玄圣、素王之统一矣。玉真子申言之曰：忠者，一物不欺，孝者，一体皆爱。又曰：比干极谏杀身谓之忠，大舜终身而慕谓之孝，善卷不受尧让谓之廉，南容三复白圭谓之慎，荣启期居常侍终谓之宽，黄叔度[1]汪洋千顷谓之容，颜子渊箪瓢陋巷自甘谓之裕，张公艺[2]九世同居谓之忍，其为八百师也宜哉。

疏曰：合而言之，中黄者神气之根，虚无之窍，无边傍，无内外，守以无心则火冷，守以有心则火燥。故曰"唯浑含斯识中黄矣"。八柱者，持身之本，应务之源，无定形，无定所。舍一而逐八则纷，执一而废八则固。故曰"惟中黄斯有八柱矣"。

长卿先生夙负经济才，考其为国家策画者，无不忠荩可掬。晚岁倦宦游，爱净明忠孝经传，手订其讹，今观其笺疏《中黄八柱》诸经，语语直透元观，与祖师之奥旨的然[3]印证有发明。要其窥于二五消息盈虚之故者，盖已微矣。所集经语，自谓若汰沙砾而收金屑。都仙垂听，当亦首肯。噫，此岂高论自放哉！

---

① 黄叔度：名宪，东汉汝南慎阳（今河南省正阳县）人。出身贫贱，以德行著称。他本是一个牛医的儿子。然而少年好学，成为饱学之士，名动官府，连朝廷的三公周藩，都钦佩地奉其为圣贤。别人推荐他到京城洛阳去做官，在那待一段时间后什么官也不做，就回来了。《世说新语》记：郭林宗至汝南，诣黄叔度，人问其故，林宗曰："叔度汪汪如万顷之陂，澄之不清，扰之不浊，其器深广，难测量也。"

② 张公艺：字千禄，郓州寿张（今属山东省阳谷县寿张镇）人。生于北齐承光元年（577），卒于唐朝仪凤元年（676），寿 99 岁。主持族人 900 口，九世同居，合家共产。以治家有方而名垂青史。《旧唐书》有传。

③ 的然：明显貌。

真 诠

大道敦本章第一

夫净明大道昭昭在人，性所同具，非由外烁。乃先天一气之宗旨，混元无极之根抵也。我太上垂慈设教，道立中黄，功旋八极。一阴一阳，本乎清净；一动一静，克尽虚明。道以持内，修七九返还之秘；法以治外，炼三五飞步之奇。辅正摧邪，相为表里者也。因世人尘欲未涤，照心罔拭，未能体天地之心以立绛宫，崇道德之本以资深造耳。岂知净明之玄妙不外人心忠孝？出忠入孝即是修身之经，存诚居敬乃为入道之门。凡吾法子自闻大道，悔悟追省，维孝维忠，克净克明。培灵根于太始，护觉性于秉彝[①]。以神合真，守一无之贞静；以心契道，包万有于宏深。于以合天地，于以通神明。藏身为大本，显用为大经。矧玄阶高峻，欲参宸极而御帝庭者，必须呼吸有根，返还有本。岂徒虚玄为学，枯寂为工，罔识敦本之道哉？语云：一宰万殊，万殊归一。静言思之，自获至理。

存心养性章第二

道之为道，身且不有，何有于物？物不相蒙，何有于妄？妄念不生，正念自得。心性无凿，精神自足。以未发之性归之太极，内无烦恼；以已发之性守之太和，外无是非。意摄身而不紊，心摄性而无为。动而静也，气凝神而如寂；静而动也，神抱气而若虚。还之三无之舍，元神洞彻；返乎九有之庐，真息渊微。淡淡然不浮游于荣辱，嶷嶷然不颠倒于梦寐。圆融无碍，山水皆宜。任事物之纷错，我自得夫枢机。斯时也，有而非有，为而非为，存之以不动，养之以湛如。道在是欤！

---

① 秉彝：持执常道。《诗经·大雅·烝民》："天生烝民，有物有则。民之秉彝，好是懿德。"

明善诚身章第三

天下事理之大者莫大于善，天下珍奇之重者莫重乎身。若善不知为，身不知修，徒参心性，心何以神？性何以明？神明未达，何以曰道？我愿学道者，上达三元①，下宏万化②。以清净为基，以无为为体，以存诚为用，以柔弱为守，以坚忍为行，以精进为心，以决烈为志，以广大为归。视天地万物无一事不在我心性之中，视天地万物又无一事可为我心性之碍。以我心之真净，化天下之贪染；以吾心之克明，化天下之蒙昧；以吾愿之必忠，化天下之迷罔；以我力之无怠，扬吾教之无边。不希心于阳福，不惑志于阴愆，不萦情于物累，不畏刺于人言。惟以至诚为本，克挽世人于至善。则率自诚以见性，由自明以立教，不偏不倚，成始成终，斯可谓始得净明之旨者也。如识见未超，学力未到，仅知有道，而不知道之德统乎天。仅知有我，而不知我之备万物者，则末矣。必也变通无碍，曲成不遗，乃为净明之神化。

乐天知命章第四

道言："无一物非天，无一物非命。"故冥默有自然之宰，荣枯为一定之衡，诚不可为、不可致、不可测、不可分之理也。世人罔识玄微，偏欲以妄胜天，以贪争命，此无往而不获其悔吝者。夫天与命，修之犹播谷也，成之犹收稼也。田有肥硗③，岁有丰歉，未可以彼此而生异同，勉强而萌尤悔。惟尽我耕锄之勤，以任自然之获，乃为达者。不观圣人穷理尽性，见几明决。知天道之恶盈也，先含之以虚；知人事之无常也，先存之以退；知顺境之难继也，先本之以谦；知事理之难能也，先持之以慎；知福分之难邀也，先守之以足；知艰险之可虑也，先持之以易；知时数之有穷也，先权之以变。

---

① 三元：道教称天、地、水为三元。

② 万化：指万事万物，大自然。《申鉴·政体》："恕者仁之术也，正者义之要也，至哉，此谓道根，万化存焉尔。"

③ 肥硗：土地肥沃和瘠薄。

怡怡然不以得失而先后其心，坦坦〔怛怛〕然不以穷通而损益其节。乃为通玄深造之道，若道未进乎高明，身先溺于烦恼，将见万缘在前，不能镕之为玄，却尽化之为业也。悲夫！

惩忿窒欲章第五

道莫贵乎自明，功莫切乎自省，故炎炎者勿直任其气，滔滔者勿过溺其情。且我之气养之，周流万物；我之情藏之，茂对群生。岂可以先天之真性受制于物？岂可以未凿之良心受制于情？彼无妄之魔能挠我以动，不能挠我以静；无明之火能灭我以浊，不能灭我以清。故曰天地虽大能役于有形，而不能役于无形；阴阳虽妙能合于有气，而不能合于无气。总之心之所至，气即从之；形之所寓，情即引之。人能置此身于太虚，化万物于无有。过而不留，动而能定。与物往来，无萦无扰。何有于忿？何有于欲哉？悟斯道者，臣可无祸于朝，子可无罪于家。能廉者知分而不贪，能忍者知和而不辱，能慎者知谨而无过，能裕者知足而能守，能柔者知退而不触，能节者知严而慎独。修此则水火不相违，行藏自安适。岂非净明之真经、济长生之真药饵乎？

劝诫诗 八章章四句

天德高无量，昭昭自古今，到无闻见处，吻合圣贤心。
一念存忠孝，青篇早记名，终身常不忒，恩诏定来迎。
丹书传铁券，金火示真符，但得凡情尽，方才弃鼎炉。
频磨三尺剑，静听作龙吟，试看星文动，常当着意擒。
道德弘清静，法源广大成，东汉有章教，功果保忠贞。
家珍垂八宝，处处放光明，抱璞谁酬价，龙沙会首英。
日究真诠义，无言义亦无，无中真境现，乃与道为徒。
道海西江阔，风轻水自平，群真扶正气，八索永纵横。

松沙记

余自修道，方明气术为先，阴功为首。顷获灵剑扫荡妖精，蛇蜃之毒伤害于民，元〔玄〕潭之上铸铁纂以封蜃穴。夜使鬼神铸二铁柱，暗锁豫章。一柱在城南，又于西岭恐蜃奔冲，陷溺庶民，立一柱在西山东面双岭之前。斩大蛇于西平、建昌[①]之界，有子从腹而出，走投入江，遂飞神剑逐之，缘此蛇子无过，致神剑不诛。上足[②]吴猛云：蛇子五百年后，当准前害于人民，予答以松坛为记，松枝低覆于坛拂地，合当五百年矣。吾当自下观之，若不伤害于民，吾之灵剑亦不能诛也。今来豫章之境，五陵之内，相次已去前后有八百人，皆于此得道，而获升仙。当此之时，自有后贤以降伏之。吴君云：将何物为记？答曰：豫章大江中心忽生沙洲，渐长延下掩过沙井口，与龙沙相对遮掩是也。其得道渐修之，各自成功，相次超升金阙，及为洞府名山主者，道首人师当出豫章之地，大扬吾道。吾著《气法医书》，都五十卷，流传于世，子请不忧尔。上足回剑斩南湖石兽，飞剑入兽眼中，其兽虽吐气如云，只引出其面受诛，兽不动眼，知此兽无过，剑不加之，收剑而回。以此之功，故号《灵剑子》，而传授后来得仙之士。豫章河西岸，寻获魏夫人[③]、洪崖先生[④]旧迹，入府内得金钱丹药，亦重宣气术阴功。学道之士，初广布阴骘，先行气功，持内丹长生久视之法，气成之后方修大药。自古得道超升之士、尸解之徒，皆以阴骘为先，或济贫拔难，或暗行施惠，

---

① 西平、建昌：东汉永元十六年（104），分海昏设建昌县（今永修县）。中平年间（184—189），分艾县置西平县（今修水县西）。

② 上足：犹高足。对徒弟的美称。

③ 魏夫人：姓魏，名华存，字贤安，山东任城（今济宁市）人。生于三国魏嘉平四年（252）。魏华存生于官府人家，受到了良好的文化教育。但她所处的社会却是动荡不安的，老庄一派的学说大行其道。她沉浸于道学的研究，24岁才嫁给了南阳刘文。刘文任河南修武县令，魏随夫就任，婚后育有二子：璞、瑕。后刘瑕出任江西安成（今安福县）太守，随子定居安成。魏夫人在城西南角（今文庙附近）建“丹霞观”，为百姓治病解厄。其他传说还有很多。

④ 洪崖先生：张氲，一名蕴，字藏真，号洪崖子，晋州神山（今山西浮山）人。道士。曾隐洞中15年，熟读仙书秘典、九经百氏。后历游名山，善金丹、易形之术。与赤松子俱为神农师，同时也是净明道神灵体系中三师之一的经师。真诰云：“洪崖先生，今为青城仙伯是也。隋特复出，现于晋阳之姑射山，又现于豫章之西山，读书、钓鱼于城西河岸之石矶今钓鱼台是也。”

将救饥寒，种种方便，以满三千功。司命、司录言奏于上玄，大药可修矣。

龙沙谶记

许真君曰：吾上升去一千四百四十年后，有当洪都龙沙入城，柏枝扫地，金陵火烧报恩寺，骊龙下地来，地陵沙涌，钱塘江、黄河澄清，暴水冲坝，桥断濠复，筑满坝桥作路。潭水剑龙腾空出，辅圣仙在延平金山，石生石塔，禅僧脱胎，流迹古心塌，四川古柏显神。五陵之内采金烹矿，洪水涨濠。当此时也，吾道当兴，首出者樵阳子也。八百地仙相继而出，逐蛟至洪都而大会聚矣。谶曰：

"维（一作'继'字）木维猴，吾心甚忧（一作'吾民其忧'）。洪泽北决，疫瘴南流。沙井涨遏，孽其浮游。若人斯出，生民之休。"

强圉大困献涂月。许逊。

（按：谶语即神霄伏蛟铁券之词。）

十无益警语

心头不善，念经无益；违法欺公，修身无益；不善取财，布施无益；不自明性，问道无益；不惜元气，服药无益；心高气傲，广学无益；时运不通，枉求无益；生不孝亲，死祭无益；不断杀生，戒晕〔荤〕无益；无心出世，学道无益。

醉思仙歌

醉思仙，醉思仙，无事闲来谒洞天。鸾凤别来经岁月，多时不跨赤龙轩。

云思岛，鹤思天，万物通生本自然。华池会饮颜如玉，飞跃金精脸似莲。

神思主，气思元，造化无为不可言。玄珠阁上收白玉，水晶宫里采红莲。

铅思汞，汞思铅，夺得乾坤造化权。性命都来两个字，隐在仙经万万篇。

天思地，地思天，天地包含万象全。鸡抱卵时须日足，无中识有几人观。

水思海，海思源，冲开牛斗要循环。璇玑玉衡皆有旨，谁人搬运入泥丸。

心思妙，意思玄，脐间元气结成丹。谷神不死因胎息，长生门户要绵绵。

朝思道，暮思仙，暗行阴骘万神安。内交真气存呼吸，自然造化返童颜。

常思善，莫思冤，善恶分明在眼前。积善之家有余庆，积恶飘流苦海边。

静思哲，动思贤，若无功行岂轻传。净明篇里分明说，舍却人伦索教难。

感上帝，谢真仙，秘传元〔玄〕妙离凡缘。三清殿里添香火，日有清风扫古坛。

五气朝元

身不动精固，而水朝元；心不动气固，而火朝元；性常寂魂藏，而木朝元；情自忘魄伏，而金朝元；四大安和意定，而土朝元。五家得其地而安宁，则五行真气凝而为一矣。

附：郭景纯述净明法说

无极而太极，无极者，净明之谓也。《经》云：无名天地之始，有名天地之母[①]。故自太极判，两仪立，人斯生，而人于天地间为最秀，此所以并天地曰三才焉。

然天地以好生为心，则人体天地心为心。先天之世，人心与天地一，清静而无为。中天以来，无者不能不显于有，而净明之教犹未甚泯也。后天之后，有为者万殊千致，与夫无名天地之始者异矣。

太上推好生之德，悯人生之不齐，不得不彰其法则，垂慈立教。

① 出自老子《道德经》，原文为："无名，天地之始；有名，万物之母。"

夫法者，律也。律不善以归于善，律不仁以归于仁，律不忠不孝而归于忠孝。净明者，太上授之于日月二君，二君授之于许太史，许太史复宣布而流传之。凡吾法子行积莫大，方遇至教其当守律勿失，仰之如神明，畏之如雷霆，奉而行之。回后天而先天，复有名而无名。殆犹日月晦而明，天地夜而旦，四时冬而春，道在其中。净明之教周流八荒，虽许太史道尊德贵，功盖九州。而吾法子功成行满，洞隐玉真，备符净明，无为一也。

胡洞真述净明大道说

净明者，无形大道，先天之宗本也。在上为无上清虚，在天为中黄八极，在人为丹元绛宫。此三者同出而异名，同谓之玄，玄之又玄，众妙之门。明此理者，净明也。

清则净，虚而明，无上清虚之境谓之净明。中黄八极天心也，丹元绛宫人心也。故天立中黄八极而报无上之本，人当忠孝而答君亲之恩。忠孝，大道之本也，是以君子务本，本立而道生。孝弟也者，其为仁之本与。有不务本而修炼者，若大匠无材，纵巧何成？惟有大舜、比干，不修炼，力忠孝，不求道，道自备。下则豺狼有父子，蝼蚁有君臣。夫物且尚能忠孝，况于人乎？况于法子乎？

净明大道同理同原不同形。同理者，谁能出不由户，何莫由斯道也？同原不同形者，是道生一,一生二,二生三,三生万物。万物之中，惟生人最贵。不忠不孝，不如豺狼、蝼蚁乎？不能净明者，不如蜣螂[①]饮露乎？物得忠孝大道体，法子岂不知？

吾奉太上设忠孝大道之门，甚易知，甚易行，勉而宏之。人能弘道，非道弘人，要不在参禅问道，入山炼形，贵在乎忠孝立本，方寸净明。四美俱备，神渐通灵，不用修炼，自然道成。信斯言也，直至净明。

---

①蜣螂：俗名屎壳郎。

旧疏

辟鸿蒙乃见混沌之心，返混沌而得造化之体。心为用，行为体，造化之元也；心为体，行为用，混沌之元也。故圣人心常混沌，不为造化所观；造化常混沌，不为万物所执。得其元本，无为而无所不为，有为而有所不为也。静观此心，天道也；观天之道，净明也；执天之行，忠孝也。体净明忠孝之心合天道，法日月星斗之华成文章。始昭昭然开途苦之黑暗，炯炯然见事物之真机。得日之旨始气阳生，妙合万物之神；得月之旨元气阴长，妙合万物之精；得斗之旨元气布化、日月合明，妙合万物之气。则文明之德备矣，净明忠孝之道著矣，净明忠孝之教立矣。当日都仙与其诸弟子演《真诠》于千百世之前，又赖列祖群真敷扬于后。则许祖之文章昭昭乎，其不可掩矣哉！

刘玉真先生语录

或问：古今之法门多矣，何以此教独名净明忠孝？

先生曰：别无他说。净明只是正心诚意，忠孝只是扶植纲常。但世人习闻此语，多是忽略过去，此间却务真践实履。

又曰：大忠者一物不欺，大孝者一体皆爱。

又曰：何谓净？不染物。何谓明？不触物。不染不触，忠孝自得。

又曰：忠者，忠于君也。心君为万神之主宰，一念欺心即不忠也。人子事其亲，自谓能竭其力者，未也。须是一念之孝能致父母心中印可，则天心亦印可矣。如此方可谓之孝道格天。

又曰：人之一性本自光明，上与天通。但渐染熏习，纵忿恣欲，曲昧道理，便不得为人之道，则何以配天地而曰三才？所谓忿者，不只是恚怒嗔恨。但涉嫉妬小狭褊浅，不能容物，以察察为明，一些个放不过之类，总属忿也。若能深惩痛戒，开广襟量，则嗔火自然不上炎。所谓欲者，不但是淫邪色欲，但涉溺爱眷恋，滞着事物之间，如心贪一物，绸缪意根，不肯放舍，总属欲也。若能窒塞其源（源即是爱念初萌处），惺惺做人，则欲水自然不下流。虽是如此，其中却要明理，明理只是不昧心天。心中有天者，理即是也。

先生曰：净明大教，大中至正之学也。可以通行天下后世而无弊。紧要处在不欺昧其心，不斲丧其生，谓之真忠至孝。事先奉亲，公忠正直，作世间上品好人。旦旦寻思，要仰不愧于天，俯不怍于人，内不疚于心。当事会之难，处处以明理之心处之，似庖丁解牛的妙手，处教十分当理，着步步要上合天心。只恁地做将去，夙兴夜寐，存着忠孝一念在心者，人不知，天必知之也。要识得此教门，不是蓬首垢面、滞寂耽空的所为。所以古人道是：不须求绝俗，作名教罪人。又道是：欲修仙道，先修人道。每见世间一种号为学道之士，十二时中使心用计，奸邪谬僻之不除，险诐倾侧之犹在，任是满口说出黄芽白雪，黑汞红铅，到底只成个妄想去。所以千人万人修学，终无一二成，究竟何以云然？只是不曾先去整理心地故也。

又曰：万法皆空，一诚为实。

或问：从古学道求仙皆言修炼二字，今净明教中于此独略，何耶？

答曰：吾但闻都仙真君有云：净明大教是正心修身之学，非区区世俗所谓修炼精气之说也。正心修身是教世人整理性天心地工夫，世俗于克己工夫多事忽略，别求修炼方术，殊不知不整心地，只要飞腾，可谓却行而求前者也。

或问：教中有云：天立中黄八极，而报无上之本。八极正据穹霄何所？愿闻。

先生曰：所谓报本而后还源是也。无上是道，中黄八极是理，由道而生理，明理以报本，是教中大意。都仙真君昔告我曰：中天九宫之中，黄中太一之景名曰天心，又称祖土，乃世间生化之所由，万理之所都也。散在人身中谓之丹扃。所以曰：人心皆具太极，一切善恶因果所不能逃，如影随形者，盖于上界实相关系故也。所以学道者必先穷理尽性，以至于命。明理之士自己心天光明洞彻，自是不昧言行，自然不犯于理，丝毫碍理之事断断不肯为，只为心明故也，心明则知本性下落矣。既知本性，复造命源。当是时，污习悉除，阴滓普消，升入无上清虚之境、极道之墟，水火风灾之所不及，方得名为超出阴阳易数生死之外。

或问：祈祷亦有卒无感应者，何耶？

曰：雨旸关系天地间生意，至诚求请，乌得不应？若平日操修涵养不能上合天心，一旦欲求其应，不亦难乎？人事尽时，天理自见。

或问：都仙真君斩蛟之剑可得闻乎？

先生曰：道剑也，智锷慧锋，实出一气。未发之先，寂然不动，所谓形而上者谓之道。既发之后，形而下者谓之器。如星殒于地而为石，霆所击处有遗斧，即阴气之渣滓。今庐陵玄潭观所藏之剑，非铁非石，长不逾尺，实智锷慧锋之渣滓也。

又曰：人心之动，因物有迁，当于物接之初，返观以遏其源，所谓复也。凡物之理，动无不复，雷轰风动，兴行万变，终归于寂，乃其本也。

曰：无极者，即太上所谓谷神[①]，言其体也。太极者，即玄牝[②]，盖言其用也。谷虚而善应，神灵而无方，以至灵之物藏至虚之所。能如是矣，则乾道变化各正性命，此玄牝之所以为天地根也。

大道生我于无，置我于虚，确然一灵，根于太始。故视而可见者色也，而求其所以见色者不可得；听而可闻者声也，而求其所以闻声者不可得。夫人之耳目手足皆形之于有，必借其中无形者运之，犹虚空无形，以万物之形为形是也。惟无也，故能包万有而无余，以成大道之体；惟有也，故能显一无之妙用，以成大道之功。

吾初学净明大道时，不甚诵道经，亦只是将旧记儒书在做工夫尔。如崇德尚行。每念到："戒慎乎其所不睹，恐惧乎其所不闻。""言悖而出者，亦悖而入；货悖而入者，亦悖而出。"[③]此等言语，发深信心，不敢须臾违背了。至于用心，道妙每到。人有鸡犬，

---

① 谷神：生养之神，是原始的母体。万物都从这原始母体之门产生，绵绵不绝，没有穷尽。

② 玄牝（pìn）：道家指孳生万物的本源，比喻道。《道德经》："谷神不死，是谓玄牝。玄牝之门，是谓天地根。绵绵若存，用之不勤。"

③ 两句分别出自《中庸》《大学》。

放则知求之，有放心而不知求，及夜气不足以存，则其违禽兽不远。处便自然知耻，一时感激，不啻如汤火芒刺之在身，心便思惟道是。我若悠悠上去，不了此道，未免做先觉之罪人，直是寝食不遑安处，后来庶几有进矣。感格穹霄，得些乐处，静而思之，实由当时知耻之力也。

吾有三则古语，学者可以佩受：志节要高，毋习卑污，务图近效；器量要大，毋局褊浅，不能容物；操履要正，毋殉己私，随邪逐物。

先生曰：世间粗心学道之人，常说自己无有不是处，岂有此理。但是未尝静定思惟。若将细细比较他古人成就者，是争多少阶级？所以某常说：人不能自谦，何可望其有进？

或问：净除邪念，有何法度？

先生曰：这个却在念头几微上工夫。如何是几微？譬如恶木萌蘖初生时便要和根划却，若待他成长起来，枝叶延蔓，除之较难了。《易》曰："履霜坚冰至"。言履霜之初要防备后头有坚冰阴气转盛时。所以又曰："君子见几而作，不俟终日。"

又曰：此教法大概只是学为人之道。净明忠孝人人分内有也，但要人自肯承当。入此教者，或仕宦，或隐遁，无往不可。所贵忠君孝亲，奉先淑后。至于夏葛冬裘，渴饮饥食，与世人略无少异，只就方寸中用些整治工夫。非比世俗所谓修行，殊形异服，废绝人事，没溺空无。所以此学不至洁身乱伦，害义伤教。

或问曰：先儒言雷霆只是阴阳二气凝聚奋击而然，言亦不及雷车、石斧之属。何以道教中却有雷神姓名？服色不一，果有之耶？果无之耶？愿释其疑。

曰：皆是也。吾闻大道之全，有浑然，有粲然。今夫雷霆一阴一阳，其原实出先天之道，所谓浑然者是也（朱子有云：未发之前，气不用事。）。若诛击世间不孝恶物之类，则实有雷神奉行，所谓粲然者是也（若武帝乙，慢天猎河渭之间，而遭震死，则见之史矣。今天动威，以彰周公之德，则见经矣。）。浑然者，先天之道，粲然者，后天之气。大概真儒抱先天之学只认着浑然之道，谈多不及后天之详。非不知也，特不言耳。后天法家只认着雷霆天将之属，无非粲然之气，有时问他雷霆起处，多是漫不加省，个中惟有曾踏上头，关的亲见过来也。先天后天，浑然粲然，无有不是。

道寓于物，混成无间，此常道也；道散于物，辨物制名，非常道也。无极而太极，太极而两仪，两仪而五行，自无而之有，一本万殊也。五行一阴阳，阴阳一太极，太极本无极，自有而之无，万殊一本也。唯反身而诚，复归于一，则万物皆备于我矣。

天命流行，化育万物，无非道也；日月星辰，昭布森列，无非经也；雷轰霆击，霜清雪明，无非法也。细而幽林鸟噪，碧涧鱼跳，云片翕张，瀑声呜咽，如是景象，无非是人入处。故《复》卦以动之端，为见天地之心处，物理之相感，有不疾而速，不行而至者。燧诸水火，穹壤匪遥，磁石引针，隔碍潜通，知法家之符印为燧诸，而一己之灵为真水火，则可与语道法矣。非惟物理为然，人亦有之，其母啮指，其子心动，此气类之相感也。

又曰：喜怒哀乐不失于正，于道无伤，但须发之各有攸当，不致乖戾耳。

先生曰：吾净明大教，示人以简易之理，而人犹难之。甚矣，道之不明也。学道之士，当笃信心，万一怀疑，便有窒碍。己且昏惑，何以明人？夫天与之而不能守，守之而不能行，是弃天也；自卑以求售其言，自鬻[①]以求售其学，是亵天也。弃天亵天，是谓背道。凡我法子，戒之慎之。

（按《玉真语录》旧载颇详，然多繁杂。今稍汰之，存其精粹者，俾有补于世道人心尔。）

---

① 自鬻（yù）：自我卖弄其才干。

澧州津市万寿宫志
卷之七

表　文

昔卫祝鮀[①]能治宗庙，吾夫子称之，而祭祀陈信无愧[②]。范武子[③]之家事治，赵孟乐述之，以告屈子木[④]。盖工祝祈告，史巫禳祷，植壁〔璧〕秉珪[⑤]，古人固有明训也。

我国家典秩明禋，怀柔百神，凡地方官致祭之处，例由部臣恭撰祝告，发交直省、郡、县，敬谨抄謄读燎，岂好为铺张扬厉哉？上以交于幽明，下以起其诚敬，诚不可盖失数美，矫诬而虚以求媚也。本馆神诞各表文皆儒流骈四俪六，命意遣辞。既不同天师道场之醮章，青词络绎；复不同释迦梵荚之经偈，涅盘宣讲。我真君鉴观有赫，倘亦嘉薪传之不坠，而不责藻采之未工也。志表文。

---

① 祝鮀（tuó）：又作“祝佗”，字子鱼，春秋时期卫国大夫，为祝史，有口才，使人信服。《论语·宪问》：“孔子曰：‘仲叔圉治宾客，祝鮀治宗庙，王孙贾治军旅，夫如是，奚其丧？’”

② 出自《左传·昭公二十年》：“祝、史祭祀，陈信不愧。”祝和史祭祀，向鬼神陈说实际情况，内心不惭愧。

③ 范武子：春秋时期晋国政治家、军事家，善于治家教子，为赵武（赵孟）所称道。

④ 屈子木：一作屈建，春秋时楚国令尹。《左传·襄公二十七年》：“子木问于赵孟曰：‘范武子之德何如？’对曰：‘夫人之家事治，言于晋国无隐情。其祝史陈信于鬼神，无愧辞。’”

⑤《尚书·周书·金縢》：“植璧秉珪，乃告太王、王季、文王。”

元旦庆贺表

伏以旭日履端，星柄指寅[①]于北斗；光天泰运，风番坼甲[②]于东郊。颂献椒花[③]，叶到三元之律；芬酿柏叶，称将万寿之觞。值奉珪进璧之期，考酌罍灌鬯[④]之典。辛盘欢侑，诚通肸蠁于颛蒙[⑤]；亥市[⑥]瞻依，喜溢献羔之令节。仰干丹阙，俯奏青词。

恭惟敕封神功妙济至道元应灵感普济锡福佑民真君座下，东晋名臣，西江福主。本原忠孝，得古今贤圣之传；冲举神仙，合聪明正直而一。馘蜃斩蛟之烈，灾捍浲流；骖鸾驾鹤之游，班高碧落。奠安庙社公侯，次岳渎之封；保乂闾阎老幼，洁香帛之祀。

某等居依桑梓，自惭飞控于鸴鸠[⑦]；算探荚蓂[⑧]，欣睹馈遗于鸡燕。久叨樾荫[⑨]，江�远别枌榆；小泊萍浮，沅澧聿升兰芷。未许灯花影里，聚首团圞；徒教爆竹声中，惊心迎送。平安竹报，知帡幪实出鸿慈[⑩]；改换桃符，岂庆贺敢忘虎拜[⑪]。汤煎五木，跪螭陛而斋心；香爇千枝，袅鸭炉而捧手。

伏愿恩覃函夏，泽沛熙春，淑气遥临，艳阳来复。亭毒开于四

---

① 指寅：农历正月。《淮南子·天文训》："帝张四维，运之以斗，月徙一辰，复返其所，正月指寅，十二月指丑，一岁而匝，终而复始。"

② 坼（chè）甲：又作甲坼，草木发芽时种子外皮裂开。

③ 椒花：《椒花颂》。典出《晋书·列女传》："刘臻妻陈氏者，亦聪辩能属文。尝正旦献《椒花颂》……又撰元日及冬至进见之仪，行于世。"后常用为春节之典。

④ 罍（léi）：古代祭祀盛酒礼器。鬯（chàng）：古时祭祀、宴饮用的香酒，用郁金草和黑黍而成。

⑤ 颛（zhuān）蒙：愚昧。

⑥ 亥市：隔日交易一次的集市。

⑦ 鸴（xué）鸠：斑鸠，多用以比喻小人。

⑧ 荚蓂（jiá míng）：又作蓂荚，历荚，古代神话传说中尧时的一种瑞草。

⑨ 樾（yuè）荫：比喻获得仁德的庇荫。

⑩ 帡幪（píng méng）：帐幕之类。鸿慈：大恩。

⑪ 虎拜：《诗经·大雅·江汉》载有"虎拜稽首，天子万年"，后指称大臣朝拜天子。

序[①]，钧调正夫三阶[②]。利市萃良时，伴侣欢联乎雨旧；禨祥占吉语，德业彪炳而日新。顺遂有征，经营如愿，合肃芜禀，不尽葵倾[③]。某某等无任屏营忭喜[④]之至。谨拜表以闻。

真君圣诞贺表

伏以北极光腾，星转指寅之柄；东皇宠莅，风鸣坼甲之条。风纪肇三元，燕贺曾殷于余子；螭廷祝万寿，兕称[⑤]更庆乎吉辰。志昴降[⑥]之祥，天开榖旦；绎嵩生[⑦]之颂，人进芜词。

恭维敕封神功妙济至道元应灵感普济锡福佑民真君座下，合耀斟元，延嬉建福。衍八千之上纪，应五百之昌期。珠衔丹凤之征，吉兆超乎熊梦；玉种赤乌之世，瑞文焕乎虹流。射麀鹿而折弓，骏惠体好生之德；镇蛟虬而立柱，鸿猷奏作乂之勋。铁券铜符，格苍穹而锡羡；金鼎石臼，还丹炼而驻颜。纯嘏咏其有常，百三十岁升恒日月；贞符绵于无儩[⑧]，千六百年驾驭风云。

某等忝附枌乡，久叨樾荫。绿章徼福，愧乏算亥之才；丹陛乞灵，敬咏生申之句。遥溯庚寅之降，绂系麟书；爰集甲乙之伦，佩跄虎拜。三呼同于中岳，声欢若雷；万口诵夫牟尼，香涌成雾。萃人间之冠履，服值春成；舞天上之霓裳，乐宣夏奏。

伏愿南山松柏，宴启瑶池；东海枣梨，筵开阆苑。玉磬振其宏响，金炉爇其宝熏。慧日常明，沐照临者龄都曼；福星永庇，托覆帱者算弥长。恩晖被而豫泰同占，寿域开而乾坤不老。谨偕子姓，敬就辰良，俯励寅恭，仰呈丙鉴[⑨]。某某等无任屏营忭喜之至。谨拜

---

① 亭毒：养育，化育。四序：一年四季。

② 三阶：天子、士大夫和庶人三个阶层。

③ 芜禀（wú bǐng）：下对上书信的谦称。葵倾：谓如向日葵一样向往倾慕。

④ 屏营：惶恐，书札谦辞。忭（biàn）喜：欣喜。

⑤ 兕：兕觥（sì gōng），古代酒礼器。称：举起来。

⑥ 昴（mǎo）降：比喻显贵的人降生。

⑦ 嵩生：旧时祝寿的颂词。

⑧ 儩（sì）：尽。

⑨ 寅恭：恭敬。丙鉴：明察。

表以闻。

真君案前谢恩表

伏以两造[①]生成，自巳求[②]而福介；十全保佑，因申命而禄遒。吁祭西邻神祇，祷于上下；商居南楚吉凶，慎其步趋。帡幪幸沐鸿慈，日报平安之竹；酬赛爰虔虎拜，风飏芬馥之檀。俯进青词，仰干丹陛。

恭维敕封神功妙济至道元应灵感普济锡福佑民真君座下，神仙忠孝，菩萨慈悲。扬斩蛟馘蜃之威，犀燃怪辟；宏射鹿舐麀之爱，骏遹惠流[③]。有感即通，无求不应。

某等虫虫热戏，茧茧寒号。一提傀儡之场，几日楼罗[④]之历。前此佝愗自苦，榩梴[⑤]独前。五内蜡煎，百忧麕集。行成狼狈，触类羊羝。幸而葵藿[⑥]倾诚，葛藟[⑦]托庇。心香一瓣，向铁柱而皈依；齿叩三通，爇金炉而禳祷。默具绿章之奏，沥诉从头；果获素愿之偿，谋为顺手。某等负山知重，饮水思源，子惠酬恩，辰良筮吉。舞霓裳羽衣之曲，演故事于梨园；考金钟玉磬之音，荐新芬于椒酒。

伏愿宏宣夏奏，广沛春膏。安已往之居鸠[⑧]，集将来之嗷雁。谷徽锡羡[⑨]，竺固翔禨[⑩]，得邀矜全[⑪]，不尽铭篆。某某等无任屏营忭喜之至。谨拜表以闻。

---

① 两造：稻谷等作物一年收获两次。
② 巳求：上巳日（农历三月三）向神灵祈福。
③ 骏遹（yù）惠流：极力遵从。
④ 楼罗：喽啰。
⑤ 佝愗（gōu mào）：愚昧，鄙陋之人。榩梴（chén chuán）：经营驰逐。
⑥ 葵藿：两种植物，此为偏义，单指葵，葵向日，喻下对上赤城向往。
⑦ 葛藟（lěi）：药用植物，又为《诗经》篇名，述流浪者乞求眷顾。
⑧ 居鸠：陋室。
⑨ 谷徽：美好。锡羡：神明多赐福祉和子嗣。
⑩ 竺：厚。翔禨（jī）：禨祥，谓祈禳求福之事。
⑪ 矜全：怜惜而予以保全。

真君飞升贺表

伏以雁带秋来，酉熟之期逢建酉[①]；夔宣夏奏，辰居之拱蠲[②]良辰。金粟孕月轮，丹飘桂蕊；银绳直云汉，绿减梧阴。寅陛载荷龙光，值火西流而焕采；子姓都虔虎拜，似水东注而朝宗。敬肃骏奔，聊抒燕贺。

恭维敕封神功妙济至道元应灵感普济锡福佑民真君座下，忠恕一贯，仁孝双修。择到十二洞天，黄芽炼诀；居将四十福地，青简标名。擅三五飞步之奇，雷霆威震；妙一六生成之养，霞露餐恒。圆满三千功，著籍于琅函琳篆；飞升九万里，列班于金阙瑶楼。位高碧落，侍郎持节而车乘白鹿；学阐黄庭，内景入关而鞍拥青牛。生徒凤附鳞攀，非别友而琴高[③]跨鲤；眷属龙骖鹤驭，非辞家而徐福[④]控鸾。紫府清严，下庚牌于天上；黄封郑重，弼午运于人间。百世不祧，御灾捍患；一诚有感，崇德报功。敬偕甲乙之伦，吉诹授箓；共效庚子之拜，典仿尊经。虽飘坠锦帷，远隔枌榆之社；而瞻依羽葆，倍生桑梓之恭。温鸭鼎而爇栴檀，心香一瓣；奏鸾刀而实笾豆，血食万方。九献仪成，趋跄冠佩；八佾[⑤]舞遍，歌咏霓裳。

伏愿星耀照临，云軿[⑥]莅降。俯鉴倾葵之向日，仰希剪柏之遗风。亥市平安，庬褫[⑦]锡被；丙躔焜耀，鸿福蔓延。私冀棣通，得沾樾荫，不胜蚁慕，合肃茧挥。某某等无任屏营忭喜之至。谨拜表

---

①酉熟：丰收。建酉：八月。

②辰居：帝王所居。蠲（juān）：昭明。

③琴高：据《列仙传》，琴高是战国时期的赵国人，因他善于弹琴做了宋康王的宾客。他精通养生之道，游荡冀州和涿郡一带达二百多年。后来，他告别周围人们，说我要入涿水去取龙子。并与他的弟子们约定说：你们在岸边等我。弟子在岸边立祠，琴高果然骑着红鲤从涿水中出来，坐到祠中。

④徐福：字君房，秦代方士，琅琊人。据《史记·秦始皇本纪》记载，其于公元前 219 年和前 210 年，在琅琊台两次上书秦始皇，为其入海寻求神山仙药。公元前 210 年，徐福率 3000 名童男女和五谷百工由琅琊台下的琅琊港扬帆启航东渡日本，一去不返。

⑤八佾（yì）：古代天子使用的舞蹈规格。

⑥云軿（píng）：神仙所乘之车，以云为之。

⑦庬褫（máng chǐ）：大福。

以闻。

大士瑞诞贺表

伏以夏时建卯[①]，鹰改性而化鸠；春舞习丁，燕初飞而代雁。祈谷伸勾芒[②]之祭，种献青囊；证果闻辟支[③]之香，灯燃赤焰。才过百花生日，继释迦而宣演荚梵[④]；每忆千叶流风，际诞节而皈依莲座。先结龙华之会，特抒虎拜之忱。天运中和，地名功德，仰瞻阿育，俯诵牟尼。

恭维南无大慈大悲救苦救难观世音菩萨猊下[⑤]，紫竹真身，白衣住相，见周遍性，开方便门。西天竺国，证参象教之宏；南瞻部洲，敷阐马鸣之赞。因瑞光而刻木，法说现身；祝灵寿而焚檀，诚通合掌。

某等浮萍所托，疲彼津梁；祇树[⑥]何由，供诸璎珞[⑦]。四大和合，不知甲子几周；三昧神通，争记庚寅初降。虽迹羁亥市，难乞菩提安心；而颂献申生，且效丰干饶舌[⑧]。供养伊蒲之馔[⑨]，龙象悦辉；翻译贝叶之经，虎鱼感召。未解何充之佞[⑩]，瓶钵随缘；丕降普陀之神，笙箫入奏。

---

① 夏时建卯：夏历二月。

② 勾芒：神化传说中的春神。

③ 证果：泛指修行得道。辟支：佛教语，辟支迦佛陀的略称。

④ 荚梵：梵荚，佛经。

⑤ 猊（ní）下：高僧。

⑥ 祇（qí）树：祇园，祇陀太子所置之园林，后借称佛寺。

⑦ 璎珞（yīng luò）：古代印度佛像颈间的一种装饰，后来随着佛教一起传入我国。

⑧ 丰干饶舌：据《景德传灯录》记载，唐台州牧闾丘胤受高僧丰干之嘱，抵任后，拜谒寒山、拾得二僧。二僧笑曰："丰干饶舌。"后指多嘴多舌。

⑨ 伊蒲之馔：斋供，素食。

⑩ 何充：字次道，庐江郡灊县（今安徽霍山县）人。东晋时期重臣。《晋书》有传。佞：谄谀，讨好。《晋书·何充传》称何充和何准崇信佛教，被谢万讥讽为"二何佞于佛"。

伏愿祥云普荫，慧日长明。年年海棠开，紫燕来现白毫相①；恰恰蟠桃熟，青鸟至涌绀髻光②。渡苦海以慈航，花霏雨落；导迷津于宝筏，草偃风从。袅鸭炉之烟，禅参卓杖；衍鱼山之呗③，界尽生莲。宝相同瞻，肇锡华严富贵；法轮常转，永生般若辉光。聊附头陀④，不胜顶礼，得沾樾荫，永矢葵倾。某某等无任屏营忭喜之至。谨拜表以闻。

财神瑞诞贺表

伏以建辰三月，吉逾上巳之期；见丙一星，瑞记长庚之梦。叶紫燕黄鹂之哢，夏奏悠扬；寻丹鸡白犬之盟，春祈庆会。祠开正乙，天留九十之韶华；颂进生申，月盈三五之光魄。崇周甲箓⑤，俯伏寅阶⑥，敷奏青词，诉呈丹悃⑦。

恭维上清正乙龙虎院玄坛如意和合求财福主赵公元帅麾下，降魔雷部，赐福天官。宝相庄严，威昭兜鍪介胄；金鞭烂熳，用迈干戈戚扬。位证苍穹，官府称于上界；权司白撰⑧，福禄散于下方。昴降天而诞生，恩覃夏甸；岁隐星而游戏，运际春阳。

某等利觅蝇头，印联鸿爪。数二十四番之芳讯，欣逢世运升平；铸三十六炉之横财，窃冀冥司感格。适当鲔荐⑨，争酌北斗之浆；齐赋骏奔，敢吝南山之句。介眉酒奠，盥手香焚。琴瑟鼓钟，霓裳歌咏；豆笾鼎俎，环珮铿锵。綦维黑虎之驱驰，诚倾贺燕；仿佛黄羊之报赛，祜笃延鸿。

---

① 白毫相：佛教传说世尊眉间有白色毫毛，右旋宛转，如日正中，放之则有光明。

② 绀髻（gàn jì）光：像发髻黑里透红的光泽。

③ 呗（bài）：僧侣唱赞。

④ 头陀：行脚乞食的僧人。

⑤ 甲箓：六十岁。

⑥ 寅阶：明堂为十二阶，法十二辰以象地。

⑦ 丹悃（kǔn）：赤诚的心。

⑧ 白撰：犹杜撰，没有根据的议论。

⑨ 鲔荐：用鲟鱼祭祀。

伏愿寿域宏开，财源广浚。历亿万年而绵筭[①]，曲奏鹤飞；合千百国而祝鳌，德铭鳌戴。非张裾而曳物，香火祈禜[②]；或索帖而悬梁，帑藏监守。方日中而察星鸟，禘祫[③]惟虔；率天下而庆电虹，乾坤不老。久沐鸿慈之覆载，特翻燕喜之讴歌。虎拜而陈绿章，卜升恒于日月；蚨飞而偿素愿，极蒸蔚于云霞。不胜葵藿之倾，辄附苔莱之颂。某某等无任屏营忭喜之至。谨拜表以闻。

萧公瑞诞贺表

伏以青春受谢，指巳移北斗之枢；朱夏授时，良辰肃南郊之典。翼昏中而合曜，东壁联辉；昴下降而沦精，西江毓俊。天命权司壬癸，佑江淮河汉之溯浮；日干数值丙丁，献山阜冈陵之颂祷。鸾章宠锡，膺芝诰于前朝；螭陛呈词，捧籐笺于后进。

恭维敕封水府灵通广济显应英佑侯座下，一门衍庆，三世通神。擅百丈峰之奇，金滩孕育；钟双秀亭之美，玉种滋培。得道有渊源，本相国之介胄；成仙非荒诞，荷侯封之殊荣。迹迈洋洲[④]樟，呵护而梦戒寻斧；文挥李渡桐，遗赠而宝获卢琴。危而持，颠而扶，险援雪浪；感则通，求则应，幻镇风波。

某等籍附章门，市依澹岸，利营三倍，棹舞双飞。萃五行百产之菁英，装盈鹢首[⑤]；希八达四通之汉港，顺遇鸿毛。每当虐肆鲸鲵，忠信难凭一己；计惟威降蛟蜃，撄拿始免六丁[⑥]。爰届生辰，敬偕余子。洁陈牺象，包茅缩[⑦]而介眉；谨具牲牷，庭燎明而叩首。豆笾篚

---

① 筭（suàn）：算。

② 禜（yíng）：古代一种祈求神灵消除灾祸的祭祀。

③ 禘祫（dì xiá）：古代帝王祭祀始祖的一种隆重仪礼。

④ 洋洲：江西新干大洋洲。

⑤ 鹢（yì）首：古时船头常画有鹢鸟，故借代为船。

⑥ 六丁：丁卯、丁巳、丁未、丁酉、丁亥、丁丑，六丁为阴神，为天帝所役使，道士则可用符箓召请，以供驱使。

⑦ 包茅缩：包茅缩酒。祭祀时将酒浆倒在包茅草上缩进去。《左传・僖公四年》："尔贡包茅不入，王祭不共，无以缩酒，寡人是征。"

篚，既稷既齐；管籥笙簧，或歌或咢[①]。

伏愿仁恩广被，寿域宏开。庆叶安澜，荫庇周于九夏；夷真化险，崇报永以千秋。如拜庚子之经，年年燕喜；自合甲乙之族，岁岁骏奔。怪见犀燃渡占，鸥稳平安；得沐竹报忱悃，益矢葵倾。俯奏青词，仰干丹注，伏希乙鉴，永励寅恭。某某等无任屏营忭喜之至。谨拜表以闻。

韦驮尊者诞辰贺表

伏以桐生维夏，欣逢浴佛之期；桃熟为春，其效祝釐之悃。释迦刹利之授受，勘破针锋；普院落伽之皈依，打开窠臼。眉低上座，外道仗摧伏之威；掌合下方，中庭辨侘缚之唱。书披忍利，笈检毗尼。虽市共亥居，才都惭夫算亥；而孕稽庚梦，礼爰肃乎拜庚。

恭维南无三界感应护法韦驮尊者座下，狮座名宗，鸡园[②]上品。大力早成为罗汉，克除烦恼之魔；浩劫不坏于金刚，常披忍辱之铠。遂使修罗睒睒[③]，莫避刀轮；能教鬼子啾啾，难逃金钵。为南海之护法，衍西竺之真如。独降罗刹[④]之强，惯作菩萨之侍。

某等瞋恚[⑤]夙戒，懦怯寡能，身阻化城，心仪净域。思证辟支之果，精进九根；未开智慧之芽，沉沦八垢[⑥]。幸叨福庇四大[⑦]，合而平安；素仰神通三乘[⑧]，演而拯济。追维昴降，芬芳般若之斟；效法嵩呼，扬赞牟尼之号。宣匏奏瓦，和协凤鸾；伐鼓考钟，悦怡龙象。

伏愿谛开三昧，祝晋九如。贝叶经翻，常转金轮之咒；宝莲座

---

① 咢：击鼓而歌，也指歌唱。

② 鸡园：鸡头摩寺，佛教传说中的圣地。

③ 睒睒（shǎn shǎn）：光闪烁貌。

④ 罗刹：食人的恶鬼。

⑤ 瞋恚（chēn huì）：忿怒怨恨。

⑥ 八垢：佛教语，谓八种妄想。

⑦ 四大：《道德经》第二十五章中有“故道大，天大，地大，人亦大。域内有四大，而人居其一焉。人法地，地法天，天法道，道法自然”。

⑧ 三乘：声闻乘、缘觉乘、菩萨乘，声闻乘又名小乘，缘觉乘又名中乘，菩萨乘又名大乘。

涌，聿严珠珞之装。采焕兜率天边，星占丙见；颂献陀移国里，吉筮辰良。溯当年宝志顶摩，会无遮而歌燕喜；看此日世尊毫相，苦有渡而纪龙华。法界三千，岁岁设伊蒲之馔；因缘十二，人人审梵荚之音。八解振兴，十方供养，敢希藻鉴[①]，不尽简挥。某某等无任屏营忭喜之至。谨拜表以闻。

药王瑞诞贺表

伏以液流太乙，药裹[②]延生；丸制昌辛，芸生却病。聿训寅申之反，名擅鹊医[③]；难忘庚子之陈，礼成虎拜。况蜕形虽化，日传昴降之良；而凤历可稽，星值翼中之候。告麦秋而荐寝，月令备载古风；届藻夏而祝釐，云栋用偕今雨。歌谐燕喜，技愧虫雕，俯进绿章，仰干青睐。

恭维大唐敕封药王孙真人座下，功参造化，道澈阴阳。得三世之会通，中十全之肯綮[④]。甘苦之味，上证于帝轩；奇咳之经，远师乎臣意。丹还炼鼎，龙宫获三十之方；《素问》《灵枢》[⑤]，鸿濛化十二之毒。斞[⑥]八成以轩光之灶，黍自回春；却六淫以大极之泉，樾能荫夏。作黄农[⑦]之良佐，配享厕西庑[⑧]之班；继伊巫[⑨]之芳型，诞降际南讹[⑩]之序。

某等德皆食旧，交并联新。托丹灶以营生，负青囊而流寓。正

---

① 藻鉴：指品藻和鉴别，引申为担任品评鉴别人才的职务。

② 太乙：星神名，指宇宙万物的本源。药裹：药包，药囊。

③ 鹊医：上古时期医圣扁鹊。

④ 肯綮（qìng）：筋骨结合的地方，比喻要害或关键之处。《庖丁解牛》："技经肯綮之未尝。"

⑤《素问》《灵枢》：古代中医著作。

⑥ 斞（jū）：本义为挹水之义，也用为指量器名。

⑦ 黄农：黄帝、神农。

⑧ 西庑：祠庙的东庑与西庑均为祭祀历代先贤先儒之所。

⑨ 伊巫：伊尹，商朝开国元勋，杰出的政治家、思想家，同时也是一位著名的巫师。

⑩ 南讹：指夏时耕作及劝农等事。

当聚畜百药，法倍仰夫指南；相将输献一芹，诚自倾于面北。追维岳降，瑞兆流虹；效法嵩呼，祭陈肥牡。苾芬孝祀，茅缩三巡；鼓吹休明，梨园一部。伏愿与天同泰，覆六合以仁慈；如日之升，登八埏[①]于寿寓。心香一瓣，豚蹄祝而满篝满车；血食万年，鹤驭停而于登于豆。石原生我，金益阜人，原泽戴鳌，微情贺燕。某等无任屏营忭喜之至。谨拜表以闻。

关帝圣诞贺表

伏以薰风解阜，才经麦气迎秋；化日需迟，恰值梅炎藻夏。溯庥征于麟绂[②]，甲箓崇周；爰约集夫鱼盐，寅阶舞蹈。阴阳争子午之交，黄道驰而夏至；钟毓记庚寅之降，紫府登而春长。螽肸棣通，厖褫枕被，敬当皇览，敢奏鄙词。

恭维敕封忠义神武伏魔大帝陛下，千古精忠，两间正气，追踪仙佛，合撰地天。扶汉拒魏拒吴，三分挽炎炎之祚；由侯封王封帝，万世振赫赫之灵。诞节律中蕤宾[③]，骝驾方迎赤帝；昭代恩崇徽号，骏奔不亚素王。血食极于千秋，都勤庚拜；肤功报于九夏，共庆申生。

某等旅别吴山，萃居楚甸[④]。岁司鸠羽，思微倖于陶朱[⑤]；祝仅豚蹄，敢庆会而诉白。一人有道，岳降追维；万寿无彊〔疆〕，嵩呼则效。日逢南讹之永，星倾北拱之诚。披桂椒而焚栴檀，俎豆歌取膋

① 八埏（yán）：边际辽远之地。

② 庥：荫庇。麟绂：祥瑞。

③ 蕤（ruí）宾：农历五月。

④ 吴山、楚甸：分别指江西和津市。先秦时期，江西属吴国，津市属楚国。

⑤ 陶朱：陶朱公范蠡，字少伯，华夏族，楚国宛地三户（今南阳淅川县滔河乡）人。春秋末期政治家、军事家、经济学家和道家学者。范蠡为中国早期商业理论家，楚学开拓者之一。被后人尊称为“商圣”，“南阳五圣”之一。曾献策扶助越王勾践复国，后隐去。

之什[①]；荐苹蘩而羞秠秬[②]，簠簋达普淖[③]之芬。箫管悠扬而啾嘈，优俳则鱼龙曼衍；鼓钟铿鎗（锵）而闛鞈[④]，宴饮则凫鹥[⑤]清馨。

伏愿星驱扶轮，月御案节。驭风云而观鉴，配天日而恒贞。唪诵觉世之经，佐尼山之师训；佑启厚生之业，畀澧水以丰亨。茅白萧青，黍稷常虔其享荐；榴红艾绿，草木亦焕其精华。得沐仁慈，同登寿寓，龙光湛露，虎拜下风。豫茂桐生，晋祝桃熟，恩铭鳌戴，忱达虿挥。某某等无任瞻天望圣、屏营忭喜之至。谨拜表以闻。

杨泗瑞诞贺表

伏以节逢天贶，伏将六月之庚；瑞溯电流，见到一星之丙。祭赛曾闻于黄石，凄怆焄蒿[⑥]；泳游况庇夫碧波，平安报竹。蛰庚泥[⑦]之影，障挽齐仰英风；慰亥市之求，颂祷敢忘生日？奎旦中而纪序，天干犹是丙丁；昴降下而沦精，人杰能司壬癸。敬张皇邸，聊答神庥。如算亥而添筹，际生申而作颂。

恭维紫云台上斩龙得道镇江王爷座下，灵钟河岳，威镇江湖。静罗刹之涛，不碍红桃泛涨；息阳侯[⑧]之浪，能令黄篾〔蔑〕夷犹[⑨]。比禹佐之庚辰，龟山锁怪；溯启生于癸甲，熊梦延淇。方当炎帝秉权，泛增暑雨；自许水官解厄，荫展慈云。

---

① 取膋（liáo）之什：《诗经·谷风·信南山》："执其鸾刀，以启其毛，取其血膋。"

② 秠秬（jù pī）：秬是黑黍的大名，秠是黑黍中一稃二米者。

③ 簠簋（fǔ guǐ）：古代祭祀用青铜礼器。普淖（nào）：黍稷。

④ 闛鞈（tāng tà）：钟鼓声。

⑤ 凫鹥（fú yī）：《诗经·大雅》中一首诗的诗名，诗中主要用酒肴的香馨丰盛来表现主人宴请的诚意。

⑥ 凄怆焄蒿（qī chuàng xūn hāo）：多作"焄蒿凄怆"。意指在祭奠时升腾的香气中，人们感到悲伤。

⑦ 庚泥：硬土。

⑧ 阳侯：传说中的波涛之神，借指波涛、水患。

⑨ 黄蔑：隋炀帝下江南时船名之一，又泛指船。夷犹：也作"夷由"。从容不迫。

某等行李羁游，浮萍聚合；章门[①]放掉〔棹〕，澹岸[②]授廛。束装而双桨飞鸣，压惊雪浪；稛载而一帆拗受[③]，幻涉风波。感方羊[④]窥鲂之繇，实沐护援之德；当取鼍[⑤]伐蛟之候，弥思揆揆[⑥]之祥。软脚[⑦]三巡，斋心一献。骍刚[⑧]仗庖丁之解，并陈豆觳俎鱼；夔乐谐讴癸[⑨]之音，自协笙鸾管凤。薰风南度，鸭炉则袅袅香烟；旭日东升，螭陛则行行环珮。

伏愿恩晖照夫九有[⑩]，寿寓登夫八荒。桃熟为春，共方辉而荐祉[⑪]；桐生维夏，望圆峤而称觞。云飞天上灵旗，河伯[⑫]效顺；日运人间宝货，海若[⑬]霁威。鸥渡波心，鹢首但凭其泛泛；骏奔庙貌，豚蹄自祝以年年。豫泰同占，乾坤不老，自惭芜陋，不尽葵倾。俯竭寅承，仰干丙鉴。某某等无任屏营忭喜之至。谨拜表以闻。

轩辕皇〔黄〕帝圣诞贺表

伏以月方衣授西岐，赓卒岁之篇；霞似绮轻南极，焕延年之采。建戌[⑭]则风凉雁度，黼黻[⑮]实始于元〔玄〕黄；生辰则电绕虹流，冠帔群披其丹赤。日纪庚辛之干，音宣九夏；云集甲乙之族，鉴献千

---

① 章门：赣州的别称。

② 澹岸：澹水之岸，这里指澧水之岸，即津市。

③ 稛（kǔn）载：满载，重载。拗（niù）受：超过了所能承受的负荷而感吃力。

④ 方羊：彷徉、徘徊，不自安貌。

⑤ 鼍（tuó）：扬子鳄。

⑥ 揆揆（kuí）：生日。

⑦ 软脚：为远道而来的客人接风洗尘。

⑧ 骍（xīng）刚：祭祀用的赤色公牛。

⑨ 夔乐（kuí lè）：指庙堂雅乐，夔为舜时乐官，故称。讴癸：癸为古宋国歌手，典出《韩非子·射稽讴歌》，后指悦耳动听的歌声。

⑩ 九有：九州。

⑪ 荐祉：赐福。

⑫ 河伯：神话传说中的黄河水神，泛指水神。

⑬ 海若：神话传说中的海神。

⑭ 建戌：夏历九月。

⑮ 黼黻（fǔ fú）：绣有华美花纹的礼服。

秋。荡荡巍巍，炎炎赫赫。敬张皇邸，俯竭寅恭；聊效华封[①]，仰希乙览[②]。

恭惟轩辕皇〔黄〕帝陛下，道光九有[③]，德协三无[④]。星野分州，天时设蔀[⑤]。当绚鬓阘首[⑥]之日，配六甲而会元[⑦]；移章身被体之风，抚五辰而凝绩。西陵蚕育，鹎雉开法服之先；南亩雉驯，翚采别朝仪之等。垂旒充纩[⑧]，明四目而达四聪；建斾扬旌，分五章而判五服。匪独鸠居宫室，雕甍绣闼立其规；更教彪列陶器，坏〔抔〕饮污尊[⑨]变其陋。洵垂裳之骏烈，齐思服于鸿慈。

某等狡衤了颛蒙[⑩]，暆晱[⑪]羁旅。沐生全于两大，竭诚敬于一朝。万岁图开，三呼嵩效。经营廛市，皆雨膏煦妪[⑫]之遗黎；错落州都〔郡〕，悉云官抚绥之陈迹。管弦作而优招鱼里，莫非律吕和谐；豆笾实而祭献骍刚，犹是范冶[⑬]制度。伏愿乾坤不老，日月齐明；郡国咸忻，华貊广被。无穷无极，人人荷洪造之生成；有始有终，岁岁喧今朝之歌舞。苾苾苹蘩之荐，依依葵藿之忱。德重戴鳌，诚倾贺燕。某某等无任瞻天望圣、屏营忭喜之至。谨拜表以闻。

---

① 华封：华封三祝，华州人对上古贤者唐尧的三个美好祝愿。

② 乙览：御览，皇帝阅览文书。

③ 道光九有：谓贤明之道照耀九州，此“道光”非指道光皇帝。

④ 三无：谓无声之乐、无体之礼、无服之丧。

⑤ 蔀（bù）：古代历法名词，七十六年为一蔀。

⑥ 绚（tiáo）鬓阘（sàn）首：绚发阘首，将鬓发编成辫子覆盖在头上。

⑦ 六甲：我国古代干支纪年法中的六竖行的开头，即甲子、甲戌、甲申、甲午、甲辰、甲寅。会元：古代时间单位，《朱子语类》卷二四：“十二万九千六百年为一元，一元有十二会；一万八百年为一会。”

⑧ 垂旒（liú）：冕旒，古代天子礼帽前后的玉串。充纩（kuàng）：冠冕两旁用以塞耳的绵制饰物。

⑨ 抔（póu）饮污尊：污尊抔饮，谓掘地为坑当酒尊，以手捧酒而饮。

⑩ 狡衤了（jiǎo liǎo）：小裤。《急就篇》注：“裤谓胫衣也，大者谓之倒顿，小者谓之狡衤了。”又指渔人服。颛蒙：愚昧。

⑪ 暆晱（yí tú）：太阳移动转阴，犹言时光。

⑫ 煦妪（xù yù）：抚育，爱抚。

⑬ 范冶（yě）：铸造，熔炼。

观音大士成道贺表

伏以苍葭露结[①]，九霄净玉宇之尘；黄菊风凉，四大转金轮之咒。演三车[②]而济度，释迦则法布西来；融二谛[③]而真空，普陀则教行南服。辟支证果，振八解之遥源；曼殊散花，践三明之广路。当乌驭在房之会，正马鸣成道之期。敬布长筵，恭疏短引，诚倾燕贺，德报鸿慈。

恭惟南无大慈大悲救苦救难观世音菩萨猊下，竹林潇洒，莲叶光明。璎珞庄严，说法无妨身现；巾瓶净契，参禅久惯眉低。落伽崔巍，高几攀夫鹫岭；瞿昙宣阐，呗争唱于鱼山。泛苦海之航，神通广大；导迷津之筏，佛愿慈悲。

某等修未能成，佞岂敢学？别离章贡[④]，拓钵为生；羁旅澧涔[⑤]，打包渐熟。每钦生天之慧业，引领南溟；益结向日之愚忱，叩头北拱。愧少九年面壁，上乘服膺；全凭一瓣心香，下方合掌。福希求已，吹届习丁。馔献伊蒲，秠秬欣逢酉熟；舞开秉籊〔翟〕[⑥]，弦管都谐癸讴。蜡烧烛而摇红，经翻贝叶；鸭霏烟而篆碧，芳散栴檀。

伏愿翼善开贤，昭蒙启惑。长松细草，润溥慈云；翠竹黄花，泽霑法雨。五衍之车不敝，智炬常燃；六通之路可由，祥轮永驻。综阎浮而论宇，人人叶如愿之占；望兜率而祝釐，岁岁敞无遮之会。相将顶礼，乞与心安，不尽柏参，用伸葵慕。某某等无任屏营忭喜之至。谨拜表以闻。

洞庭王瑞诞贺表

伏以九日良辰，才举登高之会；一星见丙，欣开祝圣之场。霜

---

① 苍葭露结：《诗经·蒹葭》："蒹葭苍苍，白露为霜。"喻深秋。

② 三车：三乘。

③ 二谛：指真谛与俗谛。

④ 章贡：章水、贡水。今江西赣州市有章贡区。泛指江西。

⑤ 澧涔：澧水、涔水。涔水为澧水支流，处澧水下游，于津市东面汇入澧水，因以"澧涔"指津市。

⑥ 翟（dí）：古代用作舞具的野鸡的长羽毛。

降庆安澜，刈穫况逢酉熟；风乘夸破浪，赛酬特颂申生。昴谪下而沦精，辉生水府；柳乍中而迎旭，瑞诞波臣。继五岳四渎而膺封，九江志详荆域；统七泽三湘而交汇，百拜遥拱岳阳。

恭维敕封洞庭王爷座下，鸦阵盘旋，龙宫缥缈。潴江汉于西北，坼吴楚于东南。四海朝宗，藐彭蠡之滜湃；百川吐纳，小具区之潆渟。秩峻公侯，昭代聿崇祀典；气吞云梦，斯民群沐仁慈。影戢庚泥[①]，八百里鱼龙曼衍；恩流亥市，亿万姓牺象陈供。

某等远别章门，侨居澹岸。法南阳之贾，舟每渡鸥；运西州之资，樯希安燕。往来鹿角，上下牯潭。虽心域见闻，浩渺莫能蠡测；而身承覆帱，汪洋频睹鹢飞。盼金阙于君山，追维岳降；悬彩旛于澧水，舞蹈嵩呼。既敕既匡，俎鱼豆彘；载歌载舞，管凤笙鸾。栴檀焚香，永洁苹蘩之荐；包茅缩酒，聊倾黍米之忱。

伏愿日月升恒，风雨和顺。登子姓于仁寿之宇，戢丁沽以泛滥之威。罗刹静其涛，人人沐成全于鸿造；冯夷[②]化厥险，岁岁伸崇报于鲰生[③]。俯进绿章，敬张皇邸；仰干青睐，聊当华封。不尽葵藿之瞻依，共献苔蔓之颂祷。某某等无任屏营忭喜之至。谨拜表以闻。

晏公瑞诞贺表

伏以月交建亥[④]，欣逢算亥之良时；星诞长庚[⑤]，各效拜庚于故里。况江湖宏厥覆帱，克静罗刹之涛；而舟楫佑其流通，莫犯冯夷之怒。益当洁苹蘩之荐，寅祀报功；相与倾葵藿之忱，申生进颂。斋心百拜，软脚三巡，俯奏青词，仰干紫府。

恭维敕封平浪侯晏公座下，钟灵章贡，毓俊匡庐[⑥]，秩晋侯封，权司水府。渡任飞于鹢首，锦缆千樯；顺许遇于鸿毛，布帆一叶。

---

① 影戢（jí）：隐匿踪迹。

② 冯夷：传说中的黄河之神，即河伯，泛指水神、水灾。

③ 鲰（zōu）生：浅薄愚陋的人。

④ 建亥：夏历十月。

⑤ 长庚：金星的别名。

⑥ 匡庐：庐山。

不烦邪许告瘁，出没凫轻；都教欸乃高歌，溯游鸥稳。充文锦堂之长，虽不知甲子几周；侪大洋洲之神，尚共忆庚寅初降。

某等西江属籍，南国牢盆[①]，泛水鸠安，戴山鳌重。波涛利涉，敢言忠信可凭；灵爽质临，顿教险危悉化。仪惭疏于报赛，相携同上春台；祝共进夫升恒，可爱适逢冬日。集丹墀而虎拜，冠佩雍容；袅碧落而鸭温，栴檀焚爇。式歌且舞，伶人开鱼里之优；必敬以恭，工祝咏骍刚之献。

伏愿风云肃驾，来格来尝；日月合明，无终无极。戢丁沽之涨，庆叶安澜；沛亥市之恩，患泯骇浪。登一世于仁寿之宇，人人沐大造生全；佑四序以清平之庥，岁岁陈今朝舞蹈。既得附于榆枋枌社，敢私献其瓦奏匏宣？不尽茧挥，聊伸蚁悃，骏奔率旧，鸿泽颂新。某某等无任屏营忭喜之至。谨拜表以闻。

---

① 牢盆：煮盐器具，借指盐政或盐业。

澧州津市万寿宫志
卷之八

艺 文

太上有立德，其次有立功，其次有立言。不朽之三，似以立言为最后。然有时盛德丰功转借言以垂之奕祀[①]。特患言之无文，行而不远耳。吾乡习俗重道崇儒，凡名公、巨卿、学士、大夫，游历斯地者，辄索求大笔鸿篇，可法可传。虽片玉而碎金，将信今而传后，固非苟为炳炳烺烺已也。志艺文。

洪都景福堂序

道光二年（1822），余弟桂生需次长沙，捧檄权澧州州判篆[②]。明年，桂生以解运入都。雁行分飞已五年矣，今乃得风雨联床，少叙天伦乐事。为征近况，具述地僻而政简，俗厚而民朴。且州判驻扎津市，距澧州城二十里，无大府之奔伺，无同僚之应酬。又值新修万寿宫落成，园亭历落，花木蕃蔚，佳时令节，觞酒流连。相与访文正之池，登武子之台，考屈原、宋玉之所游咏。风流潇洒，视仆仆红尘中人有仙凡之别，听者辄低徊而神往于其间。

越七月，桂生纳库事竣将还署，以吾郡人在津者向有真君春秋

① 奕祀：世世代代。

② 查同治《直隶澧州志·职官志》，清代州判中不见彭姓者。"桂生"应为其字，谓道光二年（1822）任州判，在清州判中嘉庆二十五年（1820）为王定昌，这是嘉庆最后一年，紧接着为曾展立，道光六年（1826）署任，所谓"署任"即暂时代任。这期间有六年时间，应该还有一任漏列。此《序》作者为"南昌彭邦畴"，在本卷后面所录"西官亭楹贴"中款署"南昌彭邦畤"，两人只差了半个字，无疑为兄弟。彭邦畤应该就是《州志》漏列的道光二年间州判。

祭祀，维持兴复，煞费苦心，嘱余一言序之，以为吾郡人劝。余维《书》曰："肇牵车牛，远服贾用，孝养厥父母。"言懋迁有无、化居[①]与嗣尔股肱、纯其艺黍稷者，同为奔走，事厥考厥长也[②]。又曰："惟土物爱，厥心臧。"言人当知所本，不可见异思迁而忘故土也。况我真君赫声濯灵，缵禹旧服[③]，其斩蛟馘蜃与庚辰之戮巫支祁后先同揆。微真君则下民昏垫，吾江右不免其鱼。幸生明德后，洒沈澹灾[④]，水土平成，式克至于今日休[⑤]。其可以枌榆远别，弗永寅念于祀哉！

且夫七世之庙可以观德。自晋迄今已一千五百余年，奚第七世哉？而西山之祷祀士庶纷集，幢幡葆盖充溢道途，舆马车乘喧阗山谷，视冲举犹如前日事，真君之德为何如者！

吾辈远授一廛，山河间隔，不获与家居之农耕士读，岁岁亲诣逍遥，黍稷馨香。谨就春正诞辰及飞升之净月，陈牺象，具牲牢，焚香醊醴，奉粢瘗币，固其宜也。特礼从宜而事从俗，乡与市所以趋向歧分者。居乡则家尸户祝，人各致其赛酬。若一阛列肆，往往必约邀郡邑绅耆骈集宫廷，甚而饮福颁脤，必遍请他郡名望，觞咏一堂，笙歌一部，隐寓有礼尚往来之意。则非厚蓄其资，其事不办如桂生言。

吾郡人前此在津所筹祭费因存放不慎，折阅都尽。近乃力谋振兴，典礼赖以不坠。噫嘻！天下事难成而易败，类如斯乎？吾郡人而竟能数典不忘，废修坠举，克羞[⑥]馈祀耶！其真君启迪，俾聪听彝

---

①懋迁：贸易。化居：坟墓。

②《尚书·酒诰》原文："嗣尔股肱，纯其艺黍稷，奔走事厥考厥长。肇牵车牛，远服贾用，孝养厥父母。"

③缵禹旧服：字面意思为继承大禹的事业，这里应为继承前贤的事业。服：事情，事业。

④洒沈澹灾：应为"酾沈澹灾"，疏导水流以缓和消除灾情。

⑤休：吉庆，美好。

⑥羞：进献（美味），《说文解字》："羞，进献也。"

训，越小大德，小子惟一耶[①]！报本反始，德归于厚，是即会极归极[②]之大者。吾知吾郡人衣奔食走，远适异乡，必不至见诱于外物，或从匪彝而即慆淫[③]矣。桂生抵任所，其即以吾言质之二三老成，倘异日得沐真君庇，皇华奉使星轺[④]莅止澧津，固将乐偕吾郡人拜跪殿除，一抒敬恭桑梓之忱，共勉勉乎江西宗派也。

是为序。

赐进士出身、日讲起居注官、翰林院侍读学士、教习庶吉士、稽查左翼觉罗学、实录馆纂修官、加七级，南昌彭邦畴春农氏[⑤]拜撰

时道光三年（1823）岁次癸未孟冬月榖旦

昭武[⑥]集福堂记

昔真君以忠孝净明之学功行圆满，证位九州，都仙全家四十二口拔宅飞升。其御灾捍患神化莫测，丰功伟烈，古迹几遍于江右。顾真君之福我江右者莫大于铁索之维地脉，铁柱之镇妖孽，如禹之驱放而平成。抚[⑦]之幅员与会垣毗，倘非斩馘钩锁，则豫章浮洲蛟螭所穴终必至浲水怀襄，漂为泽国，而民生不免昏垫，即抚亦不获安居。唇齿相属，辅车相依，势固有应尔者。岂尚有今日之牵车服贾，洗腆[⑧]而孝养哉？

澧城东二十里有市曰澹津，懋迁有无、化居者吾乡人居其半，而吾郡为较多。迭次升修万寿宫，乞真君之灵，徼真君之福，亦借

---

①出自《尚书·酒诰》。原文为：“聪听祖考之彝训，越小大德，小子惟一。”越：发扬。惟一：同样。

②极：中正，准绳。

③匪彝：违背常规的行为。慆（tāo）淫：意为享乐过度，怠慢放纵。

④皇华：奉命出使或出使者。星轺（yáo）：使者所乘的车。

⑤同治《南昌县志》：彭邦畴，号春农，嘉庆十年（1805）乙丑彭浚榜进士，如庶常，转编修，升侍读学士，国子监祭酒，任顺天府学政。因病，年五十致仕。能文，擅诗赋。年六十四卒。

⑥昭武：江西抚州，南唐保大三年（945）曾于抚州设昭武军。

⑦抚：抚州。

⑧洗腆：谓置办洁净丰盛的酒食。多指用来孝敬父母或款待客人。

以崇德报功于万一。第宫为通省所鼎建，骏奔在庙，序事序爵，人匪一郡，郡不数人，吾郡人窃惄[①]焉不安。谓吾乡邀真君帡幪若慈父母之庇婴儿，必各尽乎子若孙之孝，始可不悖于净明之训，而希景福之介，百禄遒而百禄总[②]。盖真君赫声濯灵如日月经天，无幽不烛；如江河行地，无微不泽。固不得泥于仙迹之杳，遂自隳其诚敬，外于生成覆载[③]也。是用约集郡邑醵金公存，征收什一之利，于真君诞节致祭。肃人间之冠佩，咏天上之霓裳，牲牷肥腯，粢醴香洁，罔或陨越于下，以干戾而招尤[④]。晚则柬请他郡诸乡友彩觞饮福，合欢结好，求隐合于扶持友助之义。继自今神听和平，人意浃洽，吾抚郡其积之愈厚，流之愈远乎！

虽然，事莫难于虑始，事尤不易于图终。创一议，建一谋，往往百年成之不足，一旦坏之有余。惟冀后有作者[⑤]谨守成宪，不愆不忘，则不独祝釐之举历久不渝，而推此意以保泰持盈。不自恃为福地仁里，兢兢业业，罔敢失坠，令绪丕张，当有未可限量者。远方逖听，欣羡靡已。顷荷简命巡抚广西道，出洞庭，距津市甫一二百里。畏此简书，愧不获诣宫晋谒，采澧兰沅芷，一敦桑梓谊。因徇厥请，书此邮寄之。想吾郡二三老成亦不河汉[⑥]予言也。

是为记。

赐进士出身、前翰林院编修、兵部侍郎、广西巡抚部院兼都察

---

① 惄（nì）：忧思，伤痛。

② 百禄遒而百禄总：谓汇聚所有的福禄。出自《诗经·长发》："敷政优优，百禄是遒"，"不戁不竦，百禄是总"。

③ 覆载：覆育，承载与包容。

④ 干戾：触犯法令而获罪。招尤：招致他人的怪罪或怨恨。

⑤ 作者：修建、维修的人。非今天从事文学或文艺创作的人。

⑥ 河汉：比喻不着边际、不可凭信的空话，转指不相信或忽视（某人的话）。

院右副都御史、加十级、临川李绂穆堂氏①拜撰

雍正二年（1724）仲秋月穀旦

吉郡庆福堂记

皇上御极之十一年（道光十一年，1831），赠芳钦承简命视学湖北。明年春，彭甥绕垣来署相省视，越五月辞归澹津。彭甥向以化居在津多历年所。时方家门鼎盛，其堂叔钦白等皆遗资累巨万。甥实以一人经纪之故不获久聚首。濒行，甥以吾郡人游津者崇奉真君，虔供秋祭，恐历久或渝其初，嘱一言记其事。余固手爪钝不可使，然窃喜崇德报功吾郡人不忘厥本，吾吉俗且益归于厚谊，不得以不文辞也。吾郡城北所枕山曰“真君”，自瑞华山发源，绵亘十余里，嵯峨巀嶭②，郁为此山，高反倍于瑞华。相传宋时有蛟为患，因祀旌阳公得免，故遂以“真君”名山。山顶有真君殿，每岁仲秋期后，远近皆扶老携幼，士女络绎于道，车马喧阗，管弦笙歌，旌旗幡盖诣山赛谒，九月终乃止。余曩日赴郡、邑试，亦尝随众拜祷殿墀，叩问功名科分，签筶良验。庙左侧有碑翼然，具载兹山所以崇祀之由，而并无片言只字涉于神仙怪奇。然则真君之御灾捍患，神化不测，诚有入人之深，感人之久且远者。虽《志》称拔宅飞升，位证紫府，而吾郡固祀功祀德，而非祀仙也。

今吾郡人授一廛于津，离乡且千里而遥矣。而际此良辰，不泄③迩者，更不忘远，仍相与骏奔走在庙，对越在天④。瞿瞿然历阶

---

① 李绂（fú）（1673—1750）：字巨来，号穆堂。江西临川人。清代著名政治家、理学家、诗文家。康熙四十八年（1709）进士及第，雍正时历任吏、兵二部侍郎、广西巡抚、直隶总督，受到弹劾，下狱免官。乾隆朝授户部侍郎，历任光禄卿、内阁学士兼礼部侍郎。乾隆十五年（1750）卒，年七十五岁。被梁启超誉为“陆王（陆九渊、王守仁）派之最后一人”。著有《穆堂类稿》《陆子学谱》《朱子晚年全论》《阳明学录》《八旗志书》等。《清史稿》有传。

② 嵯峨巀嶭（jié niè）：山势高峻，崎岖坎坷。

③ 泄：狎侮，轻慢。《孟子·离娄下》：“武王不泄迩，不忘远。”

④《诗经·周颂·清庙》：“对越在天，骏奔走在庙。”指报答颂扬周文王（这里指许真君）的在天之灵，在庙堂之间奔走祭奠。

而升，肃肃然执事有恪。旅陈仪品，洁献牲牢，此非本立道生而能有是哉？于真君忠孝之训，盖诚能父诫其子，兄勉其弟，争自拔濯，以底于有成矣。《诗》曰："神之听之，终和且平。"又曰："以妥以侑，以介景福。"度真君必有鉴格而佑启者，俾尔炽而昌，俾尔寿而臧，固可为吾郡人咏，而预卜其方兴未艾也。又何况簠簋豆笾颁受膰脤[①]，柬集他郡士友音樽欢洽，为足征桑梓敬恭，有合于亲睦之遗意耶。

甥行矣。为我语二三老成，本治则末自不乱，其益专乃心，萃乃诚，享祀不忒，春秋匪懈。毋或隳大典以自干戾，至于输助之单，生息之簿，出纳有司，必信必慎。皆阛阓中所优为，予故不具赘。

赐进士出身、翰林院编修、提督湖北全省学政、庐陵王赠芳霞九甫[②]拜撰

道光十二年（1832）岁次壬辰孟秋月穀旦

南昌南邑永定堂序

昔真君弃官东归，郭景纯为之择地，卜定逍遥山，即道家所称二十洞天、四十福地者也。史载：真君隐西山，百里内盗贼不入，闾里晏安，年谷屡登，人无灾害。吾邑人皆环山而居，所以承福庇者较之他郡邑诚厚。不独牙城南井铸铁为柱，下施八索钩锁地脉为足征。法施于民则祀，能御大灾、捍大患则祀也。

澧城之东有市曰澹津，吾邑人牵车服贾、奔走偕来者趾错而肩摩。幸生真君后，得免昏垫涂炭，室家和平，出营什一之利，仰以

① 膰脤（fán shèn）：古代祭社稷和宗庙用的肉。

② 光绪《吉安府志·人物志》：王赠芳，字霞九，庐陵县（今吉安县）人。登嘉庆十六年（1811）进士，散馆授编修。道光五年（1825）充湖北乡试副考官，旋任湖北学政。升户科给事中，转兵科给事中。后出知山东曹州府知府，调济南府知府。又升云南盐法道，因疾辞职归乡，道光二十九年（1849）卒。

事父母，俯以畜妻子[①]。既偕吉、抚、临、建[②]各郡懋迁于津者鼎建万寿宫，庄严宝相，衍无彊〔疆〕之庥，以彰无彊〔疆〕之闻。顾尤念吾邑本真君故里，雨露恩偏，日月照近。虽东晋迄今一千五百余年，而故家遗俗犹有一二存焉者。世荷帡幪，戴天之高而不能言其高，履地之厚而不能言其厚。倘非佳时令节享祀不忒，拜跪祝釐稍申酬赛，则虽黝垩丹[③]漆，金碧辉煌，瓶几贲镛[④]，陈设华艳，亦将如琳宫梵宇，寂寞深山，苔藓缘阶，荆棘满院，岂所谓崇德报功于万一，而乞灵徼福于靡涯哉？爰集同业冠弁诸同人解囊乐助，醵金生息，而标其名曰“永定”。届孟春诞辰及仲秋冲举之吉，相率整肃冠裳，焚香瘗帛，洁供牲牢，鼓吹歌舞。晚则柬请他郡诸绅首彩觞宴集，同饮福酒。上以永真君之戴慕，下以永吾辈之生涯。其公项积有赢余，则留为清明上冢、中元醮赈之用。悯异乡之旅殡，急同邑之奠侑，无令忧若敖之馁[⑤]，似亦不忍之一端，微有合于真君之仁慈煦育。然究之东郭祭墦[⑥]，盂兰设供，资费所出，皆馂真君大祀之余，即皆沐真君冥漠之佑。闿泽覃敷，沦浃鬼幽，声灵赫濯，倍生诚敬。后之人宜如何观感，而视公如私，竭力维持，俾绵绵延延永世罔替耶。

是为序。

---

①畜：养育，抚养。妻子：妻室儿女。《孟子·梁惠王上》：“是故明君制民之产，必使仰足以事父母，俯足以畜妻子。”

②吉、抚、临、建：吉安府、抚州府、临江府、建昌府。

③黝垩（yǒu è）丹：黑彩、白彩和红彩。

④贲镛（fén yōng）：大钟。

⑤若敖：春秋时楚国的若敖氏，因灭宗而无人祭祀。比喻没有后代，无人祭祀的鬼魂。馁（něi）：饥饿。《左传·宣公四年》：“鬼犹求食，若敖氏之鬼，不其馁而？”

⑥东郭祭墦：典出《孟子·齐人有一妻一妾》：“卒之东郭墦间，之祭者乞其余。”墦：坟墓。谓向祭坟之人乞食。然而“东郭祭墦”则指到先人墓前祭祀。

赐进士出身、钦点翰林院庶吉士、加一级、芸楣彭元瑞[①]谨撰
乾隆二十二年（1757）季冬月穀旦

南郡轩辕堂序

昔者有熊氏[②]之御天下也，生而神灵，弱而能言，幼而徇齐[③]，长而敦敏。作冕旒充纩为玄衣黄裳，以象天地之正色，旁观翚翟[④]草木之华，染五采为文章，以表贵贱，实先尧与舜垂衣裳而天下治。虽《尚书》独载尧以来，而百家皆称黄帝，其轶第时时见于他说。然文德诞敷通其变，使民不倦，神而化之，使民宜之。彼绹鬓闟首、搴木茹皮之俗变而为衮冕衣裳之制。《礼》曰：法施于民则祀。此津市万寿宫后吾乡人所为崇建轩辕殿也。

津为楚南一市镇，估衣一业几为吾郡人所独。幸荷帝德广运，以所有易所无，夏则运絺，冬则运裘[⑤]，为子孙计久长。世守其业而不迁，是帝泽之覃及万方、被诸万世者。吾郡人更获乐其乐而利其利。区区春秋享祀岂足崇报于万一哉？即吾侪小人亦岂不知殿陛尊严，奉粢告虔，酌醴告登，皆非分所应尔哉？无如报本反始，寸心切挚，怦怦然而不能已也。用是不揣僭越，仿道陌上私祭武侯故事，倡率同人醵金生息。岁于帝诞日祝釐，冠裳济楚，钟鼓和鸣，蹈德咏仁，式歌且舞。晚则柬集他郡诸乡友，以彩觞同颁福胙，下馂上

---

① 彭元瑞（1731—1803）：字掌仍，一字辑五，号芸楣，江西南昌人，清代大臣、学者，楹联名家。乾隆二十二年（1757）进士，改庶吉士，授编修，官至工部尚书、协办大学士。彭元瑞是《四库全书》十个副总裁之一。与蒋士铨合称“江右两名士”。作此《序》时彭元瑞刚中进士。前《洪都景福堂序》作者彭邦畴以及道光二年（1822）澧州判官彭邦畤为彭元瑞之孙。《清史稿》有传。

② 有熊氏：是传说中上古华夏部落中的一个氏族，居住在有熊，建立有熊国，故后世以有熊氏相称。

③ 徇（xùn）齐：聪明。

④ 翚翟（huī dí）：泛指雉科鸟类。《后汉书·舆服志下》：“观翚翟之文，荣华之色，乃染帛以效之，始作五采，成以为服。”

⑤ 絺（chī）：细葛布做的衣服，犹单衣。裘：毛皮衣服。

之余，贱馂贵之余。帝在天式凭，倘亦或悯其专愚[①]，鉴其诚敬，诸君勉乎哉！无彊〔疆〕惟休，佑启我后，在此行也。如谓帝因鼎成骑龙上升，为万仙鼻祖，将以崇饰宫廷、庄严法驾者，效小臣攀髯之号[②]，则非鄙人所敢知也。是为序。

赐进士出身、知直隶澧州安乡县事、加十级、纪录十二次、洪都刘起厚[③]拜撰

乾隆五十一年（1786）岁次丙午孟冬月穀旦

临郡药王堂记

樟树镇离吾郡城三十里，为东南药材辐辏之市，故吾郡人每以药材世其业。行商坐贾舛错于寰海，而楚南为尤盛，津市其一地也。津市五省杂处，吾江右之戾止者毂击肩摩，较多于苏、皖、闽、晋诸省。佥议修建万寿宫，崇祀福主真君，而祔祀吾郡萧公、晏公于东西配殿。吁乞帡幪羁旅而崇德报功于万一。吾郡人窃更谋所以联合一郡者，因念世业不迁，吾郡人实能惟疾之忧得医之意，用筹公费，特为药王祝釐。王姓孙，讳思邈，唐封真人，有《千金方》遗世。考《会典》载，先医庙每岁春二月冬十一月上甲日致祭，正列三皇、伏羲、神农、轩辕，左右四配，东西庑从祀各十四人，王位列西庑，在启元〔玄〕子[④]上。

我国家典秩明禋，报本反始，尚于王备致隆礼。吾侪小人食旧德，畏神服教，其敢不朝夕恪共，香花供养，借以尊朝命而昭令德哉？目论之士胶泥[⑤]鲜通，或谬谓神农尝百草，作方书，民无夭札。

---

① 专愚：用心专一而至不通情事。

② 攀髯之号：相传黄帝铸鼎于荆山下，鼎成，有龙下迎，帝乘之升天，从上者七十余人。余人不得上，乃攀龙髯，而龙髯拔落，并坠帝之弓，乃抱髯及弓号哭。后以为追随皇帝或哀悼皇帝去世。

③ 据同治《南昌县志·人物志》：刘起厚，字效坤，号质田。乾隆四十年（1775）乙未吴锡龄榜进士。授安乡（误作“安福”）知县，调城步县，署靖州知州，嘉庆六年（1801）代理耒阳知县，卒于官。

④ 启玄子：唐代道医王冰的道号。

⑤ 胶泥：含有水分的黏土，黏性非常大，用于塑像。

轩辕氏继兴，实与岐伯、鬼俞蓲[①]等著《灵枢》、《素问》诸经。彼寒温平热之四等，君臣佐使之二区，王亦惟是祖述宪章，神而明之，登峰而造极。遂疑药石管领，王号过于尊崇。不知茶非造自陆羽而有茶神之称，经非著自康成而有经神之祀，诗非始于杜甫而有诗王之号。以王之肱经三折，水饮上池，通阴阳之大道，传龙宫之禁方，泽被生民，恩覃后祀。诚有能驱使草木，寅申七反，广登寿寓者。刀圭咬咀，奉为主宰，以乞灵而徼福，王固将在天式凭也。

四月二十八日，相传为王诞吉辰，谨集同人，聊申祭赛。衣冠济楚，笾豆净嘉，钟鼓备奏，管弦交作。午后更请他郡乡友，或设之筵，或授之几，酾酒言欢，梨园一部，鼓吹休明，同饮福胙。余因有遗产在津，津居多历年所，遭际盛举廿余次。偕吾郡人鞠跽阶前，罔敢弗寅念于祀。盖余家托王荫庇最大且久，自高曾[②]以来，丁添庚续，得以饮之、食之、教之、诲之。肯构肯堂[③]，延光炳庆者，皆赖津隆盛一号之力，迄今二百余稔[④]矣。覆载生成，王之德固侔于两大[⑤]也，家尸户祝，岂典祀或丰于昵哉？惟冀吾郡人思难图易，慎终如始，护持祭产，无任剥蚀。岁岁式礼莫愆，将工祝致告降福。孔皆吾郡人皆可希宋清[⑥]之富，券积如山，而不徒以市价不二，博康伯[⑦]之妇孺知名也。是为记。

---

①岐伯：中国上古时期最有声望的医学家、道家，精于医术脉理，后世尊为“华夏中医始祖”“医圣”。鬼俞蓲（xū）：又作鬼臾区、鬼容区，号大鸿。传说上古医家，黄帝臣，曾佐黄帝发明五行，详论脉经，于难经究尽其义理，以为经论。

②高曾：高祖、曾祖。

③肯构肯堂：《尚书・大诰》孔传：“以作室喻治政也。父已致法，子乃不肯为堂基，况肯构立屋乎？”原意是儿子连房屋的地基都不肯做，哪里还谈得上肯盖房子。后反其意而用之，指修缮房屋，用来比喻子承父业。

④稔（rěn）：年。

⑤侔（móu）：等，齐。两大：谓天和地。

⑥宋清：唐长安卖药人，轻财好义，为时人所称许。

⑦康伯：指后汉隐士韩康。康字伯休，常采药名山，卖于长安市，口不二价者三十余年。长安市妇孺皆知。

明经进士、候选训导、清江聂大经纯庵氏[1]拜撰

道光二十八年（1848）岁次戊申仲夏月穀旦

如意堂记

财神赵天君祀典书缺有间，不知其缘起。自京师有正乙祠，各直省因之。无论通都大邑，穷陬僻壤，列肆者莫不崇饰龛座，朝夕恪奉久矣。家尸户祝，洋洋乎如在其上，如在左右矣。

津市万寿宫前殿春秋楼西，特隆厥祀，亦从宜从俗之遗也。余顷以赴选入都，道经澹津，荷吾乡诸君子雅意，赋缁衣[2]，咏白驹[3]，关垂周挚[4]，勾留宫中者浃旬。时值暮春，为神诞吉期，吾乡人奔走恐后。“笾豆有楚，殽核维旅。”[5]“鼓瑟鼓琴，笙磬同音，以雅以南。”[6]工祝致告，晚则就西厅馂神之余。乐具入奏，肆筵设席，礼仪卒度，笑语卒获，异乡同堂，一敦敬恭桑梓之谊。盖郡邑各辑有祝釐公费，岁以为常，排日分值。十三日南郡，十四日钱行，十五、十六日则抚郡及吾吉郡。余获遭际盛举，洗爵奠斝[7]，献酬交错，选胜征歌，饱德醉酒。深嘉吾乡人之对扬神休，卜尔百福，有壬有林[8]也。祀事告成，式礼莫愆，争嘱余一言志其盛。

余维法相庄严，威武刚猛，凛然有不可犯之色。尝随众登楼瞻仰，五内肃慑者久之。意吾辈授廛远方，逐什一懋迁有无，惟多财

---

① 同治《清江县志·贡生》：“聂大经，道光八年（1828）戊子贡。”所谓“明经进士”就是贡生。

② 赋缁衣：《诗经·郑风·缁衣序》：“《缁衣》，美武公也。父子并为周司徒，善于其职，国人宜之，故美其德。”后因用“赋缁衣”作为称颂贤良宰辅的典故。

③ 咏白驹：用作赠别贤士之辞。

④ 周挚：至为真诚，笃厚。

⑤ 殽（yáo）核：通称谷类以外的食品，如肉类蔬果等。《诗经·小雅·宾之初筵》：“宾之初筵，左右秩秩。笾豆有楚，殽核维旅。”

⑥《诗经·小雅·鼓钟》：“鼓钟钦钦，鼓瑟鼓琴，笙磬同音。以雅以南，以籥不僭。”

⑦ 爵、斝（jiǎ）：均为古代酒器。

⑧ 有壬有林：有通又。壬：大。林：众多。形容场面盛大隆重。

之足贵。而西方于五行为金，神之冠金冠，被金甲，握金鞭，皆有金之象。其乘骑为虎，虎为西方七宿之所丽，虽虎色纯黑，似疑于变西之白。究之庚辛壬癸，正相生而非相克。将古圣人神道设教，或特设一金穴主宰，以为千树逞能之利市，百符布令之吉兆乎？然神之格思能使薄海内外济济跄跄，苾苾芬芬，以享以祀，以妥以侑。度神保是飨，神保是格，必有“永锡尔极，时万时亿”[①]者。宝诰赞扬，元坛如意，神之为德盛矣哉！固不得泥于非类弗歆，非族弗祀，用是为吾乡人诟病也。余故表而出之，并以告天下后世之祀财神者。

赐进士出身、截取知县、吉水罗超曾芬余氏[②]拜撰

道光十五年（1835）孟夏月穀旦

南郡如意堂记

自圣王神道设教于是，天之所生，地之所产，人之所业，莫不奉一神为依归，祸福攸司，鉴观有赫。正乙祠之祀则斯世斯人、家尸户祝之财神也。夫民生元气，其否泰剥复恒视乎财之丰歉，有财此有用，为饮食、日用所从出。吾辈跋履山川，逾越险阻，亲涉波涛，别父母妻子远作廌公，列肆居奇，亦冀以财发身耳。斤斤焉求其得，而不能必财之果得；凛凛焉患其失，而不敢保其物之不失。其乞神之灵，徼神之福，相率而祀财神也固宜。万寿宫前殿、春秋楼西龛特崇厥祀。吾郡人岁以三月十三致祭，盖相传神以三月望降生也。

咸丰十一年（1861），余分巡岳、常、澧诸郡，明年，因公信宿澹津，遭际诞辰，与执燔焉。礼节乐和，令人益深桑梓敬恭。念吾郡人恐其久而荡析也，公款存遗，出纳维谨，并索予文以记之。

余惟夫子之言曰：“视之而不见，听之而不闻，体物而不可遗。”

---

①《诗经·小雅·楚茨》：“永锡尔极，时万时亿。”谓所赐福祉蔓延无穷。

②光绪《吉水县志·宦业》：罗超曾，字芬余，道光元年（1821）辛巳乡举，六年（1826）丙戌科朱昌颐榜进士。选浙江永康县知县，调知余姚县，署仁和县，卒于官，年六十二。

明言无形无声，神之为德独盛。自有物物而不物于物[①]者，自有因物付物而不觉其为物物者。财亦天地间物耳，夫何疑于冥漠之主宰哉？顾吾考载籍所志，如赤帻[②]高冠隐于屋壁，黄衣担笼[③]入于石穴，以及陈尚书之道士，章一家之美人，类皆金银变化，诡环不稽。即金神谓之清明，备载于《广雅》中。亦未闻香火祈恩，比于流星曳影。王氏张裙[④]之祀，惟蒋芾[⑤]《逸史》具详。随〔隋〕末有书生居抵官库，穴而入，意拟携挈钱贯，忽有荷戈金甲神，谕以索尉迟公帖子，似足为财神明证[⑥]。且元坛如意尊其称曰元帅，名其府曰都督，而庄严法相，介胄兜鍪，义更与金甲荷戈相近意者。因敬德后受库赏，库少钱五百贯，梁上悬有帖子，实铁冶时所书，好事者因创为财神之祀。以明富贵在天，得之不得有命乎？抑或以财本世人所争趋，必真有威猛果毅如赵天君之主镇，乃不至弱肉强食，以免于不夺不餍乎？然即其临上质旁，利市三倍，丰亨豫大，要与殷〔阴〕子

---

① 物物而不物于物：出自《庄子·外篇·山木第二十》，谓驾驭外物（物欲），而不为其所驱使。

② 赤帻（zé）：赤色头巾，古代武士所服。

③ 黄衣担笼：《述异记》，有一人通身黄衣，担两笼黄瓜，黄衣人乞食，船主与之，船至岸下，乃唾盘上，船主视之，见盘上唾悉是黄金。

④ 王氏张裙：《广古今五行记》志怪故事，为王氏张开裙子而收获金子。

⑤ 蒋芾（1117—1188），字子礼，观文殿学士蒋之奇曾孙，今宜兴杨巷镇人。绍兴二十一年（1151）中一甲进士第二名（榜眼），初除建康府推官，后授起居郎兼直学士院、中书舍人。乾道二年（1166）授端明殿学士、签书枢密院事兼代参知政事（副宰相）。不久迁左中大夫、拜参知政事。乾道四年（1168）二月，升为左正议大夫、右仆射、同中书门下平章事兼枢密使（宰相）。为母奔丧期间，孝宗欲大举攻金恢复国土，蒋芾上奏道："天时人事未至。"结果违背上意。服丧期满后仅授予观文殿大学士、知绍兴府、提举洞霄宫，淳熙十五年（1188）卒。《宋史》有传。

⑥ 典出南宋乾道年间志怪小说《分门古今类事》卷四《异兆门中·尉迟赐贴》，辑自《逸史》。

方黄羊祀灶[①]名异而实同。彼薄海内外恪其将事，既齐既稷，既匡既敕，固非尽方士荒唐，灵坛徜恍[②]，楚人鬼面越人禨也。吾郡人辑存祭产，礼成祝釐，肆筵设席，约集乡彦音樽饮福。夫岂不知为之疾而用之舒，则财可以恒足哉？“民和而神降之福”，随季梁[③]所言，实隐扼乎理财之要。窃愿吾郡人罔坠厥祀，对扬神庥，庶获富埒陶白而资巨程罗[④]也。是为记。

诰授中宪大夫、钦命分巡岳常澧水利道、加十级、纪录十二次万启台[⑤]谨撰

时同治元年（1862）岁次壬戌仲秋月榖旦

吉郡如意堂叙

夫子开丑辟，生寅受两大之中；庚续丁添，修己立三才[⑥]之极。既絙泥[⑦]其坠落，同逐风尘；纵茵溷[⑧]之纷歧，莫外天壤。况泷冈[⑨]

---

① 阴子方：据《后汉书 · 阴识传》记，西汉宣帝时，阴子方事亲至孝，积善有德。某年腊日早晨，他正在灶台旁升火举炊，灶神露相了，于是忙下跪感恩，并将一只家养的黄羊宰杀供奉。这以后，阴子方接连发财，成了远近闻名的富户。受到这个“黄羊祭灶”传闻的启发，很多人亦都在腊日宰牲祭灶。

② 徜恍（cháng huǎng）：不真切，难以捉摸、辨认。

③ 季梁：又称季氏梁、季仕梁，政治家、军事家、思想家。春秋初期随国大夫，我国南方第一位文化名人，开儒家学说先河的重要学者。李白誉其为“神农之后，随之大贤”。《左传 · 季梁谏追楚师》曰：“于是乎民和而神降之福，故动则有成。”

④ 刘峻《广绝交论》：“富埒陶白，资巨程罗。山擅铜陵，家藏金穴。”埒（liè）：相等。陶：陶朱公，即范蠡，春秋时越国大夫，后来退隐经商，十九年间三致千金。白：白圭，周代人，亦以经商致富闻名。程：程郑，汉初大工商业主，以铸售铁器致富。罗：罗褒，西汉大商人，资财曾积至千万以上。

⑤ 同治《直隶澧州志》卷九：“万启台，江西南丰附贡。咸丰十一年（1861）署任（分守岳常澧道）。”

⑥ 三才：天、地、人。

⑦ 絙（gēng）泥：应劭《风俗通》：“俗说天地开辟，未有人民，女娲抟黄土作人，剧务，力不暇供，乃引绳絙泥中，举以为人。”

⑧ 茵溷（yīn hùn）：指每个人的人生遭际不同。

⑨ 泷（shuāng）冈：江西省永丰县南凤凰山，宋欧阳修葬其父母于此，并为《泷冈阡表》。

教孝，燕市[1]励忠，杨胡本乔木世家，邹罗皆传薪理学。灵芝瑞木，俗未变其遗风；乔岳泰山，化几等于时雨。末绪承后进，辛苦濯磨；本原凛先型，寅恭严畏。

如吾吉安郡者，夫岂因屠羊列肆，窥鲂横流，出处云分，经营日用。遂忘井里扶持之谊，而乏旅途姻睦之情哉？此嘉庆初年，吾郡人在津市所为举如意堂之祀也。且夫陈揆五行，炊累万物。礼严报本，亦从俗而从宜；祀肃酬功，斯以妥而以侑。惟神声灵赫濯，司九府之流通；享祀苾芬，合八方而禜祷。道书叠晋夫徽号，雷部秉权；估客都隆具赛仪，天官赐福。宝鞭闪烁，慑伏虚耗，介胄威严，察巡阛阓。取凭帖系，库疑守夫尉迟；引异裙张，货毕集于王氏。识惭测蠡，居游虽昧于下方；诚倾肸蠁，官府实称于上界。吾吉螺冈毓俊，鹭渚腾精。山孕秀于武功，水标奇于吉字。亭赏秋月，落落江寒；楼拱春曦，巍巍山晓。别日峰月岭而北，行李一肩；居云白霞紫之东，飘蓬两鬓。安土敦安宅，辟泊鹢首于兰江[2]；吉士蔼吉人，多觅蝇头于槐市[3]。久蒙樾荫，得遂稻谋，负百得千，奇三耦六。虽金船取去，未能梓里鸿延；而银币广增，要获蒲胥鸠集。拓

① 燕市：《史记·刺客列传》："荆轲嗜酒，日与狗屠及高渐离饮于燕市。"

② 兰江：澧水雅称。取自屈原《湘夫人》："沅有芷兮澧有兰。"

③ 槐市：汉代长安读书人聚会、贸易之市。因其地多槐而得名。《三辅黄图》："仓之北，为槐市，列槐树数百行为队，无墙屋，诸生朔望会此市，各持其郡所出货物及经传书记、笙磬乐器相与买卖。"后借指学宫、学舍，又泛指贸易集市。

高曾之矩矱[①]，君公侩牛[②]；开孙子[③]之谋诒，吴汉鬻马[④]。妙计然[⑤]之算，利必析以秋毫；依宋玉[⑥]之居，市且连其夏屋。洵可谓遈能千树，布令百符，鸷鸟趋时，犀犬表瑞。然而鱼多如鲫，则载沉载浮之难齐；马非尽龙，则为瘠为肥之不免。或泥迷爪印，言茧茧而书空；或带脱腰舟，视鳏鳏而审慎。或冯讙之市义[⑦]，或猗顿[⑧]之居奇。或白庇人而裘长，覆宽十丈；或朱为我而垄断，拔吝一毛。非有以比其睽，苔岑结契；非有以萃其涣，枌社言欢。将末由前挽后推，附尾而驰千里；亦莫必左提右挈，比翼而振九霄。计惟仰托神庥，借获俯联友谊。祠开正乙，主兴生举息之盟；诞贺长庚，偕杂苦鬻良之侣。舞蹈之际，各矢其丹忱；气类之孚，取适于素抱。通微合漠，树善测交，今雨依依，古风矫矫。何况俗殊媚奥，事异降莘。绛节建而葳蕤[⑨]，黑面森而刚猛。日溯庚寅之降，丙见一星；天

---

① 矩矱（jǔ huò）：规矩，法度。宋文天祥《题中书直院刘左史震孙云萍录》："忠肃公，朔人，以直节名一代，今中书左史负沉厚刚峭之气，以'朔'名斋，盖于高曾规矩焉。"

② 君公侩牛：典出《后汉书·逸民传》，东汉王君公遭乱独不去，侩牛自隐，后泛指隐居生活。

③ 孙子：孙武，字长卿，春秋末期齐国乐安（今山东省北部）人。中国春秋时期著名军事家、政治家，尊为"兵圣"。

④ 吴汉鬻（yù）马：吴汉，字子颜，南阳宛县人，东汉开国名将、军事家，后在渔阳郡贩马为业。

⑤ 计然：姓辛氏，又作计倪、计研、计砚，字文子，号称渔父。春秋时期著名谋士、经济学家。博学无所不通，尤善计算，著有《文子》《通玄真经》。常游于海泽，越大夫范蠡尊之为师，授范蠡七计。范佐越王勾践，用其五而灭吴。

⑥ 宋玉：战国鄢（今湖北宜城市）人，楚国辞赋家，为屈原之后最杰出的楚辞作家，后世常将两人合称为"屈宋"。坊间传言宋玉曾在临近津市的临澧县筑城为居，即"宋玉城"，城址确属楚汉时期古城。附近又有所谓"宋玉墓"。所以说"依宋玉之居"。然而不过是传说而已，不可据信。

⑦ 冯讙（huān）：冯谖。冯谖市义：典出《战国策·齐策·冯谖客孟尝君》，记叙了冯谖为巩固孟尝君的政治地位而进行的种种政治外交活动，其中最突出的就是焚券市义。

⑧ 猗（yī）顿：春秋时鲁国人，他向陶朱公学致富之术，积累了很多财物。

⑨ 葳蕤（wēi ruí）：形容枝叶繁密，草木茂盛的样子。

值甲乙之干，辰逢三月。岁欣游戏，昴自谪沧，既揽揆之分明，敢祝鳌之懈靳。是用一廛侨寄，十邑招邀。答幂帱[①]于鸿慈，报涓埃于燕喜。虎黑肃御风之驾，牺象浣陈；羊黄仿除日之祈，牲牷洁荐。拜雁行之环珮，服届春成；考夔击之钟镛，音宣夏奏。至于祭终颁胙，社重受膰，仙人骑鹤之游，元宝视龙之格。轮舆似水，冠盖如云，华烛夕张，名炉昼爇。金樽湛[②]其稻醴，雕俎媵[③]乎兰羞。凫鹥之饮宴清馨，相约莺迁之伴；鸾凤之和鸣嘹亮，且观鱼里之优。饮一经程，餐十七物。时而鲁鼓薛鼓，赌赛壶投；时而唐弓楚弓，精奇斗射。发黄须白，亲敦槃牛耳之操；拖紫纡青，斗玉柱虎膺之令。虹竿雉拂，兔月羊灯。几忘东方之渐高，欲傲北海之常满。夫岂工争画卵，富骋沃饧，锦绣遮天，珍珠扫地。不顾繁华流荡，为君子之所讥；但将声气应求，予征人以可乐哉！毋亦惟春阳孔艳，秋驾偕工，乞神之灵，如天之福。得以倚裳连襼[④]，送抱推襟，斋罢八关，宴开三昧，篇名藁饫，妙选排当。酒味称龙，盐形似虎，骄花宠柳，刈楚错薪。有杂伎以韵其遨头，则未醉既醉都解羁旅之愁；有清弦以谐其柔嗓，则迎神送神益叶宫商之奏。固知广桑山上，仲由[⑤]证因于文书；梵荚殿前，法和结缘于香火。共撷芷兰之芬郁，自泯草木之差池。但教尸祝不祧，罔怨罔恫；定许工歌来格，既稷既齐。所愿公绰[⑥]聪强，韩婴[⑦]精悍，白圭[⑧]延揽，鸟倮率从。回首章贡双流，宗盟属籍；置身云梦七泽，贾贸连镳。徽荫庇于元〔玄〕坛，广蓄

---

①幂帱（mì dào）：覆盖，喻被恩宠。

②湛：饱满，充盈。

③媵（yìng）：相匹配。

④襼（yì）：衣袖。

⑤广桑山、仲由：典出《太平广记·神仙十九·韩滉》："此东海广桑山也，是鲁国宣父仲尼，得道为真官，理于此山。韩公即仲由也，性强自恃。夫子恐其掇刑网，致书以谕之。"

⑥公绰：孟公绰，鲁国大夫，《史记》说他是孔子所尊敬的人。

⑦韩婴：西汉"韩诗学"的创始人，其诗语与齐、鲁大不相同。

⑧白圭：战国时期洛阳人，有"商祖"之誉，在魏惠王属下为大臣，善于修筑堤坝，兴修水利。

储于白撰。以人意相存偶，使物情无瑕疵。星聚年年，夸汤官之五熟；日新簇簇，开泉府之百源。聿蜚澹澧之英，不愧泸潇之彦。数二十四番之讯，美膳雨护世城中；竭七十二钻之占，宝贿积长生库里。此日会联范蠡，窃效序作兰亭；他年策建宏羊[①]，待看班趋松栋[②]。

是为序。

赐进士出身、翰林院编修、加五级、纪录十次、安福阮灿辉申甫[③]甫拜撰

道光二年（1822）岁次壬午孟秋月穀旦

功德林如意堂序

我昭武之客澹津者乡先诸君子，于河之对岸制地购堂建功德林一所，座供慈航以为之主。然我辈经纪中人权衡经纪者财神为主，倘不设龛[④]以崇奉，似乎舍己田而芸人之田。有客起而言曰：功名富贵在人不在神，布币金刀，或盈或歉，苍帝于斯偿惰勤，非有所靳予于其际也。故千古有不忧贫之君子，必无不好善之富人。嘉乐

---

① 宏羊：桑弘羊（前152—前80），清代避乾隆皇帝名讳，改弘为宏。桑弘羊，河南洛阳人，西汉时期政治家、理财专家、汉武帝的顾命大臣之一，官至御史大夫。桑弘羊出身于商人家庭，十三岁时以精于心算入侍宫中。自元狩三年（前120）起，在汉武帝大力支持下，先后推行算缗、告缗、盐铁官营、均输、平准、币制改革、酒榷等经济政策，同时组织六十万人屯田戍边、防御匈奴。这些措施都在不同程度上取得了成功，增加了政府的财政收入，为武帝继续推行文治武功事业奠定了物质基础，但也带来一定的负面影响并引发批评。元凤元年（前80）九月，桑弘羊因与霍光政见发生分歧，被卷入燕王刘旦和上官桀父子的谋反事件，牵连被杀。历史上对桑弘羊的评价有褒有贬。

② 松栋：华丽的居舍。

③ 同治《安福县志·人物·文学》：阮灿辉，字申甫，或作升甫。嘉庆二十四年（1819）进士，授编修。幼颖慧而兼勤奋，博通群书。授徒十年，有疑必析。为文精深显豁，在京诸名公皆奇其才。年未及半百而卒。其门人辑有《匏庵诗钞》《馆课存稿》存世。

④ 龛（ān）：古代一种盛食物的器具。

主人执爵白曰：理固谛也，然亦有不可概论者。镆邪[1]为钝，铅刀为铦[2]，岂铅刀铦于镆邪也？尧舜千钟，孔子百觚[3]，数皆前定。是故得其财则秦皇收天下之金尽入咸阳之铸，失其财则唐帝存库中之钱化作蛱蝶之舞。所以主持于其间，莫之为而为，莫之致而致者，非神力乎哉？我等落拓江湖，蒙神庇护，惟冀以财发身。得其财而不失其财，是用约集同人，筹辑公费，崇饰龛座，庄严宝像。每届季春诞节，香火供养，舞蹈拜跪。倘亦如福田利益说创世尊，桂籍科名权司文昌耶？夫岂媚奥媚灶[4]所得同日而语哉？书此邮寄之，即以弁诸簿首。

赐进士出身、前翰林院庶吉士、诰封奉政大夫、钦点马馆监督、兵部主事、职方司行走、加五级、纪录十次、汝水曾椿寿春甫氏[5]拜撰

咸丰六年（1856）丙辰岁孟夏月榖旦

钱号如意堂跋

语有之：莫为之前，虽美弗彰；莫为之后，虽盛弗传[6]。天下事莫难于图始，莫不易于持终。况钱谷出纳久而不渝哉。津市商居，吾乡人几居其半，而兑换一业独鲜。素倚旌阳为福主，鼎建万寿宫，祀事孔明，以笃祜而延羡。其东西前后各配殿所崇奉列列神祇，则皆本崇德报功之意，伸报本反始之思。礿祠烝尝，自真君瑞诞祝釐外，要惟正乙祠为盛。

吾钱号向于春秋祭赛临期措费，乡先辈愀然不安，思有以惇宗

---

① 镆邪：莫邪剑，中国古代十大名剑之一。

② 铦（xiān）：锋利。

③ 钟、觚（gū）：均为古代酒器，钟比觚大，钟为盛酒器，觚为饮酒器。

④ 媚奥媚灶：也作背奥媚灶，比喻背离国君而阿附权臣。

⑤ 据同治《临川县志》卷三十六上：曾椿寿，字春甫，咸丰三年（1853）癸丑孙如仪榜进士。

⑥ 出自韩愈《与于襄阳书》，原文为："莫为之前，虽美而不彰；莫为之后，虽盛而不传。"

将礼，称秩元祀，咸秩无文，克羞馈祀，自介用逸。因于嘉庆七年（1802）春约集同志辑款，公存分领生息，并定议后有开张门面者一体输助如初礼，而标其名曰“如意堂”。是岂若媚灶媚奥，典祀或丰于昵哉？抑亦念生财有大道，将乞神之灵，徼神之福，广浚财源，式克开于民之丽也。顾其初六号解助不过三十金耳，陆续裒集，子母相权，多历年所，铢积寸累，遂渐绰裕。中间置买店房猝遭燬毁[①]，几一败而不可收拾。多方撙节，设法补苴，救其败而底于成，修复栋宇，善价而沽。至同治初，约得制钱七百串。时家昆甫叔祖[②]接雷东山先生手，前后经管将近三十年矣。盛衰倚伏，剥复循环。同治七年（1868），又值春盛偾事[③]，仅收回实钱一百余串。昆甫叔祖五衷循省内疚，殊深念前人积累之勤，不可因己而隳，且经手责任无可旁贷，而煌煌祀典有其举而不可废也。频年节缩，号中私获垫赔原款，仍以其岁息照旧修明各典礼。自福主及正乙祠，及增福财神，三次酬祭费用约近百串。至于柬请乡彦彩觞饮福，亦第于三月十四举行之。旧规沿袭迄今垂七十年，岂敢变更遗制？曰：昔之人无闻知哉。今昆甫叔祖将以老还山，自以年逾七旬，同时伴侣落落如晨星，凋谢略尽。恐自今以后无由洞悉始末，特命兆鳌倚装书此，附之简末，以告后之君子。窃愿以财发身，盛德大业富有日新，绵绵延延，递推递嬗，世守而靡穷也。

是为跋。

礼部进士、敕授文林郎、候选知县、安福伍兆鳌占〔古〕峰[④]甫谨撰

---

① 燬毁：被大火焚毁。

② 叔祖：叔祖父，即父亲的叔叔。昆甫：应为“叔祖”之字号，后伍锡钊《重修万寿宫志》也有“从兄昆甫”，则伍锡钊也应是伍兆鳌的祖辈。但两文均作于同治年间，因而也应该不是亲祖孙。

③ 偾（fèn）事：把事情搞坏。

④ 伍兆鳌：字纶才，号古峰，江西省吉安府安福县人。光绪六年（1880）进士。九年（1883）五月，改翰林院庶吉士。十二年（1886）四月，散馆，着以知县即用。官至刑部主事。后署“同治十二年”，其时伍兆鳌尚未中进士，所谓“礼部进士”乃为举人。

同治十二年（1873）岁次癸酉孟冬月縠旦

安澜堂序

我江右人士之市于澹津也，由来尚矣。顾四时往来之所，或三湘以内，或七泽以还，其地不一而足，总之不离乎洞庭者近是。夫洞庭一湖乃楚南之巨浸也。“衔远山，吞长江，浩浩荡荡，横无际涯。”时而大虚混涵，碧漾长天之色，时而狂澜奋发，怒撼百里之遥。不赖神庥，曷云能济？

恭惟洞庭王爷握龙宫之重任，冠水府之仙曹，举舟楫往来，靡不翕然[①]归心。知其有功于生灵者大也，吾乡诸公思有以崇祀之。因筹集公费，名曰“安澜”，以为继起者倡。一以昭敬事之诚，一以植安全之福。适余自都回，偶经此济，知巨川之跋涉维艰，而窃喜诸君有镜清砥平之深意也，则安澜之庆视诸此矣。遂欣然为之序云。

礼部进士、敕授文林郎、候选知县、安成斐斋刘曰淇[②]谨撰

时维道光二十五年（1845）岁次乙巳菊月中浣之吉

抚郡安济堂序

吾乡人商居澹津者众，近复筹措公款，特崇洞庭王及杨泗将军之祀，嘱予一言序其事。余深嘉神道设教，吾郡人之通于《易》也。吾辈别井里作壮游，牵车服贾，托足异乡，其象为旅，非有以萃其涣，比其暌[③]，则同人之志意无所丽[④]而相离。况津滨七泽，介澹、澧之交，汊港纷歧，有习坎入于坎窞[⑤]之险。将欲师废著亿中[⑥]之术，

① 翕（xī）然：形容言论、行为一致。

② 安成乃江西吉安府安福县别名。同治《安福县志》卷十一：“刘曰淇，号斐斋，道光癸卯（二十三年，1843）科乡举。”

③ 涣、暌（kuí）：均为离散，分散。

④ 丽：附着。

⑤ 习坎：习，重也，二坎相重，后因称险阻为习坎。坎窞（dàn）：坑穴，喻险境。

⑥ 废著：废居，贱买贵卖。亿中：谓料事能中。

萃五行百产之精华，大畜小畜[1]，供颛蒙颐养所需，非舟楫不为功。而或风逆石尤，难期巽顺[2]，浪涌冯耳[3]，莫保泰安。虽各本忠信以涉波涛，往往蹇难[4]当前，中孚[5]或不足恃。运临否塞[6]，遁逃无路，剥蚀堪虞，此亦事势所恒有者。向非有神灵呵护，俾天水违行之讼[7]变为水风之井，地风之升，云阴解驳，以渐而进，雷山小过，泽风大过，何以能明夷利艰，贞先未济而后既济？不至以大壮招损，而破冢[8]逍遥，布帆无恙，贲临古渡口哉？吾郡人盖深念天泽定位，神之所助者。顺豫顺以动，往复无归妹[9]之愆期。捷若风火，免至困于石，困于株木，需于郊，需于泥沙，而家人罔弗兑说。即使君子夬夬[10]独行遇雨，而神之格思大观在上，亦足以舟行安稳。使日中为市，取象噬嗑[11]，交易而退，各得其所也。

相传六月六日为将军诞辰，九月二十日为王诞辰，吾郡人咸集祝釐，先甲先庚，有孚颙若[12]，焚香醊醴，式歌且舞。吾知临之在上，质之在旁，鸿恩晋锡，受益无彊〔疆〕。夫岂有蛟螭蛊毒致小狐濡首，

---

① 大畜小畜：《易经》卦名。

② 巽（xùn）顺：卑顺、顺从。

③ 冯耳：船神。

④ 蹇（jiǎn）难：指困苦艰难。

⑤ 中孚：《易经》卦名，卦象泽上有风，谓风行泽上，无所不周。

⑥ 否塞：困厄，闭塞不通。

⑦ 讼：《周易》卦名。

⑧ 大壮：《易经》六十四卦之一，即乾下震上，为阳刚盛长之象。破冢：地名，在湖北省江陵县东南长江东岸。《晋书·文苑传·顾恺之》："恺之尝因假还，仲堪特以布帆借之，至破冢，遭风大败，恺之与仲堪笺曰：'地名破冢，真破冢而出，行人安稳，布帆无恙。'"

⑨ 顺豫顺以动：顺以动豫，豫顺以动。语出《易经·豫》，谓顺应情势的变化相机行事。归妹：《易经》六十四卦之一，客方谋求发展，为了主方利益，主方需要给予客方一些好处，以获得良好的发展环境，就如同以自己亲爱的妹妹嫁给客方。

⑩ 夬（guài）夬：出自《易经·夬》，果决貌。

⑪ 噬嗑（shì hé）：《易经》六十四卦之一，象征市集聚合天下货物以交易。

⑫ 先甲先庚，有孚颙（yóng）若：出自《易经》，有孚颙若意为内外诚信而敬仰之。

震荡屯危哉？虽然，庙中之礼有其举之，莫敢或废。设非节以制度，不愆不忘，则立心勿恒。莫益之，或击之。旧章变革，匪惟失大有之占，抑且惹无妄之灾。是用摭拾成篇，弁之简端，为吾郡人勖。维持保护，恒久于其道，守祭产而勿坠。后有艮止于津者，永无愆于成宪，姤遇良时，举行典礼。将见神力广被，履道坦坦，利涉大川，利有攸往。任重致远，品物咸亨，乃终有庆也。岂不懿欤？

赐进士出身、掌贵州道监察御史、浙江处州府知府、加一级、金溪李希郊庠卿氏[①]拜撰

咸丰十年（1860）岁次庚申仲秋月穀旦

募置南吉临瑞义山引

古者死徙无出乡，以乡田同井故也。至于别桑梓适远省，则徙已出乡，而死葬之所又奚拘首丘之说？为盖其门第之高大有力而多亲者，归葬先人之兆无论矣。其只身寡偶无力而少依者，非借乎同乡为之营其兆而瘗其魄，其何以济此？《曲礼》有掩骼之辞，《雅》什有殣死之句[②]，余姚王阳明先生有瘗旅吊祭之文也。

我四郡之市于津镇者实繁，有徙远适异邦时遇仓卒，人不必皆同里闬，顾能扶持友助。前之君子曾于龙法寺右购买义山，地名王家台，则南昌、吉安二郡义举也。然而地势沮洳[③]，卒苦浸没，且围

---

① 同治《金溪县志》卷二十二上："李希郊，字朝俊，号庠卿。举道光十七年（1837）乡试，二十年（1840）成进士。授兵部职方司主事兼车驾司，咸丰三年（1853）升武选司员外郎。四年（1854）丁外艰回籍，服阕补江南〔贵州〕道监察御史，九年（1859）春出守处州府。"十一年（1861）五月与太平军战死，赠太仆寺卿。

②《礼记·月令》中有："（孟春之月）掩骼埋胔。"非《曲礼》。殣（jìn）：或作"墐"，《诗经·小雅·小弁》："行有死人，尚或墐之。"

③ 沮洳（jù rù）：低湿之地。

幅窄狭，年远日久，棺满于土，窃心怆焉。兹觅对河皇甫山[①]有地一所，其势高阜，非阳侯所能没也。其幅宽广，非逼仄无余之足虑也。爰集我南昌、吉安、临江、瑞州四郡诸同乡捐资共购，名曰“南吉临瑞义山”，勒石永垂。诸君子其共敦乡谊，慷慨解囊，以共襄斯举。匪独没者得安，即以揆之死徙之义，究何嫌而何背也?

是为引。

赐进士出身、钦点主事刑部贵州司行走、沧石杨曰鲲[②]拜撰

乾隆壬子年（五十七年，1792）孟冬月穀旦

笃培所序

齐封乏反葬之能[③]，飘蓬缠痛;《楚辞》赋《招魂》之句，宿草衔悲。修墓北邙，既覆一坏〔抔〕之土[④]；祭播东郭，更开五厉[⑤]之坛。虽渺渺黄泉，精都销烁；而累累青冢，灵获式凭。此我南、吉、临、瑞四郡诸同乡，所为亟亟于笃培所之建也。尔其迁地为良，呼天欲诉，卜牛眠于澧水，封马鬣于关山[⑥]。尽后事之诚，制遵棺椁；免前

---

① 皇甫山：山田图或作黄甫山，在津市澧水南岸。今又作黄牯山、皇姑山等，并且演绎出传说故事，都是因音近而讹，不知其所以然。原在此山南麓出土一方乾隆年间墓碑，上书“王府山南麓”，应是。明代华阳王辟关山为园囿，山因王府而名合乎情理。皇甫山和黄甫山从声音上只讹一个音，现在全讹了。

② 同治《分宜县志·人物·名臣》：杨曰鲲，号沧石。江西分宜防里村人。乾隆五十五年（1790）石韫玉榜进士。历官刑部主事、员外郎、郎中。精通律例，受荐出充律例馆提调，编撰《大清律纂修条例按语》。嘉庆十二年（1807）出典四川乡试，旋任襄阳府（治今湖北襄阳市）知府。精研韵学，兼及山川地政、古今河道。曾订正古尺。著有《诗经经世辑览》《古今韵学通叶纪闻》《汉律》等。

③《史记·齐太公世家》“盖太公之卒百有余年”《集解》引《礼记》曰：“太公封于营丘，比及五世，皆反葬于周。”郑玄曰：“太公受封，留为太师，死葬于周。五世之后乃葬齐。”

④ 北邙（máng）：埋葬死人的地方。一抔：一把，一捧。一抔之土，指坟丘。

⑤ 东郭：唐白居易《寻王道士药堂因有题赠》诗：“常悲东郭千家冢，欲乞西山五色丸。”五厉：五疠，谓五种疫疠之神。

⑥ 关山：津市澧水南岸山岗，与津市市区隔澧水相望。上多坟墓。

和[①]之啮，荫满松楸。固已穴塞狸狐，沟驱蚊蚋，髑髅之山弗积，肩髀之冢斯成。而尤念猿泣庚邮，鹃啼子夜。一场富贵，顿醒春梦之婆；四尺荒凉，怕唱秋坟之鬼。恐惊伯有[②]之厉，难逐方相[③]之傩。于是旧雨招邀，高风矜恤。橐[④]章具举，量鼓争操。程畚挶而鸠工，楚焞[⑤]燋卜；秩几筵以燕飨，《鲁颂》寝成。栗主[⑥]标题，各详甲乙之族；栋宇结构，如筑子午之台。而且玉树伤埋，盂兰设会，法鼓震乎觉路，清钟导夫迷津。极忏悔于罪花，各救度于善果。纸钱如雪，五夜化焚；灯炬若星，九幽照澈。特施香积，为薜荔而挂衣；广演瑜珈，爇栴檀而拥盖。聿修醮祀之典，用成超拔之宏。《大招》“小招”[⑦]，听酸文[⑧]之唱；新鬼故鬼，庆欢国之游。夫岂徒树怆冬青，草披秋白。慨天涯之聚首，效《月令》之掩胔哉！且夫黄金无可驻之朱颜，青铜有不消之白发。荷生成于两造，极参赞于三才。睫上蟭螟，角中蛮触，风花易过，霜草难留。华屋息栖，荒阿零落，生骑鹤富，殁吊蝇悲。但存虎贲[⑨]之形，莫挽蜡煎之泪。就令鸿嗷集泽，狐死正丘，守蓬蒿而待毙，恋榆柘而言旋。而谶合巳辰，启泣壬癸，蔌蔌方有谷[⑩]，枉诒燕翼之谋[⑪]；绵绵生之瓜[⑫]，绝少凤毛之誉。往往子孙降为皂隶，甲第易其主名。门户琴书，难凭己守；丘垅松柏，任便人

---

①前和：棺材的前额，泛指棺材。

②伯有：受屈或含冤而死的人。

③方相：上古传说中驱除疫鬼和山川精怪的神灵。

④橐（gāo）：量鼓，量具名。

⑤楚焞（tūn）：灼龟之荆木条。古代占卜时用点燃的荆木条钻灼龟壳，视其灼裂的兆纹，附会人事，以断吉凶。

⑥栗主：古代练祭所立的神主。用栗木做成，故名。后通指宗庙神主。

⑦《大招》“小招”：《楚辞》有《大招》，以《招魂》为“小招”。相传为屈原所作。后用以泛指招魂或悼念之辞。

⑧酸文：指迂腐鄙俗的文辞。

⑨虎贲（bēn）：勇士。

⑩蔌（sù）蔌：象声词，轻微之声。《诗经·正月》：“佌佌彼有屋，蔌蔌方有谷。”

⑪《诗经·文王有声》：“诒厥孙谋，以燕翼子。”意为留下好的治国方略，赐予子孙福祉。

⑫绵绵生之瓜：《浑良夫噪》句。

摧。甚而半碣苔斑，罔辨题名而剥落；极之一盂麦饭，难冀上冢于清明。顾后起而隐伤，又前哲所同慨。孰若兹香花供养，具有因缘；桑梓敬恭，倍增恻隐。各挽推夫同类，浇奠椒浆；切妥侑于异乡，殷勤茨塈。物宏厥用，恍图说于国侨；食给其求，不忧馁于若敖。所冀旅游后进，师法先型。牖户绸缪，外至必防其侵侮；斧堂崇筑，中元勿坠夫荐援。浮图而合其尖，覆篑而叠其顶。阳和手布，无俾鬼瞰高明；阴骘心存，相率禅参功德。或巨卿执绋以往，同此周流；或季札[1]挂剑而来，惊为陈迹。乱山有梦，流水无情，咒诵金轮，词敲铁拨。则芭蕉影黑，枫树根青。俞儿小骑[2]之行，庆忌大冠之舞。莫不九原瞑目，魂魄犹恋此间；抑且两楹荐腥，幽冥不负吾友。厉沴销化，精爽凭依。都怜落溷之花，泽不遗于枯骨；或结衔恩之草，报各矢于沦肌。

是为序。

赐进士出身、钦加道衔、前翰林院庶吉士、特简长沙府知府、护理岳常澧道、上饶周如兰[3]拜撰

时维道光十二年（1832）岁次壬辰孟冬月榖旦

怀义堂总序

同为梗断蓬飘之客，音忽辍于碎琴；倘无芝摧蕙叹之情，谊殊惭于磨镜。南皮之会自昔，呼张丈而唤殷兄[4]；东郭之吊于今，悼王生而伤刘子[5]。凄凉碧葬，闪烁青燐。寂寞一坏（抔）之土，种植松

---

① 季札：春秋时期吴国贵族，政治家、思想家、外交家、文艺评论家。

② 俞儿骑：古代帝王大驾出行时充当仪仗队伍前导的骑卫，以登山之神名之。

③ 同治《上饶县志·选举·进士》："嘉庆二十二年（1817）丁丑吴其璇榜，周如兰，翰林院庶吉士，改授湖北黄梅知县，调蕲水知县，升湖南永绥厅同知。"据光绪《湖南通志》卷一二一，周如兰于道光十一年（1831）任长沙知府。

④ 苏轼《浣溪沙·雪颔霜髯不自惊》句："莫唱黄鸡并白发，且呼张丈唤殷兄。"以张丈、殷兄喻挚友。

⑤《梁书·王观传》："去岁冬中，已伤刘子；今兹寒孟，复悼王生。俱往之伤，信非虚说。"

楸；仿佛五厉之坛，焫[①]萧黍稷。牛眠卜夫地利，燕飨感夫天时。念切维桑，德同滋树。龙蛇谶应，狐兔悲深，昭武虎洲毓秀，羊石标奇。晏氏祖孙，誉蜚宋室[②]；陆家兄弟[③]，学绍孔庭。产灵谷之梗楠，鸿材孕育；蕴伯宗之剑玉，虹射光芒。为计尸饔，相携趾责，龙攀凤附，鹈换蜉移。云树盟心，方幸龙华会合；风花过眼，忽闻鹏舍凶鸣。床笫[④]呻吟，病缠药裹；关河迢递，梦绕榆乡。目鳏鳏而常悬，妻孥〔孥〕何处；泪涔涔而交下，魂魄欲飞。贞柯遭摧，芳草见刈。杜宇之啼五夜，难归海角哀禽；脉望之化一编，空怆天涯吊鹤。人谋枉力，到此灰心；鬼箓已增，遑希丘首。鸿消泥印，燕弃巢痕，指点黄垆，飘扬素旐[⑤]。虽乌鸢蝼蚁，达人之论自高；而蝇蚋狐狸，良友之情曷忍。出北邙而直视，仿西伯以阴行。感王裒[⑥]之哀号，或虚墓所；畀淮阴以高燥，更辟坟旁。他族之逼处奚堪，基拓九幽之圹；坟兆之分崩难免，封崇五父之衢。积土为高，防山恍培于后祀；却流斯远，栾水罔啮夫前和。惨惨成堆，啾啾欲哭，高风任恤，未雨绸缪。由是十匠九柯，八窗四达。梁卵娣黄[⑦]卜其吉，楹

① 焫（ruò）：点燃，焚烧。

② 宋代江西临川晏氏家族名显一时，出了著名词人“二晏”，即仁宗时官居宰相的晏殊及其子晏幾道，以及南宋高宗时不畏权臣的吏部尚书晏敦复。晏殊、晏敦复《宋史》有传。

③ 陆家兄弟：晋代吴郡陆机、陆云，号为“二陆”。《晋书·列传》：“陆机，字士衡，吴郡人也。……机身长七尺，其声如钟。少有异才，文章冠世，伏膺儒术，非礼不动。”“太康末，与弟（陆）云俱入洛，造太常张华……范阳卢志于众中问机曰：‘陆逊、陆抗于君近远？’机曰：‘如君于卢毓、卢廷。’志默然。既起，云谓机曰：‘殊邦遐远，容不相悉，何至于此！’机曰：‘我父祖名播四海，宁不知邪！’议者以此定二陆之优劣。”

④ 床笫（zǐ）：床和垫在床上的竹席，指闺房之内、枕席之间，也指男女房中之事。

⑤ 黄垆（lú）：犹黄泉，坟墓。素旐（zhào）：出丧时，在灵柩前引路的白色魂幡。

⑥ 王裒（póu）：西晋学者，至孝，因父为司马昭所杀，不臣西晋，三征七辟皆不就，隐居教授。

⑦ 梁卵娣（dì）黄：古代龟卜的祓龟之法。烧荆枝灼龟占卜之前，先持龟甲以黄绢裹梁米、鸡蛋周环而祝之。

桷刻丹庀厥材。植柏庑堂，袭制于龚胜[①]；斫松成寝，考度于奚斯[②]。栗主标名，苔碑表姓。佛堂依傍，云飞画栋之华；毕院深沉，日渡慈航之苦。号维摩室，岂逃苏晋之禅[③]；奉弥勒龛，非佞贾岛之佛[④]。届清明而上冢，恍如结春社宗；际中元而供盆，庶免听秋坟唱。每当天尊集福，地狱纵囚，宝筏指迷，盂兰设醮，婆心救拔，炬口光明。剪纸作钱，灰飞蝶舞；燃灯放焰，泪洒蜡煎。挂衣服于东都，无妨问俗；演瑜珈于西土，为解倒悬。变相涌其千花，游魂登诸四果。争大为小为之义，赀多少而分重轻；合新鬼故鬼之俦，偈警省而切忏悔。永仗檀那之助，用成超拔之宏。精爽得依凭，不惊伯有至矣；牟尼普赈济，无忧若敖馁而。题玉篆之名，适逢月庆；反银峰之驾，盍御风行。呜呼！逝者如斯，孔圣发观川之叹；古而无死，景公辍饮酒之欢。日月其慆[⑤]，难留驹隙之迹；风雨如晦，顿散蚷[⑥]负之游。童乌[⑦]慧而不苗，伯鱼[⑧]死而无椁。试看蒙鸿之天下，谁挽星鸟之日中。风败丛兰，露晞宿草。伤心翳殔[⑨]，存者若数晨星；满目魁封，对之如逢旧雨。坟皆是柳，依稀甲乙之伦；里且为蒿，惨怆辛壬之泣。歌何为而当哭？殇原知其齐彭[⑩]。吊少青蝇，变同苍狗，荒烟古道，夕照平原。敝帷敝盖之弗如，葬泽葬陵之未悉。篠[⑪]衣不

---

① 龚胜:《汉书》载，西汉末年，三举孝廉，后为光禄大夫、谏议大夫。龚胜崇尚名节，后王莽欲拜其为太子师友祭酒，不从，绝食而死。

② 奚斯：春秋时期鲁国大夫。

③ 杜甫《饮中八仙歌》:“苏晋长斋绣佛前，醉中往往爱逃禅。”谓苏晋一边信佛一边喝酒。

④ 贾岛佛：对唐贾岛的仰慕之称。宋周密《齐东野语·贾岛佛》:“唐李洞，字子江，苦吟有声，慕贾浪仙之诗，遂铸其像事之，诵贾岛佛不绝口，时以为异。”

⑤ 慆（tāo）：愉悦。

⑥ 蚷（jù）：马陆，一种节肢动物，有很多对腿。

⑦ 童乌：出处是《法言·问神》，意思是指早慧而夭折者。

⑧ 伯鱼：用作对别人儿子的美称。

⑨ 翳殔（yì sì）：棺柩暂葬路旁。

⑩ 殇原知其齐彭：齐彭殇，谓将死生寿夭等量齐观。典出《庄子·齐物论》:“天下莫大于秋毫之末，而太山为小；莫寿乎殇子，而彭祖为夭。”

⑪ 篠（xiǎo）：细竹。

掩，楮〔褚〕幕[①]将灰，豕骇立啼，熊惊入梦。阙泉有隧，罔崇马鬣之封；皮椟无龛，靡洁豚蹄之荐。是可忍也，毋乃过欤！独昭武诸乡先生，金窟联欢，玉田种德。移墓绎和甫之奏，翻经登康乐之台。棺许赙[②]桐，舟争赠麦。殷道小敛，蚁结四隅；《楚词·大招》，鸹烹五味。张衡之赋冢兆[③]，拂乃玄尘；曹植之说髑髅[④]，覆之丹土。庙尊崇于南道，路恸哭于西州。堂构三楹，园辟五亩，星樟耸翠，月桂飘丹。梅开调鼎之花，蕉抽肄书之叶。差比裴公之绿野[⑤]，可称谢氏之青山[⑥]。栋宇恢宏，松为幢而竹为葆；亭沼点缀，兰当佩而芰当衣。供养极于人天，因缘结于香火。希而望之方以丽，践而行之巧以幽。咒诵金轮，埋悲玉树，尽泛爱众之道，推不忍人之心。悬知富贵在天，圆满三千之功行；庶几文章寿世，骈俪四六而表彰。

是为序。

赐进士及第、湖南督学使者、宜黄谢阶树向廷氏[⑦]拜撰

---

① 褚幕：覆盖在棺材上面的布幕。

② 赙（fù）：拿钱财帮助别人办理丧事。

③ 张衡（78—139），字平子，南阳西鄂（今河南南阳市石桥镇）人，南阳五圣之一，中国东汉时期伟大的天文学家、数学家、发明家、地理学家、文学家。被后人誉为“木圣”（科圣）。所作《冢赋》为辞赋名篇。《后汉书》有传。

④ 曹植（192—232），字子建，沛国谯（今安徽省亳州市）人，是曹操与武宣卞皇后所生第三子，生前曾为陈王，去世后谥号“思”，故又称陈思王。三国时期曹魏著名文学家，建安文学代表人物。作辞赋多篇，其中《髑髅说》是一篇非常奇特、充满浪漫主义色彩的作品。这篇文章借曹子（曹植自指）与髑髅的对话抒发与天地物化的生死观。见《三国志·陈思王传》。

⑤ 裴公之绿野：《新唐书·裴度传》：“时阉竖擅威，天子拥虚器，搢绅道丧，度不复有经济意。乃治第东都集贤里，沼石林丛，岑缭幽胜。午桥作别墅，具燠馆凉台，号‘绿野堂’。”

⑥ 谢氏：谢朓（464—499），字玄晖，陈郡阳夏（今河南太康）人。南朝齐诗人，并善辞赋和散文。永明前、中期，他担任朝中一些无关紧要的小官，广结诗友。谢朓任宣城太守时曾筑室于青林山别支包子山南。唐天宝十二载（753），敕改青山为谢公山，后人又称谢家山、谢家青山。《南齐书》《南史》均有传。

⑦ 谢阶树（1778—1825）：字欣植，又字子玉，号向亭（芗亭）。江西省宜黄县人。嘉庆十三年（1808）进士及第，为一甲二名（榜眼），授翰林院编修。二十一年（1816），督学湖南。同治《宜黄县志》卷三十一有传。

嘉庆二十二年（1817）岁次戊寅冬月榖旦

吉郡公茔秋祭序

嘉庆二十四年，余获通籍于朝，归之虔州教授任。道经澹津，备荷诸乡友关垂，宾至如归，情意真挚，迴出各市井上。濒行，合郡诸君饯予吉庆堂，并以吾郡公茔秋祭序见嘱。

余维吉郡素称理学节义之邦，流风遗俗，世守罔替，不随运会为迁移。即至牵车服贾，远别里党，类皆能争自濯磨，彝伦攸叙。求合于仁人志士之行，故旧不遗，尤其大彰明较著者也。如津市商居，既与南、瑞、临诸郡置备公茔，鼎建笃培所，春秋致祭，似足不负幽冥，告无罪于九京[1]矣。而螺江鹭渚，英杰茹连，复修清明、中元之祀，而尤加意于中元。不知者或疑吾郡人中于福田果报，吾则谓其义可通于孝。

自释氏创地狱之说，埋阿鼻堕泥犁，钩稽黑籍，推勘青亭，罪花燋种，权重十王，其立意亦以警世，其流弊遂至于惑民。独盂兰盆之设彼法中，以为出于目连比丘之救母。因目连身入地狱，见亡母在饿鬼道中，以钵盛饭饷母，未入口辄化为火炭。目连乃哀告佛，佛言母罪重，须得十方僧众于七月十五日行禅定意，皆为咒愿，然后得食。目连从之，母果脱诸苦趣。后世因于是日具五味百果著盆中，供十方佛拯拔沉沦，忏悔愆尤，超离苦海，优游化台。故修行者亦类以中元为大庆之月。夫闻父母之难而不涕泪悲泣求度者非人，闻人救父母难而不欢喜赞叹拜跪者亦非人。先王所以孝治天下者，立爱必始于亲。孝以为仁之本，本立而道生，善推其所为而已矣。《诗》曰："孝子不匮，永锡尔类。"君子不出家而成教于国，其所厚者薄，必不能厚其所薄；其所薄者厚，自不致薄其所厚。今吾郡人广檀那之助，施食焚楮，九幽普济。死者虽无知，倘有子若孙未归，固将观感而哀迫顶礼。生者皆不忍，默念祖若父已逝，益当内省而怵惕悽怆。兴于仁而笃于亲，吾郡人将有日进于敦庞，天性无虞漓

---

[1] 九京：犹九泉、九原，指阴间。

失者。而何况《大招》“小招”，酸文自唱，并未尝皈依彼法。演瑜伽，震法鼓，焰日光澈，牟尼宣诵而第绎，素馔享先之典，仿佛厉坛荐其时食耶。为须达多[①]布金大地，为豪薜荔[②]施食万人。夫岂若世之佞佛者畏瞯[③]高明之鬼，特参功德之禅，开昼夜道场，仗法力宏施以为慈航之渡哉？葬之以礼，祭之以礼，吾郡人勉勉于圣训。天涯小聚，友谊且然，而况于家居乎？况于父母乎？庸德庸行，吾郡人殆皆存心慥慥[④]矣。吾故曰：其义通于孝也。

是为序。

赐进士出身、赣州府学教授、加五级、安成周步骧麟峰氏[⑤]拜撰

嘉庆二十五年（1820）仲夏月穀旦

吉庆堂序

澹津为楚南一胜区，吉之商其地者，踵相接，户相连，怡然其有情，蔼然其有礼，盖称极盛焉。同治五年（1866）夏，予公车北上，次津市，与同乡诸君子燕会于吉庆堂。酒半酣，请曰：吉庆堂向置有义茔，凡无力安厝、运柩回籍者卜葬于此。今则更有中元会之议，愿一言志之。

予曰：天下事义理所同，百不一失，意见稍异，万无一成。吉庆堂公项只有此数，而纲举目张，堪垂久远。其于吾乡之登贤书、捷南宫而至者，各具程仪，所以重文教，亦以礼乡绅也。其置义茔，即朋友无归，于我乎殡之意也。兹又为立中元会，每岁七月望日，凡同乡男妇殁于此者，详其里居，注其名姓，备牲醴缗钱，以醮祭之，是又推亲亲之义以及于无穷也。呜呼！孤魂渺渺，他乡犹是首

---

①须达多：梵语 sudatta 的音译。意译为善与、善给、善授等。

②豪薜荔：佛教语。薜荔：又称木莲。常绿藤本。《楚辞·离骚》：“揽禾根以结茝兮，贯薜荔之落蕊。”王逸注：“薜荔，香草也，缘木而生蕊实也。”

③瞯（jiàn）：窥视，偷看。

④慥（zào）慥：诚实，言行一致。

⑤同治《安福县志》卷八：“嘉庆二十四年（1819）己卯科陈沆榜（进士），周步骧，赣州府教授。”

丘；故里迢迢，吊古能无心恻？采采蘋藻之荐，依依桑梓之情，彼在天之灵能勿鉴之耶？

是为序。

礼部进士、例授文林郎、拣选知县、石阳刘文镛[①]拜撰

同治五年（1866）岁次丙寅孟夏月穀旦

庐陵尚义堂记

道光二十有三年（1843），余以迎养假满还朝，道由荆襄，舟过澹津。诸戚族化居在津者款留浃洽，淹宿吉庆堂旬日。时余邑尚未闻有宾馆之议也。

今上御极之三年（1853）冬，荷湖南长沙遗缺知府之命，仍莅南省，知永顺府事。九年（1859），奉大府檄往常、宝[②]各郡、邑勘灾事，复经澹津，访二三故旧作竟日谈。则美轮美奂，雕甍绣闼，余邑宾馆已落成矣。背北面南，地势爽垲。为栋者五，为楹者三，规模壮阔，工坚料固。诸戚族导余周相，并觞饯余于堂中。堂有额曰"尚义"，而嘱以文记其事。

昔夫子之训曰：君子义以为上，上与尚通。士果有志，自奋当黾勉从事，不中以苟且畏难之见。故曰：见义不为无勇，且夫义者事之宜[③]。《吕氏春秋》谓：义大为之则大有福，义小为之则小有福[④]。吾邑人商居斯地，虽殢鬻舛错[⑤]，贾贸纵横，而公款辑存只有此数。竟能力小而谋大，大启尔宇，立千百年艰难之基业，开千百人�梃之依归，是非以义为质，而能若是哉？

且津市既建万寿宫，吉安又拓修吉庆堂，吾一邑宾馆是亦不可

① 石阳：江西庐陵县古名。据同治《庐陵县志》卷二十二，刘文镛中咸丰九年（1859）乡举。

② 常、宝：常德府和宝庆府（今邵阳市）。

③《论语·阳货》：子路曰："君子尚勇乎？" 子曰："君子义以为上。君子有勇而无义为乱，小人有勇而无义为盗。"

④ 原文为："义小为之则小有福，大为之则大有福。"

⑤ 殢鬻舛（tì yù chuǎn）错：滞留经商者交错。

以已乎？而顾义以方外[①]，不因费绌[②]而迟其工，不因时艰而议同德。度义考宋廇之制，焕丹雘之文。推斯意也，焦原[③]扑已，义问宣昭[④]，胥基于此矣。又何况租赁所入，岁会维严，借以举公莅春秋祀典，设供焚楮，以妥以侑。义立则仁昭，尤足惠及九幽，泽流百世耶。

吾邑本附郭首邑，鹭渚螺冈，灵秀甲于江右；欧文胡周，遗泽迄今未坠。不独士食旧德，农服先畴，率由义路，即什一居奇，兰江授廛，其迹似类于逐末。而靡以义而义怀，喻于义而义精，于事之合义而不容诿者，皆踊跃趋赴，多方求成，不且以义为利。而澧兰沅芷，采撷馨香，显显令德，保佑自天哉。既曰“尚义”，则必义之外更慎所尚也。可知则必非义之义，不妄有所尚也。可知后之君子顾名思利，惟义所在，恢宏远谟，盛德大业，富有日新。迪前人庥以为桑梓光，余实有厚望焉。若夫见得思义，诸戚族数十年来久已交相劝勉，固无俟余之赠言也。

是为记。

赐进士出身、前翰林院编修、掌江南道监察御史、知永顺府事、加五级、纪录十次、邑人彭庆锺锡之[⑤]甫拜撰

咸丰九年（1859）岁次己未孟冬月榖旦

安成中元序

豫章之客于澹津者建笃培、功德二所，以为殁于斯者灵爽之所凭。供以牌位，春秋设奠于其间，其所以妥异乡之幽魂者至矣。而

---

① 义以方外：以义德规范外在的行为。《周易·系辞》：“敬以直内，义以方外。”

② 绌（chù）：不足。

③ 焦原：巨石名。引申喻戒惧。

④ 义问宣昭：《诗经·大雅·文王》：“宣昭义问。”毛传：“义，善。”孔颖达疏：“布明其善声，闻于天下。”

⑤ 同治《庐陵县志》卷二十九：“彭庆锺，原名飞鸿，号锡之。道光十一年（1831）举于乡，二十年（1840）成进士。改庶吉士，授编修，充国史馆纂修，补御史，掌山东道巡视东城。甲寅，拣发湖南知府，改岳州，调长沙。再权粮道篆，加运使衔，赏戴花翎，引疾归。题补粮储道，辞不赴，年七十二卒。”作此《记》时任永顺知府。

又惧其魂游魄降之无以超度也，每逢大庆之日燃法炬以开觉路，施宝筏以度迷津。呜呼，盛矣！我安成诸君子，近日更有合邑中元之祭。夫天下之美举，视乎其人之力，而实视乎其人之心。斯会之举，虽集腋成裘，而量力而输捐解恐后。则尤见我邑人之好义也，五忠之遗泽其当未坠哉。余因之有感矣。

向使殁于斯者皆正丘首于四灵五老之间，岂必其岁时麦饭拜扫墓前哉？即一时不嗟馁而[①]，而数传而后，或数十传而后，岂必其不为若敖氏之鬼哉？曷若斯之永济无穷期哉？余既欣幽魂之得所，又钦诸君子之乐善不倦也。

爰为之序。

廷试进士、例授征仕郎、候选直隶州分州、邑人刘学海撰

时维道光二十五年（1845）岁次乙巳仲秋月穀旦

安福公茔春秋祭扫赋 有序

道光二十有五年（1845）冬，予解临湘任，捧檄常武[②]，道出澹津，信宿吉庆堂。时吾邑诸君子方于省府中元祭祀外另辑款费，倡举一邑公茔春秋祭，嘱予一言记之。予深嘉诸君子之乡谊笃挚、情意稠叠也。因效《大招》，为缀小赋。其辞曰：

伊安成之古郡兮，分女牛之星野。武功磅礴而崔巍兮，泸潇委曲而注泻。城郭拥护以四灵兮，砥柱卓立乎五马。积和顺而发英华兮，总胚胎于陶冶。慕刘李之忠贞兮，绍邹王之儒雅。留帖之阁耸高兮，勉耘之堂藏写[③]。虽僻壤而穷陬兮，灵杰交推于寰夏。男儿须游汗漫兮，丈夫岂老衡茅。交易日中之市兮，取象噬嗑之爻。维澹江[④]之北岸兮，实澧阳之东郊[⑤]。列肆居而小隐兮，每里闬之轻抛。营

① 馁而：饥饿。《左传・宣公四年》："且泣曰：'鬼犹求食，若敖氏之鬼不其馁而！'" 杨伯峻注："馁，饿也。"

② 常武：常德。《毛诗・序》："有常德以立武事。"

③ 写：移置，放置。《说文解字》："写，置物也。"

④ 澹江：澧水别称。

⑤ 澧阳：此指澧州，因州城位于澧水之阳（北面），津市在澧州城东边。

三倍而牢盆兮，奚让从政之斗筲。用孝养厥父母兮，洗腆旅其核肴。广闻见以新得兮，恃友助于故交。羌富贵之逼人兮，偏岁月之逝我。驹无隙而弗过兮，鳖有步而多跛[①]。志枉具夫驷马高车兮，智徒斗夫雕龙炙輠[②]。公子之疾郁伊兮，国士之遇坎坷。徒羡猗顿之经营兮，莫获陶朱之翼卵[③]。一文涩于奚囊兮，百年滞其归舸。或早衰以柳蒲兮，遂缠绵于药裹。灯秃炷而灭灺[④]兮，望故乡而滂沱。既生前之无闻兮，遑计死后之侑妥。幸仁人兮利济，偕义士兮激扬，悲朽腐兮草木，致恭敬兮梓桑。尽后事兮诚信，守先进兮典章，择牛眠兮东郭，封马鬣兮北邙。棺六尺兮胔掩，土一锸兮骨藏，界清明兮上冢，岁洁奠兮椒浆。恐防山兮崩坠，或栾水兮啮伤，具畚挶兮将事，树松楸兮成行。免攫穴兮狐狸，禁践履兮牛羊。题姓名兮栗主，建笃培兮祠堂，获凭依兮精爽，如遄反兮家乡。顾尤念庆月于中元兮，届地官之校籍。慨毕院之沉埋兮，倏幽明之睽隔。更广集夫檀那兮，安平都之旅魄。灰飞蝶而纸红兮，膏燃蚖[⑤]而灯碧，香烟袅而芬芳兮，笾豆陈而燔炙。唱《大招》《小招》之酸文兮，考新鬼故鬼之旧册。如佛法之设盂兰兮，不译梵咒于僧释。谓福将集于天尊兮，不资史巫之感格。惟具馔以享先兮，实吾儒之遗策，魂仿佛其来尝兮，当衔恩而加额。嗟絙泥之坠落兮，茵溷判若人天，时运乖而福薄兮，命途舛而痛缠。无蹇修以为理兮，竟恒干之忽捐。珠未孕于赤水兮，玉罔种于蓝田，丘墓犁而松柏摧兮，秋坟唱而泣涟。麦饭缺而苔碑陊兮，夏畦眺而冢连，幸萍踪之遻[⑥]合兮，其槐市之周旋。大君子故旧不遗兮，上碧落而下黄泉，惨惨堆其阙隧兮，秩秩布其几筵。冥

---

①《淮南子·说林训》："故跬步不休，跛鳖千里。"是说跛脚的鳖不停地走，也能走千里地。

② 炙輠（zhì guǒ）：炙，燃烧；輠，古时车上盛贮油膏的器具。比喻言语流畅风趣。

③ 翼卵：以翼覆卵（鸟蛋），喻抚育。

④ 灺（xiè）：残烛。

⑤ 蚖（yuán）：蝾螈、蜥蜴等。

⑥ 遻：意外相遇。

镪焚其颗颗兮，祭蟠约以年年。彼蓬蒿之坐毙兮，曾不如兰江附托于一廛。

乱[①]曰：五忠遗泽今未泯兮，秀灵钟毓多伟人兮。澧兰沅芷采撷澹津兮，同乡异域悲沉沦兮。彰关山[②]麓辟除莽榛兮，若堂若斧勒贞珉[③]兮。岁修祀事采蘩采苹兮，白楮翦凿千百缗[④]兮。九幽赈助得反邻里兮，若敖忧馁洁明禋兮。伯有为厉图说民兮，泽及泉壤谷回春兮。后有作者冀遵循兮，守不假器世远年湮兮。推恩锡类兴于仁兮，慈祥忠厚格于神兮。保佑令德自天申兮，岁司鸠羽灵贶甄兮。善颂善祷缉缉而诜诜兮。

赐进士出身、钦加同知衔、诰援奉政大夫、历任湖南醴陵、武陵、临湘等县知县、加十级、纪录二十次、邑人阮文藻侯亭[⑤]甫拜撰

安福尚德堂记

尚德堂者，吾安邑所建津市宾馆也。吉郡已修吉庆堂矣，又曷为大启尔宇哉？曰：因中元祭费而兴也。

先是吾乡诸先哲慨然于幽明之故，故旧之遗，道光二十三年（1843），特倡举合邑中元祭辑费二百七十余缗，公存生息。除秋祭用度外，岁获赢余铢积寸累，逾三十年，并陆续捐入之款，迄今约可得千缗。二三老成俊达恐公项繁多，经理者仔肩綦重，或相率推诿，而善作无以善其成，善始无以善其终，佥议创立馆宇，垂之久远。费苦不敷所出，复解囊乐助，约近三百缗。甚矣！吾邑人之好行其德也。且夫鬼有所归，乃不为厉，国子之训，昭昭左史。尔时

① 乱：乐章或辞赋的尾声。

② 彰关山：或作彰观山，在津市澧水南岸。

③ 贞珉（mín）：石刻碑铭的美称。

④ 白楮（chǔ）：白皮纸，冥纸，纸钱。缗（mín）：穿铜钱用的绳子。

⑤ 同治《安福县志·人物·宦迹》：阮文藻，号侯亭，江西安福县人。道光二年（1822）进士。历官安徽太和，湖南临湘（今临湘市）、武陵（今常德鼎城区）、平江，贵州开州（今开阳县）、定番州（今惠水县）、婺川县（今务川县）诸州县，升直隶州。著有《听松涛馆诗文集》等。卒年八十二。

择公山，培茔地，庆月焚楮，虽不以冥冥坠行，然不为之谋凭依，咏妥侑，则精气为物，游魂为变，飘荡靡定。读《楚辞·大招》《小招》，似难告无憾于九原。今幸矣！

契买吴姓罗家坡房屋一直六栋，设龛题主，崇祀历代名宦、乡贤、忠孝、节义诸先哲，而以殁于津市者祔祀左右。如家庙，如宗祠，尸祝不祧，罔怨罔恫。其庶几佑启无彊〔疆〕，而足德亦益归于厚乎！况乎前后空房，租赁所入，仍足供春秋祀典，永无折阅耗散之患，即永无废坠停辍之虞，一举而数善兼备耶。

抑又闻之：德者，得也。足乎己无待于外之谓德，诸君子颜[①]其堂曰“尚德”。即不敢率尔自信，谓行道而有得于心。而顾名思义，度必有好是懿德，互相规劝，作德日休者，岂独荡舟躬稼之问？吾夫子赞适以尚德，为足兴起后学哉。惟愿代有作者，念斯堂之所以建，察斯堂之所由名，公正维持，久而勿坏。斯不辜前番之蓄积，亦不负此际之经营。绵绵延延，仿佛于□□□□□仅以宾至如归者。侈观美于彼都人士，是犹德其所德，非吾与诸君子所谓德也。至于价值若干，界址若何，契载分明，兹不具赘。

礼部进士、例授文林郎、候选知县、邑人刘子达荣只甫谨记

光绪二年（1876）岁次丙子孟秋月穀旦

水龙引

一閧列肆，天灾流行，若火之燎于原，不可向迩，其犹可扑灭，是非水不为功。顾火则就燥，水则流湿，火曰炎上，水曰润下，此两间对待之常理。一旦欲搏而跃之，激而行之，如既济之，象水在火上，则必有思患豫防之君子，知天道之远，察人事之迩，曳其轮，

① 颜：匾额。

濡其尾，繻有衣袽[①]，终日戒乃足，尽人以回天[②]。而东邻西邻，实受其福。夫既济一卦贞离，而悔坎离[③]之爻。突如其来，如焚如死如弃，如非履错之敬[④]，类不免大耋[⑤]之嗟。而习坎入于坎窞，来之坎坎，坎有险，亦贵惟心亨，行有尚，非然者。未济之时，不思慎辨物居方，豫戒不虞。一旦变起仓猝，徒诿于天险不可升，水流而不盈。吾恐南方之卦，为日为电，为科上槁，其何以约纳自牖，不致或丧其茀[⑥]哉？

吾馆自制备水龙以来，岁收其效，黄离[⑦]元吉。近闻粤省新式制造精良，倘得购备一架，则变既济之初为离之艮。蹇，难也，山上有水，险已见而能止，变既济之二为离之乾。需，须也，云上于天险在前而有孚，又何论既济变四为革？猝逢革故自占，水火相息，既济变六为家人，各安家居，不患风火孔急耶。伏愿诸君子解囊乐助，襄成美举。为潜龙之勿用，如天之福，为飞龙之利见，惟人为灵。事事乃其有备，有备无患，分灾恤邻，笃祜翔禨，则是我等大有造于澹津也。吾宗帮其庶有豸乎[⑧]！

是为引。

赐进士出身、前翰林院编修、钦命湖南岳常澧道、上犹蔡家玕

---

①繻（xū）：彩色的丝织品。袽（rú）：烂衣服或破旧棉絮。《周易·既济卦》："繻有衣袽，终日戒。"谓放着光鲜的衣服不穿，而穿破旧衣服，是时时戒慎、不敢懈怠、防患未然之意。

②尽人以回天：心里明白做好分内之事，就可以挽回天地。出自《菜根谭》："君子不言命，养性即所以立命；亦不言天，尽人自可以回天。"

③贞离、坎离：《易经》卦爻。

④履错之敬：语出《周易·离》："初九，履错然，敬之无咎。"

⑤大耋（dié）：老年人，高龄。

⑥茀（fú）：福。

⑦黄离：日旁之云彩，因其受日光照射，色多赤黄，故称。

⑧庶有豸（zhì）乎：《左传·宣公十七年》载"余将老，使郤子逞其志，庶有豸乎！"杜预注："豸，解也。"杨伯峻注："言患乱得解也。"

玉山氏[1]谨撰

道光十九年（1839）岁次己亥仲春月穀旦

义渡叙

古者候人遵路，司空视涂，泽有陂障，川设舟梁，其所以悯跋涉而利行人者。凡自道途所经，关津所历，盖无一非平其政者之所详求而不可阙者也。

吾澧津市地方南通黔粤，北达江汉，向系买舟为渡。每至夏秋之间水涨船稀，舟子射利居奇，行路者往往难之。余下车伊始问民疾苦，久欲筹立义渡。访之绅商士庶，询谋佥同。惟是舟少则往来难周，人多则薪工甚巨。计自造船募夫，以至置业生息，经费颇属不赀。因念频年来此邦人士踊跃从公，义声著于南楚，其间乐善好施大不乏人。用是为集腋之谋，或可成众擎之举。所望于同志君子慨然解囊，庶几积少成多，一劳永逸。将见异日者宾至有如归之乐，人涉无卬否[2]之嗟。由是积蓄日多，推行日广，众津一律，百世永赖。本州实有厚望焉。

是为序。

赐进士出身、知澧州直隶州事、古滇陈秉钧[3]拜撰

咸丰十年（1860）岁次庚申仲夏月穀旦

---

①光绪《上犹县志·选举志》：蔡家玕，字崙美，号玉山，江西上犹县村头人。清嘉庆二十四年（1819）进士，钦点翰林院庶吉士，改工部主事，升员外郎，累迁江南道监察御史。充福建主考官，转吏科给事中。简放湖南衡永郴桂道，道光二十一年（1841）任分守岳常澧道。澧州津市街后乡村原为泄洪区，有“奸民”数千沿后河私筑堤防二十里，道是危害城市居民，蔡命其刨毁。不知是功德还是罪孽。

②人涉卬（áng）否：出自《诗·邶风·匏有苦叶》，意思是别人涉水过河，而我独不渡。后用以比喻自有主张，不随便附和。

③光绪《云南通志》卷一四七：陈秉钧，广南人，道光十二年（1832）吴锺骏榜进士。光绪《广南府志·选举·进士》：“陈秉钧，官刑部候补主事，仍请归班，选甘肃成县知县，调中卫知县。”咸丰九年（1859）十月任澧州知州。

募造救生船疏

德莫大于好生，谊贵明于救患，天灾沉汨，人力苏援[①]。忽逢舜儆尧咨，辛苦垫隘；须效稷[②]饥禹溺，子惠[③]困穷。乘四载而随刊，岂能师承龙负；仗一舸以周恤，且先豫备蠡浮。虐肆老蛟，功收画鹢，谋非越俎，役等泛舟。听我一言，涕洟满纸；请君三复，施助解囊。夫其三倍居奇，肆依七泽；一廛混迹，津汇九溪。右接潇湘，左连汉沔。源探西北，通巫峡之急流；地坼东南，滨洞庭之巨浸。山走石、安、慈、永[④]，荡荡平原；水环茹、道、澹、涔[⑤]，悠悠曲岸。每当漏天倾注，毕月滂沱，汨阴骘[⑥]之五行，鼓阳侯之一怒。神通黑蜧[⑦]，疑鸡血之涂门；治少白圭[⑧]，恍马颊之失道。拜江之豚直上，招潮之蟹横行。禾黍种难，桃花涨易。莫蛰庚泥之影，泛滥而怀山襄陵；靡安丙舍[⑨]之居，汪洋而漂庐没宅。堤偏溃蚁，都壅决而成川；灶辄产蛙，将迁移而插壁。骇腾碧浪，炊断青烟，息壤罔堙，浮山奚障。甚且闭门匝月，亥市楼居；计惟鼓棹乘风，丁沽溜放。睹鸿陂之决鳞，原廑[⑩]鱼鳖之忧；失蟹堁[⑪]之宜雁，户促蜉蝣[⑫]之命。伤哉茕独非志和，泛宅浮家；藐尔流亡待郑侠[⑬]，绘图拜表。顾天高日远，

---

① 苏援：探索，辨析。

② 稷（jì）：后稷，周朝的先祖，帝尧举为农师。禹：大禹。

③ 子惠：慈爱，像对待子女一样施以仁惠。古时称官吏为“父母官”，称老百姓为“子民”。《尚书·太甲中》：“先王子惠困穷，民服厥命，罔有不悦。”

④ 石、安、慈、永：石门、安福（今临澧县）、慈利、永定（今张家界市永定区）四县，均属武陵山区。“安”非指安乡县，安乡县属洞庭湖冲积平原。

⑤ 茹、道、澹、涔：澧水中下游四条支流。

⑥ 阴骘（zhì）：默默地使安定。

⑦ 黑蜧（lì）：传说中的黑色神蛇。

⑧ 白圭：古代白玉制的礼器，比喻清白之身。

⑨ 丙舍：后汉宫中正室两边的房舍，以甲乙丙为次，丙舍泛指简陋的房舍。

⑩ 廑（jǐn）：仅。

⑪ 堁（kè）：土堆。

⑫ 蜉蝣（fú yóu）：一种昆虫，此处比喻微小的生命。

⑬ 郑侠：福州福清人，宋英宗治平四年（1067）进士，一生为民请命。

尚迟赈贷于謄黄[①]；而电掣雷奔，须亟救援之建白。疮痍在目，痌瘝[②]乃身。

用拟倡丐同乡，制造救生船四号。木窾权舆[③]，瓜皮轻利，□□式旧，海鹘[④]用新。比战舰而梭巡，随遇苏仳离[⑤]之况；较划舟而篷挂，积时忘往复之劳。仓粟陈陈，知刘毅[⑥]家无担石；甑尘漠漠，似庄周[⑦]辙有斗升。非必粥赐防风，瓯斟阙北；但使稻溲浃日，车翻市东。淖糜[⑧]设续命之汤，无任饔飧饥饿；药裹甦饿殍之疢，不患湿热熏蒸。木燧改钻，馈遗火种；林巢迁避，飞渡水乡。似兹眼且医疮，振廪之恩同被；行见骨将生肉，走险之急胥平。至于冯耳煽威，石尤作势，破冢之帆救护，险滩之礁标题。数篙眼之往来，资橛头之引导。播摇赤马，特授千金之壶；颠覆青龙，急挽双飞之棹。碰损系缆，消长设桩，溺有手援，涉无顶灭。广拯凫没宝筏，真堪指迷；各畀鸠安慈航，尤为普渡。然而波涛利涉，总凭忠信之忱；神明不渝，遑问险夷之致。浮萍飘荡，苦叶浮沉，舟子召募，家丁督视。江湖永昼，风雨经年，目穷广潒[⑨]之区，身际苍茫之域。曼衍玩鱼龙之戏，起居入鸥鹭之群。非重禁无以剔其奸，非轻赏所能鼓其气。修艌[⑩]之资有几，饩散之费若干。每怯钱荒，相期金醵。伏愿枌榆长老，桑梓宰官，韩可回狂，傅能济巨。荫暍[⑪]人于暑路，饘[⑫]穷子

---

①謄黄：誊黄，旧时皇帝下的诏书，由礼部用黄纸誊写。

②痌瘝（tōng guān）：病痛，疾苦。

③窾（kuǎn）：中空。《淮南子·说山训》："见窾木浮而知为舟。"权舆：草木发芽。

④海鹘（hú）：古代战船名。

⑤仳（pǐ）离：夫妻离散，特指妻子被遗弃而离去。

⑥刘毅：东晋末年将领，左光禄大夫刘镇的儿子，少有大志，不治产业。

⑦庄周：庄子，名周，战国时期宋国蒙人，思想家、哲学家、文学家，道家学派代表人物。

⑧淖糜（nào mí）：烂糊粥。

⑨潒（dàng）：荡漾。

⑩艌（niàn）：用桐油和石灰填补船缝。

⑪暍（yē）：中暑。

⑫饘（zhān）：浓稠的粥。

于寒衢。蒿目艰危，杖头轮助，橐章具举，量鼓亲操。虽广大寰瀛，但推乌哺于万一；而宛转沟壑，得邀骏惠于再三。海纵能飞，川匪难障。朝何方而鼓枻[①]，借泉币刀圜之流通；夕何处而停桡，异箫管樯□之游冶。危途安燕，横流方羊，灶许流珠，田皆种玉。碑且凭乎口载，德争喻于耳鸣。则鸿雁集其哀嗷，中国真仙宸帝所；亦龙蛇绍厥驱放，吾乡悉志士仁人。

谨疏。

赐进士出身、翰林院庶吉士、紫斐徐兆兰[②]拜撰

同治十二年（1873）岁次癸酉仲春月榖旦

小靖庐跋

昔吾乡张相国位、邓少宰以赞、李观察栻[③]建靖庐于玉隆宫侧，以讲习而养静。盖念吾真君学本净明，道本忠孝，即仙即儒，乃圣乃神。自宋升观为宫，命大儒真西山先生提举，令绪丕张，仰之弥高。用乞灵于修真福地，上以博佑启，下以志向往，甚盛举也。真君赫声濯灵，如水行地中，周流而无不至。

澹津有万寿宫，澹津亦逍遥山也。同乡诸君子葺宫西偏，为冠裳会憩之所，颜曰“小靖庐”，美矣哉！诸君子之不忘本也。夫桑弧蓬矢，志在四方，声应气求，高朋满座。同舟共济，原不难胡越一家。然而流水有还乡之号，落叶有归根之说。则远作寄公，所恃以友助，而出入相扶持者，端赖二三闾里党闬之秀。传曰：“仁者以其所爱及其所不爱。”[④]明本治而后末治，不可所厚者薄，反致所薄者厚

---

① 枻（yì）：船舷。

② 徐兆兰：《明清历科进士题名碑录》和同治《南昌县志·选举志》以及《清同治实录》均作“徐兆澜”，因而“徐兆兰”应误，徐兆澜中同治七年（1868）戊辰科洪钧榜进士。

③ 乾隆《丰城县志·人物》：李栻，字孟敬，号石龙。嘉靖四十四年（1565）进士，官至浙江按察司副使。有《困学纂言》《惜阴稿》等。卒祀郡、邑乡贤。张位、邓以赞前已注。

④《孟子·尽心下》：“仁者以其所爱及其所不爱，不仁者以其所不爱及其所爱。”

也[①]。诸君子谊笃洽比，老成典型，是则是效，将见同方同术，匡救弥缝，为名教之完人，为干济之良彦。和以致祥，本立道生，吾真君实式凭之。锡羡延厘降福，孔皆宗邦其庶有豸乎。后有作者于藏修息游，顾名思义，追张、邓两先辈之芳躅，借沐真君之庇帱，敬恭桑梓，其臭如兰，是则吾与诸君子所厚望也。

是为跋。

赐进士出身、钦点主政、现任工部郎中、都水司行走、加一级、里人安福伍锡钊梦兰氏拜撰

时光绪元年（1875）岁次乙亥孟冬月穀旦

澹园铭

墙依数仞，园辟三弓。卍[②]字栏杆，画图花草。琴书度架，觞咏流连。大块文章，满腔生意。循名责实，虑澹物轻。

尔玉王邦玺[③]随墨

时同治辛未年（十年，1871）秋月

咏昭武功德林一百韵 增贡李宝煌

峨峨矗山麓，隔阛阓攘攘。庀材鸠工者，计虑殊周详。

想版畚具举，无或更彷徨。裒赀各赴义，涂塈[④]缭垣墙。

众擎斯无难，千古永相望。义山屏檐栋，存殁释忧恇[⑤]。

---

①《大学》："其本乱而末治者，否矣；其所厚者薄，而其所薄者厚，未之有也。"

②卍（wàn）：佛身上的异相之一，表示吉祥无比，用以象征佛的智慧与慈悲无限。

③王邦玺（1827—1893）：字玉麟，号介卿，又号尔玉，江西安福人。同治元年（1862）壬戌举人，四年（1865）乙丑进士。任国史馆协修。光绪九年（1883）任翰林院侍讲，侍读，十年（1884）入直上书房。中法之战，邦玺屡上疏主战，及陈援台湾事。谅山之战，严劾李鸿章主和误国，因此，受贬降二级调用，更弃官。后曾在吉安白鹭书院、阳明书院等任主讲。著有《贞石山房诗钞》《贞石山房奏议》。

④塈（jì）：用泥涂屋顶。

⑤恇（kuāng）：害怕，惊慌。

甲戌仲冬杪，我初莅楚强。亲朋邀散步，唤渡登兹堂。
地僻屋闳敞，背河依崇冈。坚垠并峻堞，四围环柳桑。
中龛奉落伽，荧荧孤檠光。老僧欣递茗，转入赞公房。
为有园扃钥，持钥开亭廊。鱼鸟极幽趣，花木森成行。
小坐豁胸臆，顿觉缁尘飏。勃溪[1]隔妇姑，龌龊离佣狂。
惟钟声梵呗，音韵听悠扬。ले歔欷蕞尔地，贸迁多吾乡。
肩摩并踵接，星聚来踉蹡。青鞋布袜客，或富充仓箱。
功德即嚆矢[2]，汲绠[3]端资长。荣悴固不等，扼捥（腕）增所伤。
嗟彼时命蹇，身后徒空囊。风尘愿未酬，倏忽死与亡。
幸有瘗骨土，魂免悲苍茫。峥嵘山郁郁，浩荡水泱泱。
此馆庇羁贾，功德林名彰。周礼征候馆，仪礼馆贾商。
继长复增高，尚赖乡贤良。剥月无败壁，漏天无隳枋。
母致笑倾圮，荦确[4]媲峰苍。请歌林间美，一阕风雨惶。
氤氲悬縠翠，举目炫芬芳。浓春花四照，绕座袭袭香。
群髻慕游玩，靓服兼明妆。烟霭渔唱亮，篱落村舂硠[5]。
葱蒨[6]松篸翳，涓滴泉瀑凉。炎曦一以憩，飒爽清中肠。
时或值祭扫，扪萝[7]人相将。巃嵸[8]幂烟织，萧萧风吹裳。
创事考贞石，赑屃[9]负两旁。嗟哉澹水汛，衢路鲜康庄。
此馆卜不朽，脱洪流掀荒。奚患累卵危，弗翦同甘棠。
天瓢翻五夜，廛市恐汪洋。巨浸不致此，山灵为之障。

---

①勃溪：吵架，争斗。

②嚆（hāo）矢：响箭，因发射时声先于箭而到，故常用以比喻事物的开端，犹言先声。

③汲绠（gěng）：汲水用的绳子。

④荦（luò）确：确荦，凹凸不平的石头。亦形容土地。

⑤舂硠（chōng láng）：用水磨碾谷物。

⑥葱蒨（qiàn）：草木青翠茂盛貌。

⑦扪萝：攀援葛藤。

⑧巃嵸（lóng zǒng）：云气蒸腾貌。

⑨赑屃（bìxì）：传说中龙之九子之一，是我国古代的一种瑞兽，外形似龟，善驮重物，多用以驮负碑础。

获留数椽在，堪作聚议场。遇会辄踊跃，驾言呼轻航。
少长沓然主，麕集治壶浆。逆旅欢畅叙，尽日群倾觞。
忆我曩随宦，冀北看鸿翔。台访黄金胜，慨想燕昭王。
伯出守东浙，一棹趋余杭。名区双屩[①]历，纪事托吟章。
卢生枕犹故，梦已醒黄梁。掷笔指衡岳，放怀揽湖湘。
江山壮豪思，铅椠休自妨。新知深培养，旧学费商量。
静证林中佛，我法非虚张。善禾暨性米，方寸收嘉祥。
懿烁是宅建，岿若鲁殿昂。遗泽佐王化，谋之岂不臧。
回首烽烟黯，枌榆频天殃。善举昔时夥，废缺缘摧戕。
此区脱蹂躏，僻处天一方。情曾联白水，劫幸出红羊。
徘徊烦棂榭，羡未遭斧斨[②]。民彝弗可泯，同入协维纲。
仁术岂小补，锢利病膏肓。福田须广种，况此基煌煌。
迪前亦启后，守之固金汤。岁恒薙[③]芜秽，合郡勉赞襄。
毋使怠厥义，念乃烝民殇。垒垒冢鳞叠，起叹如北邙。
我朝恩湛渥，四海葵倾阳。重熙累洽世，血气消披猖。
率土皆食和，草野被余庆。食德服先畴[④]，沐化敦经常。
陶淑由来久，恺悌浃中藏。昭武亦名郡，豫章礼教昌。
人材布寰宇，牵车涉关梁。莫怀畛域见，原共阅星霜。
躬际王道荡，时若征雨旸。梓里古大有，黍稌称穰穰。
居肆成其事，无贻诮不蘉[⑤]。寖[⑥]驰日如许，奋志切腾骧。
腰缠绍前哲，勤慎愿终偿。飕飗来天末，凄凄满白杨。
陶朱生计企，奚贵傲羲皇。分阴须护惜，宜预充归装。
我今赋是篇，不律[⑦]锋芒芒。兴废意无限，山屋虞颓唐。

---

① 屩（juē）：草鞋。
② 斨（qiāng）：古代的一种斧子。
③ 薙（tì）：除去野草。
④ 先畴：先人所遗的田地。
⑤ 蘉（máng）：勤勉，努力。
⑥ 寖（qīn）：渐渐、逐渐增多。
⑦ 不律：“笔”字的慢读分音。

愧非修桂手，玉斧夺吴刚。杞人忧穹庐，孺子歌沧浪。
持问诸君子，是缶是笙簧。旅馆濡毫毕，踯躅还徜徉。
会须挐榼往，听莺与蜩螗①。洗埃开羁抱，涤垢依疏篁。
男儿恒自汩，利锁兼名缰。花应看上苑，弄始称圭璋。

己巳暮春澹园宴集奉酬同乡诸君即以留别 安成伍锡钊

一肩行李指金台，暂向澹津咏遡洄。
地有希文②遗迹在，人疑宋玉后身来。
唱酬风月偕良友，妆点江山属隽才。
羡煞诸君绥福履，此身长住小蓬莱。
兰亭会继永和年，檀板金樽敞绮筵。
客邸欣开班草地，芳情莫负养花天。
两行槐柳迎风袅，半亩池塘浸月圆。
他日星轺驱四牡，纱笼合认爪泥缘。

重游万寿宫澹园 安成刘子达

花木葱茏小洞天，云游回首十三年。
最难良友开坛坫，跌宕琴樽夜月圆。
到眼紫薇绚烂红，思量儤③直禁庭中。
可能梦授生花笔，吮墨云烟一扫空。
朝天柏树几瓶栽，罗汉相连映上台。
料得清风明月夜，神仙定有鹤飞来。
池塘半亩正中横，四面阑干倒影明。
借间当前花解语，何□许我住蓬瀛。

① 蜩螗（tiáo táng）：蝉的别名。
② 希文：范仲淹，字希文。
③ 儤（bào）：试用，新官随朝儤使一年。

澹园偶成 安成伍锡钊

重游胜地几经年，知是三生石上缘。
回榭曲栏堪入画，苍松翠柏更含烟。
静中谈偈僧非俗，兴到题诗骨亦仙。
趣味无穷谁领得，偷闲定欲枕肱眠。
满园景色最宜人，花落花开簇簇新。
回首韶华浑似梦，旷怀今古但存真。
一樽赏玩饶风月，几辈唱酬孰主宾。
笑问紫薇容我对，直庐恍惚记前因。

大殿楹帖

白日飞升君身自是有仙骨；
丹霄仰望我犹未免为乡人。
雍正十年春月高安朱轼[①]敬题

广神仙术以济人功奏平成宝殿千秋焕牛斗；
现宰官身而说法德垂桑梓琳宫一柱锁蛟虬。
乾隆五十七年夏月分宜杨曰鲲敬题

奠安彭蠡匡庐当年植铁柱一茎恬兹海宇；
坐对潇湘云梦此日静金波九派福我乡关。

---

① 朱轼（1665—1736），字若瞻，又字伯苏，号可亭，瑞州府高安县艮下村（今为高安市村前镇艮下朱家村）人。康熙三十三年（1694）进士。清代名臣，历仕康、雍、乾三朝，官至太子太傅文华殿大学士，兼吏、兵二部尚书。为乾隆帝师，乾隆帝御赐“帝师元老”。颇具惠政，世人称其“束其励行，通经史百家”。乾隆元年（1736）卒，谥文端。《清史稿》有传。

嘉庆二十年秋月大庾戴衢亨[①]敬题

神仙事业非虚终古章水安澜全仗神仙平水土；
忠孝英灵不泯到今澹津显化犹传忠孝作津梁。
道光元年冬月南城曾燠[②]敬题

现宰官身忠孝本一生实迹；
行阴骘事神仙乃千古完人。
道光十五年秋月永丰刘绎[③]敬题

观音堂楹帖

音可观乎惟灵感通神座涌莲花超出声闻称上乘；
苦云救也缘慈悲本念珠飞柳露总皈般若渡迷津。

---

①戴衢亨（1754—1811），字荷之，号莲士，江西大庾（今大余县）人。乾隆四十三年（1778）状元及第，授翰林院修撰，选任文衡。累主江南、湖南乡试。嘉庆初年，凡大典须撰拟文字，皆出自其手。嘉庆十年（1805）起任兵部尚书、协办大学士、体仁阁大学士兼翰林院掌院学士。嘉庆十六年（1811）卒，年五十有七，赠太子太师，入祀贤良祠，谥文端。著有《震无咎斋诗稿》。善画山水。《清史稿》有传。

②《清代传记丛刊100·清史列传（五）》：曾燠（yù），字庶蕃，一字宾谷，晚号西溪渔隐，江西南城县人。乾隆四十六年（1781）进士。官至贵州巡抚。清代中叶著名诗人、骈文名家、书画家，被誉为清代骈文八大家之一。著有《赏雨茅屋诗集》《骈体文》《外集》《义学轩》《西溪渔隐》等。

③《清代传记丛刊104·清史列传（九）》：刘绎，字瞻岩，江西永丰县人。道光十五年（1835）状元及第。历任翰林院修撰。道光十七年（1837），以三品京堂官衔任山东学政。后以父母年迈乞归故里。在鹭洲书院及青原书院任主讲近三十年，主持白鹭洲书院十余年，坚持"默承渊源，推阐往绪，昌明正学，鼓舞善类，以省察躬行为本，经明行修为要"的办学宗旨。卒于清光绪四年（1878），享年八十二岁。曾总纂《江西通志》《吉安府志》，著有《存吾春斋文钞》《存吾春斋诗钞》《崇正黜邪论》等。

道光元年夏月萍乡刘凤诰[1]敬题

观到其生我生君子无咎；
音分前世后世尔曹自知。
道光五年春月安福王晓敬题

轩辕殿楹帖

垂百王不易之规制作尽归美善；
普万世无穷之利俎豆永荐馨香。
乾隆三十年秋月新建裘曰修[2]敬题

冠冕衣裳千载肃雍归帝德；
权量衡度九州模范仰皇仁。
嘉庆二十五年秋月南昌彭邦畴敬题

前殿春秋楼楹帖

大哉神勇镇荆楚以奠蜀邦缅故迹未湮就兹凭吊山河赫赫威风如在；

迩矣邻封来蠡滨而抵津岸纵乐郊可适毕竟兴怀桑梓依依情爱交孚。

---

① 刘凤诰（1761—1830），字丞牧，号金门，江西萍乡人。乾隆五十四年（1789）己酉科胡长龄榜一甲第三名进士（探花）。乾隆年间被封为太子少保，担任过吏、户、礼、兵四部的侍郎。曾任湖北、山东、江南主考官和广西、山东、浙江学政，权衡选拔文士，名声远播。道光元年（1821）因病呈请回家调理，道光十年（1830）病逝于江苏扬州。《清史稿》有传。

② 裘曰修（1712—1773），字叔度，一字漫士，江西南昌新建人。乾隆四年（1739）进士。清代名臣、文学家。曾为豫章书院学长。历任翰林院编修、吏部侍郎、军机处行走，礼、刑、工部尚书。曾奉命与鲁、豫、皖三省巡抚巡视黄河，筹划疏浚之策。加太子少傅，乾隆三十八年（1773）卒，谥文达。奉敕编纂《热河志》《太学志》《密殿珠林》《石渠宝笈》《钱录》等。《清史稿》有传。

乾隆甲午年季冬月南昌李友棠①敬题

恭敬堂楹帖

章水波澄异地遭逢联澹水；
澧兰气馥同心情话接金兰。
东汝饶向荣②

钟匡庐彭蠡之奇气节文章百代人材辉史册；
挹澧浦兰江之胜风晨月夕一堂笑语集冠裳。
安城③周步骧

馆启五云中美奂美轮试环看澧水沅江幸兰芷芳菲未歇；
客来千里外相亲相敬应回向西山南浦问梅花消息如何。
新吴甘杰④

本是豫章材后厂前轩百代冠裳增润色；
依然桑梓地气求声应一堂风雨接殷拳。

---

①《清代传记丛刊 143·国朝耆献类征初编（17）》：李友棠，字召伯，号适园，又号西华，江西临川人，名臣李绂之孙。乾隆十年（1745）进士，历官广西桂平、广东和平等县。中进士后改庶吉士，散馆授翰林院编修。十五年（1750）充陕西乡试副考官，次年补授福建道监察御史。又充顺天乡试同考官、贵州乡试副考官。升户科给事中，充会试同考官。曾充《三礼义疏》《续文献通考》两馆纂修官，又任《四库全书》副总裁。嘉庆三年（1798）卒。著有《恬养集》《侯鲭集》等。

② 东汝：江西临川县，今为抚州市临川区。抚河古又称汝水。饶向荣应居于汝水以东，故名。《清代传记丛刊 016·词林辑略》："饶向荣，字绣圃，号绮峰，江西东乡人。散馆改兵部主事。"东乡在临川之东，故名。据《明清历科进士题名碑录》第三册，饶向荣为嘉庆七年（1802）壬戌科吴廷琛榜二甲进士。

③ 安城：即"安成"，江西安福县。

④ 新吴：今江西宜春市奉新县古名。据同治《奉新县志》卷八：甘杰，字枚臣，号次庄，甘韶曾孙，同治四年（1865）崇绮榜进士，当时为翰林院检讨。

昭武欧阳健[1]

梓里雅关情喜澹水萍逢此日风高北海；
桑乾殊惜别问澧江兰讯何时雨话西窗。
古艾刘镇[2]

恭不侮人综十三郡簪绂云兴行见斯文炳蔚；
敬将祀事历千万年烝尝日盛当念创业艰难。
奉新甘常俊[3]

澹水寄萍踪仙界抠衣举目喜悬高士榻；
仁风扬梓里宾筵把袂知心幸聚故乡人。
新建[4]高梧

记昔年澹水留踪胜览芷兰差幸停云小住；
喜今日宾筵把盏谊敦桑梓依然旧雨重逢。
安成彭美[5]

梓桑敦厚谊所到皆名公巨卿今雨弥怀旧雨；
山水证前缘其间有澧兰沅芷他乡即是故乡。

---

① 同治《崇仁县志·选举志·进士》："欧阳健，五十六都欧坊人，寄居郡城。乾隆四十六年（1781）辛丑钱棨榜。官翰林院庶吉士，兼内廷三通馆协修。"《清代传记丛刊016·词林辑略》："欧阳健，字青起，号毅斋，江西崇仁人。"

② 古艾：江西武宁县古名。据同治《武宁县志·选举志》：刘镇，升仁乡人。同治十年（1871）梁耀枢榜进士，当时任户部主事，并参与纂修同治《武宁县志》。

③ 据同治《奉新县志》卷八：甘常俊，字用章，号甸方，奉新法城乡人。同治十年（1871）梁耀枢榜进士，当时官吏部稽勋，兼文选司主事。

④ 新建：今江西南昌市新建区。

⑤ 据同治《安福县志·选举志》：彭美，同治四年（1865）崇绮榜进士，当时任刑部主事。

安成刘沄①

西官厅楹帖

筑室告成别墅另开新气象；
捧檄戾止异乡重聚旧交游。
南昌彭邦畤②

萃章水群英言孝言忠流风犹是西江派；
构澹津别业斯陶斯咏暇日常开北海樽。
临江杨锡绂③

胜地快重经忆曩时风雨一编回首青灯犹有味；
同人还几辈看此日宾朋满座知心白叟更多情。
安成伍锡钊

澹水构新祠把酒言欢莫只道敬恭桑梓；
西江存旧派济人利物也须学忠孝神仙。
剑邑陆如照④

章水庆安恬更欣舟泛洞庭不复患波撼岳阳气蒸云梦；

---

① 据同治《安福县志·选举志》：刘沄，同治四年（1865）崇绮榜进士，当时任礼部主事。

② 据其兄彭邦畴《洪都景福堂序》：彭邦畤，字桂生。道光二年（1822）任澧州判官，同治《直隶澧州志》漏列。

③ 据《清史稿·列传九十五》：杨锡绂，字方来，号兰畹，江西清江人。雍正五年（1727）进士，授吏部主事。累迁郎中。考选贵州道御史。十年（1732），授广东肇罗道。乾隆元年（1736），署广西布政使。六年（1741），授广西巡抚。九年（1744），授礼部侍郎。十年（1745），授湖南巡抚。后又历任刑部侍郎、吏部尚书、山东巡抚、漕运总督。乾隆二十八年（1763），加太子太保。三十三年（1768）卒，赐祭葬，谥勤悫。

④ 剑邑：江西丰城县别名。陆如照，清末诗人，余不详。

澹津欢宴集回想筵开滕阁依然是云瞻南浦雨赏西山。

南州徐兆澜

胜地记游踪是谁学士词宗应共歌南浦烟云西江风月；

他乡欣聚首得此仙人旧馆合付与东山丝竹北海琴樽。

新吴严必大[1]

小靖庐楹帖

堂构恢宏基开南服；

诗书讲习学绍西山。

小蘧胡家玉[2]

从故乡来溯章贡源流认匡庐面目千里一圣百里一贤秀毓山川珍韫匵[3]；

与良友处养湖海气概萃江汉英灵出门有功入门有喜情逾骨肉话联床。

安成伍锡钊

名区培芷兰重游此地章水交联澹水；

雅谊敦桑梓会宴斯堂他乡欢合故乡。

汤臣陈聘三[4]

---

① 据同治《奉新县志·人物志》：严必大，字绳孙，号希周，同治七年（1868）洪钧榜进士。当时官户部山西司主事。

②《清代传记丛刊102·清史列传（七）》：胡家玉，字小蘧，南昌新建人。清代官吏。道光二十一年（1841）一甲第三名进士（探花），授翰林院编修。后提督贵州学正。咸丰七年（1857）充军机处章京。同治三年（1864）累迁至太常寺卿，充四川乡试正考官。后擢都察院左副都御史，旋补兵部左侍郎，充任稽查京通、十七仓大臣。胡家玉屡次上奏，多受挫折。但他尽力尽心，忠于职守，敢于为百姓申言。不久，因病辞官回乡。光绪十二年（1886）去世，卒年七十八。

③ 韫匵（yùn dú）：亦作韫椟，在柜子里珍藏、收藏。比喻怀才珍藏，待价而沽。

④ 汤臣陈聘三：应是名陈聘三，字汤臣。生平籍里不详。

功奠山川神仙忠孝传千古；
泽流桑梓俎豆馨香荐万年。
莲花厅朱之杰[①]

南浦祥云遥笼画栋；
西山爽气高拱仙宫。
安福彭珣

内台楹帖

声相应气相求都是当场出色；
曲弥高和弥寡幸逢同里知音。

澹园楹帖

风月只须今夕赏；
芷兰何必故园看。

水木清华开画本；
琴樽觞咏佐吟怀。

外台楹帖

响遏南浦云万年欢恍听钧天广乐；
调寄西江月千秋岁允为盛世元音。

触目警心大节孤忠堪作则；
骋怀怡志清词绮调好传奇。

① 同治《莲花厅志·选举志》:“朱之杰，字冕群，号冠英，砻西乡第三都莲花上村人（今莲花县花塘村）。中咸丰九年（1859）己未科孙家鼐榜进士，即用。”其子朱益濬、朱益藩均为晚清进士。所谓父子三进士，一门六举人，家世显赫。

今乐亦犹古乐；
后人当鉴前人。

笃培所楹帖

笃桑梓情念切幽冥入此室者常叹凄风苦雨；
培仁厚意泽及泉壤登斯堂也如履春露秋霜。

笃志惓惓麦饭一盂宏德意；
培茔累累苔阡几片慰羁魂。

吉卜牛眠梓谊弥笃；
祀开燕寝藟根克培。

功德林楹帖

功何敢言只缘桑梓相关迫于义不容已；
德原共好更望继绳罔替尽其分所得为。
昭武首事题

傍澧水以结幽居焕大规模便觉香生兰砌；
踞义山而开杰构整肃祀事聊思泽及泉台。
东汝王宜采

莫道楚山孤凭觉路金绳对月谈经超怛化；
须知吴地近仗迷津宝筏临风把酒一招魂。

功斯不朽想旅瘗龙场榆社枌乡敦古谊；
德必有邻偕天涯鸥侣萍踪絮影话前因。

小湖李联琇[①]

白社溯游踪几多幻影浮沤拟向生公求说法；
青山横乱碣一片斜阳古渡欲从江水赋招魂。
子益吴谦[②]

西厅楹帖

江襟澧水本本原原汇贡章而合派；
座挹春风鱼鱼雅雅喜桑梓之同亲。
仪詹张建翎[③]

兰芷郁芳馨几辈潇湘留印迹；
苕岑通臭味一龛香火证因缘。
庠卿李希郊

泛宅到兰江曾领略三楚云山两湖风月；
同堂如梓里莫辜负一帘花影半榻茶烟。

---

①《清代传记丛刊 104 · 清史列传（九）》：李联琇（1820—1878），字秀莹，号小湖，江西临川人，为李宗瀚之子。清代诗人、学者。道光二十五年（1845）进士。改庶吉士，散馆授编修。咸丰二年（1852），擢侍读学士，充会试同考官，署国子监祭酒，期满调福建学政。咸丰三年（1853），擢大理寺正卿。五年调江苏学政，任满，乞病居通州数年。致仕后主讲钟山、惜阴二书院。卒于光绪四年（1878），年五十九岁。

② 吴谦，字子益。《谢甘盘诗文集 · 文集》卷九有《吴子益司马传》，吴谦为金溪人。余不详。

③ 同治《南昌县志 · 选举志》：张建翎，道光二十一年（1841）龙启瑞榜进士。历官湖南龙阳县（今汉寿县）知县，常德府同知。又光绪《龙阳县志 · 名宦》："张建翎，字仪瞻，江西南昌人，道光乙未（十五年，1835）进士。知龙阳县……移官武陵……署澧州直隶州事。均有惠政。前后官龙阳六年。"查《明清历科进士题名碑录》第四册，张建翎为道光二十一年（1841）第三甲进士，因而《龙阳县志》所谓"道光乙未进士"误。同治《直隶澧州志 · 政绩》："张建翎，号仪詹，江西南昌进士。咸丰元年（1851）权知州事。"

信轩徐敬[①]

园林蔚山水之间喜秀挹湘〔澧〕兰馨流沅芷；
桑梓联市廛以上看鸿留泥印燕觅巢痕。
棠村黄树敏

悟园楹帖

山水契幽怀到此只宜多饮酒；
功名成幻境回头莫听暗招魂。
杉湖王彤

枝头鸟语谐天籁；
槛外花明漾月澜。
许廷桂[②]

酒半茶余看更好；
雨微云淡养相宜。
谢煌[③]

雨滋苔石成文古；
日浍花阴入画奇。

---

①《清代传记丛刊 078 · 清代画史增编》："徐敬，字信轩，江西人。官嘉兴府知府，升粮道。工画竹。府署旧有石刻，兵燹后亡矣。"光绪《嘉兴府志》卷三十六：徐敬，金溪人，道光二十三年（1843）知嘉兴府。

② 同治《金溪县志 · 选举志》：许廷桂，咸丰十年（1860）庚申恩科钟骏声榜进士。官翰林院检讨，监察御史。

③ 同治《宜黄县志》卷二十六：谢煌，号雨生，邑北人。道光二十七年（1847）张之万榜进士。以主事即补派充武选司总办，题升职方司员外郎。京察成绩一等，升任职方司郎中，记名御史。后简用为江南道监察御史，授湖南粮储道兼署臬司印务、湖南按察使司。

筠斋黄映霞[1]

吉庆堂楹帖

旅馆停宾车重士崇文澹水竞传章水秀；
欢筵敦梓谊开怀畅饮异乡笃念故乡情。
安成王开运

丈夫志在四方回忆螺山云绕鹭渚烟凝登斯堂隐勤还乡之念；
羁人心切故里最怜野店风寒江舟月冷到此处信有得所之安。
安成李文沆

吉占君子之光有晖；
庆叶同人于门无咎。
安成彭选青

吉生夏屋声气联一堂谊敦桑梓；
庆挹春云光华腾五色瑞霭芝兰。
汤臣陈聘三

馆傍萤台卜云其吉；
客来鹭渚惟适之安。
安成王汝开

兰芷采名区千里湖山如在眼；
榛苓思彼美一堂觞咏剧谈心。
安成伍兆鳌

二千里吉人载访风雨连床浑如对螺冈鹭渚；

---

① 黄映霞，字筠斋，余不详。

十三年庆会重逢江湖混迹最难忘沅芷澧兰。
安成刘子达

安福尚德堂楹联

安宅辟九溪云蒸霞蔚且喜池临洗墨台傍读书七泽三湘新栋宇；
福星来一路雨晦风潇依然堂坐勉耘阁登留帖四灵五老旧冠裳。
邑人伍锡钊

人自泸潇来联桑梓谈道义是训是行得安所止；
基从沅澧辟采芷兰荐馨香以妥以侑降福孔阶。
邑人刘子达

不肯负幽冥栗主题名厚下安宅；
相期恢统绪兰江混迹广辟福门。
邑人伍锡铨[①]

---

① 伍锡铨与伍锡钊只有一个字的区别，且同为安福县人，应为兄弟或堂兄弟。余不详。

澧州津市万寿宫志
卷之九

章　程

礼，时为大，称次之，宜次之[①]，明不可执一以贼道也。然纲纪不立，典则不定，徒借口于因时制宜，则遂有假公济私，便一己而不顾全局，狃[②]目前而不计久远者。名为补弊救偏，实则变本加厉。吾馆中奉行各端，或典礼攸关，或义举所系。皆几经诸先哲咨谋诹度，折衷充〔允〕当，果然同心合志，持循勿失，纷更勿事。自足免陨越于下以诒羞[③]，而非仅有其举之，莫敢或废[④]。《礼经》有明训也。志章程。

坐班仪节

澧州额设州判一员，驻扎津市。因迭遭水患，上谕亭未即修建。恭遇两宫皇太后万寿，皇上万寿，及元旦、冬至令节，诸典礼向就宫中举行。前期一日，官遣书吏持名刺知会绅首，旋即饬住持僧督率长班洒扫殿廷，张结灯彩。并约订同事二三人住宿宫中，只候届日五鼓，官朝衣朝冠，至春秋楼前降舆，步进阶墀。绅首整肃衣冠，迎于殿外，随班拜舞，行三跪九叩首礼（通赞赞排班）。官设席于东阶上，绅首设席于东西阶下，各就位盘坐。少选（通赞赞礼成），彻班绅首导官由殿右入恭敬堂，换朝服，捧茶，备面筵一席，献酬无算爵。

---

① 出自《礼记·礼器》，原文为："礼，时为大，顺次之，体次之，宜次之，称次之。"

② 狃（niǔ）：拘泥，因袭。

③《左传·僖公九年》："恐陨越于下，以遗天子羞，敢不下拜？"

④《礼记·曲礼下》："凡祭，有其废之，莫敢举也；有其举之，莫敢废也。"

席散，仍送官至春秋楼前升舆，回看民班收检各铺陈器具乃散。惟元旦则不邀绅首陪班，亦无酒果及迎送仪节。

官祭仪节

正月二十八日为真君圣诞，八月朔日为真君飞升之吉。地方文职官长沿溯旧章来宫致祭。辰刻，公服戾止，趋从咸备，至春秋楼前降舆。鼓吹交作，绅首四五人迎于殿外，升殿拈香，行二跪六叩首礼。礼毕，绅首导由殿右入恭敬堂，易公服小坐，捧茶，预备果筵早面。席散，仍送至春秋楼下升舆。

经管

客总之设，外以谒见官长，内以约束同侪。必宜慎重其选，方足维持地方。本馆首事历由南、抚、吉、临各郡馆公举一人经理，馆中事件更举二三人襄佐之。遇有官长扎辨〔办〕[①]公事，如捐助军饷及工筑、储积、善后诸大务，则凡绅耆有名望者，俊秀有才识者，富厚而馆中出力最多且久者，皆约至恭敬堂。平心参酌，互相赞替，实事求是，期于有裨益而无窒碍。上足效涓埃之报，下亦不招丛脞[②]之讥。如或有假公报私、损公利私以冒昧而偾事，以执拗而干戾，及始勤终怠、阳奉阴违者，惟各郡馆首举各人受其咎。

轮值

津为澧南〔东〕名区。吾乡人牵车服贾奔走偕来者，南、抚、吉、临四郡较多，瑞、建、袁诸郡则昔多而今少。故馆中向有六府首人碑，而今则轮流值年只有南、抚、吉、临四郡。周而复始，馆中一功〔切〕帐〔账〕目皆由值年经管，其进项若干，出项若干，原有旧册可稽，于当进之项固不容徇情，任私意为轻重，于当出之项亦不容踵事增华，渐开厉阶。每年四月间新旧交接，先定吉期，命

---

① 繁体“辦”与“辨”形近致误。

② 丛脞（cuǒ）：细碎，杂乱。

长班知会各绅首。届日绅首毕集，开箧点视契据，不准遗失片纸只字。随即公同封锁，然后翻阅簿本，查核进项有无减少，查核出项有无增添。或时势所值有难免费用之处，亦须三面指明其允当与否。倘上手出进数目有变，乱旧规轇轕[①]不清，则下手坚不承领。如有余存款项亦须随簿本交出，如有垫用项款则须由下手照数补还。上手不准私相授受，不准互相推诿，不准挪东盖西，不准移甲作乙。总之，一经承管，则馆中日行事件皆值年者作主，故不得不再三详慎。查核完竣，授受清楚，晚刻设常馔两筵，各就坐行无算爵，尽欢而散。

排解

吾乡习尚敦节义，重廉耻，崇礼让。虽远作寄公，逐逐廛市，而流风遗俗类能葆而勿失，故同室操戈诸鄙陋恒不经见。然亦赖排难解纷，素定馆规。各行号遇有争竞之端，经郡邑中戚友调释，尚各执一见而不相下者，诹定吉日，具乡晚候教红柬，饬长班礼请列列绅首。届日陈茶饼，设筵席，诉者先往馆中，祗候维谨。俟绅首毕集，具香帛，吁告真君，行二跪六叩首礼。然后诣恭敬堂隅立，具陈颠末情节。其有银钱帐〔账〕目当以簿本约券为凭者，亦即随带身边当众缴验清核。各绅首或以情谕，或以理遣，徐命长班约被诉者到馆，跪吁真君前如初。然后法语巽[②]言善为开导。许反覆问难，而不许詈骂辱诟，许指摘明辨，而不许酗〔凶〕暴斗殴。或实或虚，孰是孰非，事轻则立断，事重则暂缓二三日。或其中另有枝节，别有委折，头绪纷繁者，由绅首确访会商再行调处。总之，曲直可否，一经绅首论定，即有桀骜之子、谬戾之夫渎呈官宪，亦可由绅首禀明事由，恳请官长据案判断，或并请息讼销案。如事关图赖影射取利，由各绅首澈〔彻〕[③]底查出，凭证确凿者即时呈送官长究惩，以儆刁顽而安良善。其事涉祖孙、父子、夫妇、血亲相争及奴婢诬告，

---

① 轇轕（jiāo gé）：交错，杂乱。

② 巽：谦恭，谦让。

③ 繁体“徹”与“澈”形近致误。

身充差役，并闺房暧昧不明各端，皆不准开馆投诉。

用度

圣经云：生财有大道，生之者众，用之者舒[①]。故自来制用之法不外于量入为出，徒开其源而不节其流，财未有能是者也。本馆此次升修工程浩大，空诸所存，虽厘头尚未截止，然不谋省啬而用节以制度，则前之空项未弥，后之空项又至，日积月累，将伊于胡底乎？

查馆中祭祀祭产原可支持，外此如住持斋粮岁需制钱二百千文，此外而长班辛力并收拾仓廒等费，系必不可少之需。至于各衙门规礼，吏胥年节之赏赐，仕宦张罗之馈赆[②]，虽所费无多，然非事权归一。遵守旧章，则人人得以主张，不足以节縻费，而绝假公济私诸弊窦。在列列绅首，事务繁剧万难，责以此等细务，特议定馆中日行事件，一切用度均归轮流值年之郡馆经理。某事开消若干，某处开消若干，皆有旧簿可稽。每遇支用对核明白，方准发交。如有用浮于旧，则轮交时下手断不承管，其所浮用之项，不论是何人主使，何人券约，概归轻于应付者垫赔方可交出帐〔账〕目。如此办理，责无他诿，任无旁贷，庶几视公如私，涓滴胥归实用。列列绅首亦须格外体贴，毋以无名之耗费致经手人为难。所以立议严刻者，原以有用之财，不可耗以无益之举动。蓄积宽裕，则义渡、惜字、积谷诸善举皆有所恃，而不必竭蹶于旦夕。是馆中多储一分力，即馆中多行一分善，而非徒红陈贯朽[③]，侈观美于人世也。

住持约

本馆招僧住持原为侍奉各神殿香火而设，由来已久。虽住居市

---

① 出自《大学》，原文为："生财有大道。生之者众，食之者寡，为之者疾，用之者舒，则财恒足矣。"圣经：神圣的经籍，非基督教所谓《圣经》。

② 馈赆：赠送行资和财物。

③ 红陈贯朽：粮食经久腐坏，颜色变成红赤色，穿铜钱的绳索因天长日久而朽烂。形容资财充足，钱粮无数。

井，不必如山泽枯禅坐破蒲团，持斋苦行。然既皈依空门，自应加意清修，不染尘俗。供膳斋粮岁给制钱二百千文正，每年由值年处发交，并长班知事人等工食在内。又胡平垱①田二十四亩有零，由僧自行征收粮，在东一里为区②，亦由僧自行完纳。

馆中日行公事自有绅首经理，该住持不得干预。惟添注香油，必诚必敬，洒扫廷案，必谨必恭。照料前后门户，是该住持专责。凡左右楼房，不准堆放货物，亦不准租赁客商。除我省名公巨卿来津张罗应请入馆住宿外，江西之客号行栈均不准来馆借寓。地方有司官上下任之交亦向无借作公馆之例，不独女眷不得入馆住也。至所有古玩灯彩，帐幔帔垫，铜锡竹木等用器，皆须随借随还，坏则即时赔补。

以上各节皆惟该住持是问，如有强有力者冒昧作主，该住持无可如何，即须遍诣绅首处诉知颠末。倘敢故违禁约，扶同隐护，一经查出即将该住持逐革。

应酬礼节

吾乡乡谊最厚，士大夫南辕北辙③，凡经过津镇皆闻有宾至如归之乐。津地僻处一隅，行店无多，所以尽地主情者每苦心有余而力不足。举人、五贡及乡、会、钦赐④、武举、武进士各班例由各郡、邑馆应接，向不干及省馆⑤。惟甲班⑥以上则请住宿馆中，通拜合省宾既到馆，由同郡绅首便服陪步上街，先拜各郡绅首，各郡绅首随即回拜。择日馆中备酒筵两席洗尘，然后亲拜散卷至津地〔者〕。毗连

---

①胡平垱：田山图作“浮萍垱”。

②为区：应是以《千字文》划分区块。《千字文》中有“露结为霜”句，此取“为”字。

③南辕北辙：此指从四面八方而来，犹说南来北往。而作为成语的意思是行动和目的正好相反。含贬义。

④乡、会、钦赐：指旧时参加乡试、会试中榜者和皇帝恩赐，貤封功名者。

⑤郡、邑馆：江西在津市的府、县会馆。省馆：万寿宫。

⑥甲班：指文进士。古代进士分为三甲，即赐进士及第第一甲、赐进士出身第二甲、赐同进士出身第三甲。

江省郡邑中无一人在津者尚多，近有无耻之徒假冒窎远之籍贯来此欺骗层见叠出。是以公同酌议，凡来此地张罗者必须有同乡识认之人，或别市戚友的实①可靠荐书始相应接，否则不但不理，并即禀官究办。至于贶仪酌定多寡无许增减，应将数目开具于后。

状元敬馈银六十两，榜眼、探花敬馈银四十两，翰林敬馈银二十四两，主事、中书敬馈银十六两，即用归班敬馈银十二两。

惜字

字之为用大矣哉！吾侪得以饱食暖衣免畎亩作苦之劳者，字之力也，可不敬与？可不惜与②？

道光辛丑岁（二十一年，1841），绣谷涂君廷瑜捐制钱二百千文入馆为倡。涂君本家非素封，而雅意好善，解囊乐助，独捐多金，诚为一乡之巂〔隽〕，不可数数。觏③同人竞劝，历久不渝。馆中制备竹篓铁箝，择质朴可靠之人排日分地，前后左右各街，五日中周而复始。凡墙壁、沟渠风吹雨透，坠落污秽，必须敬谨检〔捡〕拾入篓，归用洁净水洗涤晒干收贮，每月朔、望就炉煅化，仍用洁净纸将灰包封，送至江心急流处。其每日收字若干，则由住持僧稽查，或洗或焚，亦由住持督视。如遇风雨不能出户，则俟天气晴霁后赶紧加工，以补前数日旷废。如所用之人懒惰不力，立即遣出，再择长厚者相委任。总之，事期实济不可徒受虚名，惟愿后之君子再三加意于斯举也。

积谷

积谷之法即古社仓之遗制，年丰谷贱则储之，年凶而谷不足则出之，诚为备荒良策。然不善为经理则或储而不出，或出而不复谋储，终无以历久而法不敝。

---

① 的实：真实。

② 与：通“欤”，疑问语气词。

③ 觏（gòu）：遇见。

馆中积谷始于同治三年（1864），州宪廷[1]转奉南省各大宪扎示举办。其费皆由各行号捐助，而经管之权仍畀之馆中绅首。官第考其成，岁终委员稽查其存否，其出入之数官不过问，法之简便易行，从无有逾于此者。绅首皆仰体各宪德意，悉心筹商，粜陈籴[2]新，期免朽蠹。值南省连岁稔收[3]，谷价甚平，迭次发售，迭次采买，现仍存谷四百四十担。后之人踵而行之，务宜勿惮烦劳，推行尽利，则新旧乘除，吾馆中可免于赔累，所以裨益地方者岂浅鲜哉?

义渡

津市列肆于大河以北，向以小划济涉，春夏泛涨，波涛汹涌，问津者咸凛凛而有戒心。咸丰十年（1860）始有义渡之设，修造船只，供给船户，吾馆中独任其一。每届造船两号，每号约费制钱七十千文。以一号往来飞渡，以一号藏贮于南岸上空屋中，岁周船当上岸修舱，则以贮屋之船下水，免至旷日阻涉。每次修舱约费制钱三十千文。募一人充水手，长居船中，每月支发工食制钱二千四百文。凡客商过往不准讨取分文。其篙橹等件又岁费钱三千文不等，皆由值年者核给。如管船之人懒惰不力，呼唤不应，一经查出，或被诉告，立即遣革，另雇长厚，不容徇情容隐。

救生船

津居澧城东偏，九溪交汇，滨于洞庭。洞庭所受水如锦江、湘江，皆宽广三四里，源流数千里，下此者尚不一而足。值春夏盛涨，猪〔潴〕蓄盈满，泄消迟滞，慈、永、石、安诸山水暴发，无余地以相容，岁辄泛溢。而津市罹其患，怀山襄陵，浩浩淼淼，弥望田庐，都成巨浸，列肆闭户，动逾旬日。垸岸居民争棹小舟逃避高阜处，

---

① 州宪廷：姓廷的知州，同治三年（1864）澧州知州为廷桂。同治《直隶澧州志》卷二“城池”：“州牧廷桂接修……兴工于同治二年（1863）正月十八日，工竣于同治四年（1865）四月十五日。”

② 粜（tiào）：卖出谷物。籴（dí）：买入谷物。

③ 稔收：丰收。

俟涸退乃反。其无力造舟者则效古巢居，居林薄檐栋间。灶沉蛙产，炊烟断绝，势在则然也。

吾乡诸君子慨然悯一方之昏垫，思有以洒沉而澹灾[①]，于是解囊乐助，有救生船之设。船身较义渡差小，每次修造四号，以两号梭巡外河，以两号泳绕后湖。水落则操以两人，水涨则以三四人驶驾。更分命长班坐船上，监督于沿河漫没之处，若处有矶，若处有桩，用竹竿一一标识水中，俾船只往来永无搁礁碰损。如或风涛险恶，忽有桅折柁[②]摧之患，则飞棹救援，先渡人口，后济货物。不容贪顾货物，致伤人口。如遇堤垸抢险及壅溃决口各虞，则并携带粥糜饭颗，干粮火种，逐门挨户，排日计口，赈济彼穷檐小户。倘奔投安插有路，则随其所指之地妥为护送。年来全活岁以千百计，此固由我真君冥漠默佑，导引迷津，然亦赖实心实力，经理得人，方不至虚縻[③]金钱。计每船修舱工食岁约费钱九十千文，而施赈所需尚不在此数。经始筹存之款不敷支用，故不得不归公担承，由值年者给发各费，免时作时辍之患。继自今有基勿壤〔坏〕[④]，慈航普渡，跂予望之。

水龙公所并三次始末

水龙之制以创自粤东者为最善。御灾捍患，仓猝中力可回天。故通都大邑多豫备以戒不虞。津市五省辐凑，人烟稠密，接栋连檐，向只有太平水桶之设，其设备水龙则自本馆始。

道光十年（1830），我江西各行号醵[⑤]钱五百余串，各府分领分存生息，就粤东制造水龙一架，约费钱一百七十余串。其余款仍旧公存，以供出龙各项使用。嗣因连次救护，水点低小，难资得力。道光十有八年（1838），我江西各行号加捐钱四百余串，由粤东

---

① 洒沉：扩展降低水位。喻义治水。澹灾：消除灾害。
② 柁（duò）：舵。
③ 縻：通“靡”，消耗。
④ 繁体“壞”与“壤”形近致误。
⑤ 醵（jù）：凑，聚集。

置造老龙渡，带并觅购新式水龙一架，约费银一百五十余两，扣制钱将三百串。又灯笼、铁叉、铁勾、铜管、木器等件，约费三十余串。同治十二年（1873），又由我江省各行号续捐制钱四百余串，再向粤东添购水龙一架，约费银一百二十两，扣制钱近二百串，置备号褂等件，又约费五十余串。其出也，视警之大小为缓急，视地之远近为迟速。每出一龙需用人夫四十八名，夜则加灯笼及巡手二十名，每名给辛力钱三百文。或半路而止，或至地得免开龙，辛力减半。每年正月约集各团丁壮，设酒筵十二席，散给腰牌、号衣、籐笠，书写姓名、住址，悬泐馆中牌上。闻警则踊跃齐集，趋赴争先，毋许片刻濡滞。如有临点不到及故意延缓者，公酌严罚。倘遇不测，残毁损伤，各安天命，不得借端图赖影射。已禀请州宪给示立案，又于各行店中轮委二十户作为值年照料。有警各派伙工一人随龙督催，弹压稽查。若轮值该行店，而并无一人到患所者，公同酌议重罚示儆。事关兴役动众，必须统率有方，是用不辞复赘，记载分明。且三次购运其来匪易，果能循循旧章，则工食不至虚縻，善举始收实效。是所望于同乡中后之君子，无任良法美意一旦坠废。祷切！企切！

义茔

吾乡公茔山地惟津市为最多，笃培所、功德林、吉庆堂、清远堂尤其大彰明较著者。此外各郡、邑馆公私所购尚不下十余处，已一一图志，无任失业矣。

顾津地虽五省并居，而五省之外要不乏零星户口，无力启建客宇，置设公山。遇有死丧之威〔戚〕[1]无地安厝，几若穷民无告。乡先辈恻然悯之，特于本馆后边相距半里许契买彭、魏两姓荒地一大块，横直均约长十余丈，凡死而无所归者曰于此殡。殡日但须先知会值年绅首、馆中住持及长班人等，均不准需索分文，以示体恤。现在已二百余种〔冢？〕矣，是亦好行其德之一端也。

---

①戚：忧愁，悲哀。威、戚形近致误。

培茔

清明祭祀，祀典门载之綦详。然披白草于北印〔邙〕，俯青苔于东郭，狐狸攫穴，蝼蚁溃堤，一坏〔抔〕之土有不可不加之意者。吾乡义山多所，向定有培茔规条，每届花朝前后，风日晴和，绅首约邀四五人或六七人不等，历相各处义茔有无凹陷，分命山户壮丁排日定方，筑填崩裂。岁费金钱数十缗，或多至百缗，其有好善之家解囊乐助者听。是亦《周官》掩胔、《月令》收骼之遗意也。俟清明播祭，查阅后方唤集各丁壮计功授值，以防侵冒矫诬诸弊。

同善堂

善何以同，善与人同也。洋洋圣谟，作善降祥，吉人为善，惟日不足，即乐取诸人以为善，亦奚必大启尔宇哉？不知主善为师，非有以相观而善涣者萃之。则虽人之欲善，谁不如我而不践迹，亦不入于室，终无以好善优于天下。此津市同善堂之建所为亟亟也。

堂开于同治五年（1866），而实倡始于孙君楚三。孙君籍隶吉安泰和县，性质朴，商居常郡[①]最久。见楚北生生堂善局怦然有动于中而不能自已。既率同志试办于常郡，觕[②]有头绪，只身来津，谋于吾馆中各绅首。时魏镜虞[③]先生牧澧州，故与聂君萃生契厚。时咨访地方利弊，萃生因先举同善堂规条白诸魏。魏再三嘉尚，并允为批准出示，乃与潘君艺圃、李君芳园大会吾乡人于恭敬堂，悉心妥酌。初拟吾馆中独肩其任，继而思之博施济众。尧舜犹病，且万万不能择地而施，择人而济。若必专属于吾馆中，微持善不积，不足以成名，而善量所及，恐终狭而不宏，隘而不广。计不如扩而公之，于合市则推行尽利，广大溥博。虽堂中所辑各项使费，吾乡人醵助数

---

① 常郡：常德府（今常德市）。

② 觕（cū）：粗略。

③ 魏镜虞：魏式曾，字镜虞。同治五年（1866）在任知州。同治《直隶澧州志·职官志·文职》："魏式曾，直隶临榆举人，同治四年（1865）九月升任。"又卷二"城池"："同治五、六两年（1866、1867），州牧魏式曾捐资筹款，逐处补修完整。"

过其半，亦有所不遑计及者。善之感召者，微出纳之吝，非所以语于好善也。

既定议，因约集五省及本地殷实富户、公正绅耆共襄善举。首育婴，次医药、惜字，次棺木，次寒衣，以次举行。夫津市行店吾乡人十居四五，业已列肆授廛，俨然贾贸，即非人皆敏聪，户皆富厚，其饮食、衣服、疾病、医药诸事，视作苦田间者或相什伯，或相倍蓰。是堂中所辑之资出之者莫多于吾乡人，堂中所散之费受之者又莫少于吾乡人。假令馆中绅首狃于习俗之见，见善不迁，稍存吝啬之意，计算之私，而较量其捐集之多寡，综核其施受之有无，则虽有孙君之倡导，聂君、潘君、李君之主张，恐厘头乐输诸务未必驱而之善，民之从之也轻。

惟我真君默佑善类，启迪善机，俾吾乡人各充不忍人之心，以行泛爱众之道。不斤斤于损益利害，得一善则拳拳服膺，但期善善从长，而浑忘乎为仁之由己。十年以来，养育者以百计，全活者以千计，善果岂有涯哉！

顾萃吾乡之人，竭吾乡之力，赞成善举，几日迁于善而不自知。吾乡人可不居其功，可不争其名，而万不可不考其成。每岁施散膏，散寒衣，及岁冬清算出入各帐，必须知会吾馆中绅首赴堂稽验，然后发给。或书榜悬浉门墙，盖大公自在人心，非无故而漫相推重。《澧州志》具载："同善堂，津市客商公建。"盖纪实也。

厘头

古语云：大厦之任非一木所独支，粹白之裘非一腋所能成，明天下事众擎则易为力也。津市逼近洞庭，地本泽国，漂没浸溺，墙壁苦于剥蚀，柱板苦于朽倾，百年中吾馆继长增高已三次矣。吾乡公私各祭产、公项山田、房屋赁息岁入约共三千余串。除支给应用各款，剩存要亦无多。前次升修，佥议仿照旧章，兴举厘头，凡吾乡商贾售货津地者，每串酌取三文。本街各行号则随其力之大小，先书定多寡之数，每年三四月之交，各郡馆轮值交帐之先由值年选定吉期，备设彩觞，分作四五日柬请他处及本市列列宝行，列列宝号，费用近三百串，故厘头酒筵为吾馆中一胜会。事毕，公同定日约集绅首步诣上下街铺户，按数清收，至上下河各市分裱厘簿，于油广山货诸行托其收存，汇缴并牌开姓氏、数目，悬挂恭敬堂中，任便稽核，以防侵挪吞蚀之弊。计本街门面岁约获制钱八百余串，上河、下河及附近各乡埠岁约获制钱一千二百余串，而上河实居三之二。三十年来，吾乡人踊跃输将，黾勉从事，敛资甚巨，得以舍旧图新，美轮美奂。今虽庆叶落成，而空耗不少。且须预筹善后，惟冀慎终如始，矢公矢正，出纳明允，俾积少成多。大业富有，则吾馆幸甚，吾乡幸甚。盖取不伤廉与不伤惠，所费者小而所就者大，意美法良莫有逾于此者。事非创自吾乡，窃愿吾乡人历久弗渝也。

澧州津市万寿宫志
卷之十

碑　记

夏鼎商彝，群钦法物，汉碑秦碣，如见古人。抚往迹而摩娑，结遥情于征考，岂好奇哉？日月流逝，阅人成世。将立言以寿金石，俾立德立功，垂之不朽也。我乡祠创自康熙初年，灾燬两次，《纪》《志》都残。欲稽其事，而故老久已无存者。幸而神灵呵护，近三次升修记文犹在。因得沿溯百年来之若何相度，若何缔构，不啻起九原而相传授。又何况煌煌宪示，同勒贞珉，贤司牧加惠羁旅，意周而挚，词峻而严。如下张庙修复之教，如上孙冢颓毁之表，永足防维于靡既[①]，皆当保守而勿失耶。志碑记。

重修万寿宫记　嘉庆己未四年（1799）

万寿宫之名锡自宋政和之世，所以褒祀都仙许真君者也。真君操儒术而治功纯，参道妙而神功普。其捍御之劳著于江淮蜀楚间，乡人倚为江西福主。凡服贾于大小都会者，必求所以联桑梓之地，则奉真君而庙享之，祀功祀德于礼为宜。澹津万寿宫之建意犹是也。

宫故在津渡口之北，相传草创于康熙初年，地湫且隘。甲午（康熙五十二年，1714），市大火延之，乃更爽垲于今所，制维备焉。乾隆二十九年（1764）甲申之遭回禄[②]也，燬其前关帝殿，而正殿尚无恙，故旋就修复。越岁癸卯之冬，是为乾隆四十八年（1783），则自真君殿以北悉为祝融氏之墟，其烬余者惟重修之前殿及门观耳。都

① 靡既：没有穷尽。

② 回禄：火神名，俗因借为火灾之称，吴回与陆终的合称。

人士其相扼腕，亟图兴建，用推吴子锡纯、饶子秋芳、彭子淑堂等董其事，襄赞者复十数人。募籍补出自经商行旅于津、侨寄于州之五属者，咸解囊输助惟恐后。时乃鸠工庀材，经始于丁未（乾隆五十二年，1787）孟冬之吉，先真君殿，次观音殿、轩辕殿，他如恭敬之堂、禅栖之地、庖湢之所胥就叙焉。而且福神之像靡不脩贲，镛磬之案靡不具设，黝垩丹雘靡不精且丽也。经费万计，不二载而考其成，吾乡人之踊跃襄功有足嘉者。

迄今历一纪[①]，尚未有记。余适来自都，吴、饶诸子告余曰：宫前经再燬，古碣俱瓦砾碎矣，兹不有述何以示后？请记之。余惟客之有馆犹家之有祠也，祠之设将以表扬家范，昭兹来许，于馆何独不然？况我真君之道原本忠孝，生平立德立功并非幻不可据之事。吾乡人畏其神，服其教，幸际我国家府事修和，海寓清晏，乃得牵车孝养以来于此。惟循循焉奉法畏罪，守信达顺，排难解纷。如是同心之臭杂兰芷以荐馨香，人和而神降之福，斯为不失崇祀之本意也夫！余不文，谨详其颠末而质言其指，以为之记。

金溪黄丹桂[②]拜撰并书

历次建修执事首人：

置买田产：吴桂生、王顺卿、胡德华、彭济伯、汤子贞、苏秀瑞、胡应昌、黄圣庵。

置买宫殿基地：徐观乾、汤汉晢、彭济伯、苏畴九、吴桂生、胡应昌、彭汝瑞、徐绍苏、王顺卿、黄圣庵、刘德华。

起首建造：徐绍华、宋茂珍、彭汝瑞、苏畴九、吴桂生、熊焕章、王德辉、汤汉晢、彭济伯、余来其、黄可盛、胡闵若。

丁未年重建真君殿、观音殿、轩辕殿六府首人：周拱北、宋茂

---

① 一纪：一般为十二年。从乾隆五十二年（1787）升修，至嘉庆四年（1799）作《记》泐碑，适一纪。

② 同治《金溪县志》：黄丹桂，字民安，幼敏异，古文诗词俱能。嘉庆元年（1796）赵文楷榜进士。选授安徽太和知县。九年（1804），分校江南。后因公罣误归。优游林下，著述自娱。主仰山书院，讲席十年。著有《亦园文集》四卷、《平泉外集》四卷藏于家，年八十四卒。

春、彭大勤、杨万盛、宋茂盛、戴耀廷、胡永和、饶秋芳、罗万丰、章恒发、谭怡茂、孙益隆、陶锡九、黄同茂、陈永顺、吴锡纯、周吉昌、聂隆顺、杨吉顺、雷恒发、周信昌、胡乾大、邹大有、彭淑堂、聂源聚、周集祥、胡全美、梁昌丰、戴悦茂、胡胜章、宋子辉、宋洪顺、刘章登、潘以安、彭璟山、戴郁章、彭子龙、于中和、吴永盛、韦永盛。

六府建碑首人：雷宏泰、李大德、杨万盛、詹永发、胡大兴、吴洪茂、罗万宁、黄同茂、公盛号、曾福隆、宋茂顺、振远行、陶锡九、鞠义顺、启盛号、品泉馆、聂源盛、徐合盛。

住持僧觉向率徒性海、徒孙澄泉

嘉庆四年（1799）岁次己未秋月中浣穀旦，阖省公立

重修万寿宫记 道光丁酉十七年（1837）

盖闻莫为之前虽美弗著，莫为之后虽盛弗传。事固有前人所未备，而必待后人之经营者，岂特以大规模、崇庙貌为壮观地哉？正以妥神灵而肃祀事耳。

澹津万寿宫，自康熙甲午（五十二年，1714）历乾隆甲申（二十九年，1764）、癸卯（四十八年，1783），叠遭回禄。乡先辈起而修于乾隆丁未（五十二年，1787）冬。美哉！始基之矣。但地势湫隘，时值冬夏不无冯夷之患[①]。且轩辕殿桷仅半楹，而庖湢[②]之所逼居其后，有心者未尝不急欲为之继长增高。无如费用浩繁，难以骤举。嘉庆乙丑（十年，1805），合省议捐厘金，不数年，而各府捐资分收分用，以致十余年积聚之功未归画一。

兹当我皇上御极之元年（1821），时和年丰，民安物阜，都人士见修葺之功不容或缓也，爰将从前所分收者复为合之，鸠工庀材，得所借手。又得四美堂所置西角空地添建客厅、僧舍、厨房。客厅之前筑小园，栽花种竹，咏月留云。士君子往来于斯者，莫不欣然

---

① “时值冬夏”应为“时值春夏”之误。“冯夷之患”为水患，冬季不存在水患。

② 庖湢（páo bì）：厨房和浴室。

憩息于其间，此皆补前人所未备者也。其广大而崇高者，前为春秋阁，旁构钟鼓楼，后建宝盖亭。经费白金一万有奇，屈指三载告厥成功。宫殿之巍峨，楼阁之焕映，较诸畴昔更成巨观矣。

夫天运有循环之理，而人事亦因之以新。道光辛巳（元年，1821），距乾隆丁未（五十二年，1787）三十余年矣，重建之功至今始称美备。盖其所为经理者不知几费精神，几费筹画，而后美轮美奂之象，庶克告无负于前人也。今蒇事已越十年，吉州、羊城[①]诸君以开拓之基址为四美堂，所独捐似为不可，两郡共成四百缗襄厥事。呜呼，善哉！于以知真君之德化其入人肌肤也甚深，故其利赖斯民也无不至。福既溥[②]于西江，恩且周乎南土。书云：明德惟馨。能无瞻拜而庄诵之？

是为记。

阖省绅耆公立

仓屋墙间碑

尝读《易》，而至暌（睽，下径改）卦六爻皆元〔先〕睽后合，遇元夫则四与初合矣，往咎则五与二合矣，往遇雨则上与三合矣。朱子曰：睽者，言始异终合也。理诚有之，事亦宜然。

自道光二十年（1840）岁次庚子，阖省商议，原见得四美堂房屋基地紧抵会馆，低塌朽蠹，亟须升修。是以邀集吉州、羊城首士同议，归入阖省建造仓屋，作价钱一千四百缗。吉州、羊城两府品补四美堂钱七百千文，所有仓屋基地及前街店面、房屋基地概归阖省恭敬堂，创造仓廒二十五间，共用费三千余金。其钱仍系各府派捐，凡有由豫章而迁澹津者解囊捐金，共襄盛举。由是而睽者终合有萃象焉，故者复新有鼎象焉。而维桑必恭之情将自此而益起矣。岂尽沾沾然徒竞乎锥刀[③]哉？爰次其事以寿诸珉石云。

---

① 羊城：江西抚州的别称，非指广州。

② 溥（pǔ）：广大，普遍。

③ 锥刀：喻从事微贱工作。

道光二十四年（1844）甲辰孟秋月上浣，阖省公立

谨按：宫中碑碣无多，而仓屋墙间所泐及道光十七年（1837），具载道光初年升修之碑，皆不列一姓名，此固由乡先辈厚道然。即其兴大工，竣大役，不沽名，不要誉，并可想见其不怀私见，不便私图。若竟坐视其湮没，不足卸后进之责。幸而二三父老犹有目击其事者，因再三延请询访，据云四美堂者原系南、瑞、建、临四郡公业，则碑所载吉安、抚州各补钱四百缗者，可以恍然于其故矣。

至于总理升修，则云系雷丈松圃总其成，而王瑞和、彭子龙、聂采辉、罗秀川、李子韬、宋茂春、周茂忠、胡海如、刘玉泉、彭镒三、雷东山、李锷等襄其事。夫松圃即秋谷尊人，同治甲子（三年，1864）之役，秋谷实董司之，父子相承，后先济美。非秋谷之亢宗克家万难，语于斯，然则作善降祥，报施不爽。吾乡人有志为子孙计久长者可以兴矣。因特表而出之，附于碑记后。

重修万寿宫记 同治三年（1864）甲子

津市万寿宫不知创自何时，相传始自渡口北，后徙今处。因迭次燬于火，碑碣皆剥陊不可考。可考者独嘉庆乙丑年（十年，1805）[①]及道光十七年（1837）之记耳，忽忽又三纪矣。天运有循环，人事有倚伏，盛衰兴废两间之变局，实两间之常理，况地势如津哉。

津滨洞庭，澹水迂绕廛肆，地狭而长，状如堤彰，关山峙其对岸之上游。每夏秋霖潦，慈、永、石、安诸县泉源坌涌[②]，沟浍皆盈，河身不足以容，怀襄告警，岁罹其患。街衢阻不通，往往闭户匝月，若非预偫[③]食物，类不免饿殍之惧。故居是地者其庐舍墙垣辄十数年一升修，或数十年一升修。犹忆咸丰戊午（八年，1858），余侍家君避兵南来，借万寿宫西偏读书，值夜半水溢漫堂奥，排房闼，宫以内顿成巨浸。余坐榻上不得下，双屦倏已漂没。三日乃涸退，急归省。时余家幸居高阜处，水固未及闑[④]也。家君因语余以宫本爽垲，

---

① 前所录为嘉庆四年（1799）《重修万寿宫记》碑，嘉庆十年（1805）应误。
② 坌（bèn）：聚，坌涌，涌出。
③ 偫（zhì）：同“偫”，储备。
④ 闑（niè）：竖在大门中央的短木。

历年孔多，四邻皆筑填，恍如陵谷迁变，凸者忽凹，峻者反低。前已佥议升高，以工费浩大未可率尔兴作，故迟迟其役。夫以吾真君斩蛟馘蜃功德不在夏禹下。今幸水土平成，灾澹其鱼，得以远授一廛，奔走偕来。顾忍令水溢殿廷，污秽阶墀，寺僧楼居，香熄灯烬，非所以昭对越致虔共也。

第吾辈一介佝愗，未获握尺寸柄。上之疏瀹决排，如苏之浚湖[1]，郑之穿渠[2]，除水之患以受水之利；下之亦不获筑坝设戗[3]，仿佛海塘河岸足资捍圉[4]，大有造于津。计惟有高因丘陵借免下为川泽耳，以邻为壑，固不暇恤也。越六载癸亥（同治二年，1863），余幸通籍于朝。明年假旋迎养，迂道过津，具香帛，谒谢真君，则美轮美奂，丹楹刻桷，焕乎维新矣。盖经始于前年之十月，而落成于斯时也，诸乡耆征记于余。

余惟宫之倡议修建也，迄今殆十年矣，今而有志竟成也。捧土为山，谋始一篑，积之久而又久持以坚忍。不为浮言所摇夺，多方撙节，省无益之费以广有用之基。此固由真君佑启，同心合志，不日观成。然诸乡耆之黾勉从事，矢公矢慎，亦何可听其湮没，不为勒之贞珉耶？

宫之制：中为大殿，前为春秋楼，为戏台，最前为门坊，殿后为禅刹，为恭敬堂，最后为轩辕殿，左为吉庆堂，右为客厅，厅后庖湢毕具，厅前构小园，园西向辟门，颜曰“西江别墅”。门内建化字炉惜字，会所急也。炉前为仓屋，壮丽矞皇[5]，轩敞邃穆[6]，悉仿其旧。垣墉坍塌者新之，梁柱朽倾者易之，高其闬闳，厚其基趾，较

① 苏之浚湖：宋元祐五年（1090），苏轼给宣仁太后上表开浚西湖获准，于是招募工人和船夫，四个月完成了浚湖工程，挖出来的泥土筑成长堤，是为“苏堤”。

② 郑之穿渠：郑国渠，战国时期，由韩国水工郑国在秦国主持穿凿兴建，约十年后完工。

③ 戗（qiàng）：大堤外面加帮的小堤。

④ 圉（yǔ）：防御。

⑤ 矞（yù）皇：艳丽。

⑥ 邃穆：意境深远明净。

旧升九尺有咫。殿前增立绰楔[①]，恭悬显庙[②]御书匾额，庄严宝相，金碧辉煌，丹雘黝垩，文质得中。即令涔水泛滥，而级陛隆峻，宛在中央。不至如曩昔洼下，载胥及溺，无一片干净土。吾知以妥以侑，神罔时怨，神罔时恫，降福孔皆必愈，沐荫庇于靡既。倘亦法真君施八索，镇九州，免昏垫患之一端也。是举也，共用金钱一万五千五百八十一串零三十七文，管理生息雷丈秋谷实尸[③]之，出纳明允，数十载如一日。且又耄不倦勤，孜孜顾影，皋牢[④]士庶，迅速营缮，甫告蕆事。遽归道山，愈足见吉人为善诚有贵，于惟日不足者。至于鸠工庀材，虑事量功，则胡子重斋、胡子洪九、张子暒轩、李子芳园、聂子萃生、罗子佑辉、王子秋舫、雷子镜生、吕子磻溪、郑子云宾及余表兄周子少溪，内侄彭子锡九，从兄昆甫，皆能无间寒暑，始终程督不少懈。例得备书。

同治甲子三年（1864）季冬月吉旦

安福伍锡钊梦兰甫拜撰

馆后筑路告示碑 侯宪，名云汉[⑤]，直隶举人

湖南澧州直隶州正堂加五级纪录五次侯，为剀切晓谕事：

查江西客民李福谦等与本州生员孔毓光等控争街路一案。经本州勘详：江西会馆后东有林岐周住房，西有屋市。安福县原定路形西射市屋伞头，东射林岐周门户，俱有未便。断令南自会馆后墙起，

---

① 绰楔：牌坊。

② 显庙：清文宗皇帝奕詝（zhǔ），即咸丰皇帝，其谥号为“协天翊运执中垂谟懋德振武圣孝渊恭端仁宽敏庄俭显皇帝”。

③ 尸：执掌，主持。《诗·召南·采苹》：“谁其尸之？有齐季女。”

④ 皋（gāo）牢：鸟笼，指服刑之人。古代兴修土木多用有罪之人。

⑤ 侯云汉曾两任澧州知州。第一次在乾隆三十四至三十五年（1769—1770）。道光《续修直隶澧州志林》卷十一“文职”：“侯云汉，直隶举人，乾隆三十四年九月升任。”又卷四“公署”：“直隶澧州署，二堂，乾隆三十五年，州牧侯云汉重修。”第二次为乾隆四十三、四十四年（1778、1779）。道光《续修直隶澧州志林》卷十一“文职”：“侯云汉，乾隆四十三年四月重任。”乾隆四十四年八月离任，继任者为林虎榜。此《告示碑》作于侯云汉第二任。

直量长三丈四尺，东自林姓墙脚外起，由会馆基地西至市屋，前长五丈八尺，再转湾入南至路。令该客民李福谦等出资筑路，宽八尺余，令会馆照契管业。等因详奉守宪批允，饬令筑路去后，兹据李福谦禀称，遵断筑路，并依四至宽长丈尺，并砌墙围，照断基三丈四尺，永杜衅端。其本地石料、工匠早被棍等憾阻，概不敢揽泊。只得前赴外路购石请匠，今已齐全，计价颇多。但查六月内曾备石料遭凶抛散十船之多，已属前车。兹拟即日兴工，终虑凶暴阻毁，合先颁示工所严加禁约，俾知警畏。等情据此，除差役协同乡保稽查外，合行出示严禁，为此示仰居民人等知悉。遵照本州勘断界限丈尺，准江西会馆客民购备工料，砌墙修路。倘有刁棍仍蹈前辙，阻挠滋事，许该会馆人等指名具禀以凭拿究。至此案内生员孔毓光、鲁士棫均控争有名，一滋事端，该生等断不能脱。然事外务须传谕棍徒，各安本分，毋许阻挠。学宪按试在即，慎毋暗中主唆，及坐视酿祸，致干详究。各宜凛遵毋违。特示。

乾隆四十三年（1778）十月初六日示

笃培义所记

凡事有可久之基必谋所以保其勿坏者，而后历千秋万世而长存。我南、吉、临、瑞四府之置义山而修祀宇也，其计未必非远大之图。始卜地于王家台，越乾隆丁未岁（五十二年，1787），复购彰关山之阳，崇高广阔，以视夫前此之卑狭似用心为已至。而又虑灵爽之无所式凭也，祀事之无所修明也。乙卯（乾隆六十年，1795）春，乃鸠工庀材，构堂于是山之巅，颜其额曰“笃培义所”。观望者得不谓彼都人士其所为故人计者至详且尽，夫宁复有遗憾欤？虽然，犹有虑夫宇宙无不朽之物，类人心有莫测之变迁。今之所视为轮奂者，安知不积久而渐坏？今之春露秋霜奉牲帛以告虔者，安知不异日而稍懈？有其基而无可为继，君子所伤也。爰有四府客商及本镇各号复抽厘头[①]生息，数年始获积余。于嘉庆癸亥岁（八年，1803）在安福

---

① 厘头：犹零头。

（今临澧县）新安[①]进三里，价买粮田九石三斗五升，并庄屋、堰塘、园圃俱备，以为后日补葺祀宇、祭扫坟茔之资。吾因是而复有感焉。昔韩文公云：莫为之前，虽美弗彰，莫为之后，虽盛弗传。今纵有补于曩旧而踵事增华，又当望于来兹。倘后之君子继此勿替，尤克恢宏旧业，用迪前光，是更予等之所深冀也夫！

是为记。

嘉庆乙丑（十年，1805）仲冬月，笃培义所首人公立

笃培所功德林碑泐划舟力夫章程告示 唐宪，名逢辰[②]，万载监生

记名府署湖南澧州直隶州正堂加十级纪录十次唐，为出示晓谕永杜讹索事：

案据豫章会馆客总彭大绅、雷谦、彭洪九、吕声镛、伍文钰、胡发先、周慕莲、罗璜、李若梅等禀称：籍隶江右所属在治贸易者甚多，咸沾德泽，素被仁风。乾隆初年间，乡先辈情殷桑梓，以同乡之殁于斯土者每苦于旅衬〔榇〕[③]无依，故共乐捐金，置义山，购公所，迄今百有余年。职等仰体先辈谋无不善、虑无不周之至，意复置义山。于咸丰四年（1854）重修公宇，左营养病之堂，右造厝棺之屋，原冀生有所栖，殁有所寄。近因人心不古，惟搬柩过河或亲友助资殡葬，或子孙扶柩返乡，除三元宫码头无拘贫富之户，力夫八名，每名给钱一百文。间有无力之家扛抬亲属自便，历照旧章，至今无异。其余各码头力夫始则每餍[④]讹索，继而勒称麻布、酒水等费，在取资不给者实难为情。职等谊属同乡，情难坐视，爰集同人并乡保骆有章等秉公酌议，按贫富等级酌其定规，较之三元宫码

① 安福：今常德市临澧县。清雍正七年（1729），裁九溪卫、永定卫和澧州一部分新设县，县名“安福”。民国三年（1914），因与江西省安福县同名，改称临澧县。“新安”为镇，在澧水北，属临澧县。

② 唐逢辰咸丰七年至咸丰九年（1857—1859）任澧州知州。同治八年《直隶澧州志·职官志·文职》：“唐逢辰，江西万载监生，咸丰七年九月署任。”

③ 繁体櫬（衬）、櫬（榇）形近致误。

④ 餍（yàn）：饱，此指屡次遭遇，受够了。

头力资倍重。现已知会津各码头，力夫划舟允协照行，以为久远之计。章程粗定，抄粘呈电。惟恐日久弊滋，不法刁徒借端阻挠，恣意讹索，为此呈恳伏乞鸿慈，电核饬存案，并恳给示晓谕，以垂久远。凡有灵柩过河或扶榇归里下河者，力资悉由前定章程付给，力夫、划舟不许格外需索阻挠。恩周异庶，德洽群黎，存殁均沾上禀，等情据此除批示外，合行列款晓谕。为此示仰津市商民、保甲及码头力夫、划舟人等知悉，嗣后遇有江西扶榇归里、搬柩下河过渡一切资费，务当遵照议定章程，按贫富之等差，定钱数之多寡，派舟渡夫抬送，毋许仍前任意勒索。倘敢不遵，许该客总协保指名具禀，以凭拘案究治。各宜凛遵毋违。特示。

计开力夫：

一上上户八名，共给钱四串文；

一上户八名，共给钱二串四百文；

一中户八名，共给钱一串六百文；

一下户八名，共给钱八百文。

如有加力夫八名者格外共给钱八百文。如有扶柩归里下河者一体照给，毋得减少。

划舟：

一上上户划舟二只，共给钱八百文；

一上户划舟二只，共给钱四百八十文；

一中户划舟二只，共给钱三百二十文；

一下户划舟二只，共给钱一百六十文。

如有扶柩归里、划舟搭脚①者亦一体照章给发，毋得减少。

咸丰八年（1858）戊午孟冬月穀旦敬立

吉庆堂记

君子出外不忘桑梓，往往倡建义会，设立宾馆，以联属同乡之亲也。丁卯春余客游楚南，道过澹津市，恭诣万寿宫行礼。承吾郡

---

①搭脚：当地俗语，是说顺带，顺便随行，犹今天所说搭顺风车。

戚友止余于吉州宾馆，厅室整洁，园亭宽厂。余盘桓周月，与诸戚友通謦欬，叙衷曲者久之。因询宾馆由来备悉，自乾隆五十二年（1787）丁未，吾乡重修万寿宫，各郡分派公费。工告竣，吾郡余银数十金，彭君淑堂、周君望圣、彭君德中掌管生息。至嘉庆六年（1801）辛酉，约计得银数百金，彼时周君望圣、郁君裕宽等与同郡公议，广为乐输，合计银一千余金，名之曰吉庆会，分领生息。旧冬购馆室数楹，从此吾郡搢绅先生宦游过此，憩息有所，而客于是者亦可少伸地主之情焉。

余闻而喟然曰：吾吉素称忠信笃敬之俗，理学名臣之乡。今诸戚友懋迁于此，笃念桑梓，其立意之厚为何如哉？后之君子知此举立意之厚，矢公矢慎，悉心经营，行见盛而益盛，其裨益于桑梓者固非浅鲜也。谨叙数语为之记。

其乐输芳名详列于左。至馆基界址契载已悉，兹不复赘。

赐进士出身、诰授奉直大夫、刑部奉天清吏司主事、兼办四川司事、加一级、纪录二次、郡人石阳愚弟彭贯一[①]拜撰

恩进士、郡人清川愚弟贺熙直拜书

首事：周望圣、郁裕宽、彭茂华、王平治、阳禹宾、彭子龙、刘信存、贺庆翱、万聚号、胡源盛。

建碑首事：贺芗树、周琱元。

乐输名目详碑，悉未登载。

嘉庆十二年（1807）丁卯孟夏月，吉郡士商公立

创修功德林记

人生之乐莫如家庭，盖庐井之所在，田里之所托，有同气爱怜之情。有亲旧过从之谊，相与各事其事，优游卒岁。至于死丧之故得以衔哀致诚，从容扶榇归于先茔。张老有言曰："歌于斯，哭于

---

① 石阳：古庐陵县。同治《庐陵县志·选举志·进士》："嘉庆六年（1801）辛酉科顾皋榜进士，彭贯一，湖山甸人，刑部直隶司主事。"

斯。”[1] 诚以重去其乡，实所不忍也。江右逐末者多，而昭武为甚。其迹之所到，往往别父母、弃妻子，跋涉数千里之外。其利获三倍为富商大贾者恒不多觏。其或寄迹江湖，一廛风雨，远有关河之隔，近无戚党之倚。一旦疾作，徬徨四顾，以至梦魂一枕，云山万重，伤何如已！

乡先辈多好义之士，尝于懋迁之地购义山，以葬同乡之殁于客旅者，真盛德事也。颖不幸四岁而孤，先考以作客滇黔，道经浦市[2]，不幸淹忽，赖乡翁藁葬于此。曩以母老不能少离，今年夏始得奔赴沅湘，匍匐墓下。至其山荒冢累累，蒿菜〔莱〕满目，颖唯有放声长号。欲奉遗骸以归，以诹日未就，姑少待焉。然非乡先辈之高义，将旷野平原，又乌从辨其名氏也哉？此颖之感荷靡既者也。

其后返掉〔棹〕津市，访余姻彭易斋，因得晤徐苹园、戴慎斋、王润泉、马碧泉、王宜采、余安泉，皆吾乡党奇士也。先是津市亦有江右义山，鳞葬间不能容旷〔圹〕，诸君子顾而伤之。爰合同郡捐金，购皇甫山畔为昭武义山，其前构屋二椽，塑地藏像于上，列客死者之姓字于旁。春扫其墓，秋度其魄，而招僧住持其中。其外园林亭榭，栽花植木，俾往来兹土者得以游眺其间。八月既望，苹园邀予园中饮。因与同人采园中之花，倾杯中之酒，赋《招魂》之句，而叹幽居者之得所也。夫丈夫壮而他适，死得归骨于乡，诚有当于丘首之义。若夫旅榇无依，同乡为之安厝，得以瞑目泉下，此其情谊之笃与家人何异？延陵季子葬长子于嬴博，曰骨肉归复于土，命也，若魂气则无不之也。王阳明先生《瘗旅文》曰：“游子怀乡兮，莫知西东，莫知西东兮，维天则同。”又曰：“魂兮魂兮，无悲以恫。”今者近垄则宿草无侵，登堂而冥香不断。吾知月白风清之夜，雨霏云黯之晨，死者而有知也，必不致望家山而掩泣，向澧水而生哀也矣。诸君子固不以此名惠而惠莫深焉，予嘉其事而幸其有成也。故

---

① 张老：张孟。出自《礼记·檀弓下·晋献文子成室》，原文为：“张老曰：‘美哉，轮焉！美哉，奂焉！歌于斯，哭于斯，聚国族于斯！’”

② 浦市：湘西土家族苗族自治州泸西县浦市镇。

因所嘱以记之。

金溪左颖次农氏谨撰

剑邑罗达飞峰氏谨书

建造首事：徐璜、王宜采、彭学邹、舒禹海、戴瀫、余廷著、马金邦、王瑞、住持僧性海。

乐输芳名详碑，悉未登载。

嘉庆十八年（1813）癸酉十月吉日立

养病室记

吾乡徐苹园辈倡为义举，傍昭武义山创建功德林义宇一栋。中供地藏，旁列客死乡友牌位。于室外又构一室，为同乡患病无栖者养息之所。房初落成，适有金邑[①]蔡姓字光明者病患危笃，移养于此，延胡诊视。按症立方，初服病减，再服病除，霍然而起，奔归就工原所。诸乡友闻而相喜曰：胡氏之医学可附苹园辈之义举共垂焉。胡氏者谁，绣谷淑贞氏也。予是为志之。

嘉庆二十一年（1816）仲夏月吉立

重修功德林记

盖闻万物一体也，况为别声被色之伦；四海一家也，矧有同乡共井之谊。吾郡素敦亲睦，邻丧里殡不相不歌，共长族处者，固已死丧共恤矣。夫千里关山，一朝风烛，望故关而莫至，托异域以何依？嗟嗟！惨莫惨于死丧，悲莫悲于离别。不有收恤，奚慰羁魂？此澹津功德林之所为建也。

功德林者，肇于嘉庆之壬申年（十七年，1812），规模阔大，法制精详。一切供佛斋僧、营冢建醮诸务皆井井有条。于以叹前人之好行阴骘，为可风也。余等嗣贾兹土，竞业奉行，罔敢荒怠。而数年以来河道淤浅，每当春涨横流，秋涝泥溢，大则水及半扉，小亦深有尺许。因而墙屋渐壤〔坏〕，大惧弗克修举，以贻前人羞。爰集

① 金邑：江西金溪县，清属抚州府。

都人士妥议，佥曰有其举之，莫敢废也，是不可以少缓。相与解囊争输，于是喜众擎之易举也。克日兴工，挑培地基六尺有六，厥材维良，厥工维敏，间架墙园，悉仍旧制，而焕然又一新矣。又于堂之西偏新构一椽为息游之所。暇则时至，至则时相稽考，以维持善果于弗替，固非特为游观计也。夫莫为之前，虽美弗彰；莫为之后，虽盛弗传。今吾侪竭蹶以图，使夫神歆其祀，鬼获其栖，没者宁而生者以顺，一举而数善备焉。差幸可告无罪，而至于扩而允〔充〕之，光而大之，安知后人不更胜今人也，是所望于继司事者。是役也，经始于咸丰之三年（1853）仲春月，至甲寅（1854）而功竣。

是为序。

汝水心榖席丰谨撰

如兰陈祖贻谨书

建碑首事：刘立衡、王瑞林、张明华、胡福祥、胡发先、马纯浦、住持僧日道。

咸丰四年（1854）甲寅孟秋月榖旦

澧州津市万寿宫志
卷之十一

祭　产

语云："挈瓶之智，守不假器。"[1] 盖言保而勿失也。本馆祭产原有印契可凭，第恐世远年湮，朽蠹堪虞，或不免侵凌侮夺之患。除义山坟茔丈明四至界址，竖立石碑，绘成图本外，再将各契逐项清抄，而附各郡馆所置各业于后。后之君子当亦念垂创之艰难，而求所以缵承罔替，丕张令绪者。真君灵爽在天，实式凭之。志祭产。

契　据

立永卖水田灌堰基地　约人：胡伊人

有祖遗己分水田上中下三十六号，共二十四亩九分一毫七丝六忽，和尚堰二口，下堰一半，五分小堰一口，二分九厘一毛。随载粮米五斗九升九合一勺七秒〔抄〕[2]，在东一里为区当差，坐落土名胡平（或作"浮萍"）垱。情愿凭中堂叔胡子庸出卖与津市万寿宫为业，当日得受时值价银五十两，亲手领讫。自卖之后，听从买主管业，收粮过户，另招佃种。卖主无得异说，亲支人等亦不得异说。

今欲有凭，立此文契存据。

计开：粮载东一为区胡伊人户，除基三间，东边菜园五厘，粮一合二勺，田堰园共粮五斗九升二合二秒〔抄〕三圭五粒。

在间人：苏秀瑞、王舜卿、胡应昌、彭济伯、黄圣安、吴桂生、

① 语出《三国志·魏志·田豫传》，谓慎其所有，忠于职守。

② 抄：古代容量单位，十撮为抄，十抄为勺。

汤子贞、黄昌恺、刘德华。

凭中：堂叔胡子庸同堂兄胡又泉、胡穆生，同堂弟胡云从，全〔仝〕[①]男胡绪三。

康熙四十六年（1707）十月十二日。

立契人：同前，亲笔。

有契尾。

立永卖房屋基地文 契约人：李敬先同胞弟敬也、于磐

今有祖遗己分房屋并基地一所，坐落地名太子庙仁块洲一里暑区[②]，随粮当差。挽〔浼〕[③]凭亲友吴文侯等说合，出契卖与江西万寿宫为业。议定时值价银四百三十两正，白撇九三扣。其银当众弟兄亲手收受，挂红、画字一应在内。自卖之后，听从万寿宫管业、起造、更单、收粮。此系自卖自业，亲族人等并无异说。倘有此情，卖主并中证一面承认。今欲有凭，立此卖约文契，永远为照。

计开：一进门面四间，二进厅堂三间，东西二巷，三进川堂二间，四进住楼三间，五进平房住屋三间，东西厢房四间，后园一块，在房屋装修俱各不动。前至大街，后至堰坡，东西己墙为界。四至开载明白，知单红契当众付执。

凭亲友：戴伯柱、蒋克遂、富赞侯、罗伯玉、吴文侯、王文佐。

见银人：程尚德、郭鸣佩、周珍生、陈钦如。

见卖：叔祖李衡侯、李万侯。

立卖文契约人：李敬先，同卖弟敬也、于磐。

康熙五十四年（1715）四月二十六日立。

有契尾。

---

① “全”应为“仝”。“仝”即“同”，后《立扫卖房屋基地》有“同男客明”。

② 暑区：《千字文》中有“寒来暑往，秋收冬藏”句。此取“暑”字，后面还有寒区、来区。

③ 浼（měi）：托别人帮忙的客气话。

立永卖基屋 约人：谢士宏

今有父遗下己分基屋一所一间四进，前至大街，后至大河，前后并宽，左至谢宅，右至何宅。四围板片、磉柱、天井、石条在内，入仁块暑区业户，粮载归万寿宫当差。因弃业就业，尽问亲族，原业当主人等无人悦买。浼请中证吴文侯老爷等说合，情愿出卖与江西万寿宫为业。当日对众得受时值足九色银五十三两正，包头、挂红、画字、启香火、手巾一切等项在内。自卖之后，听从万寿宫更单、受业、改造、修理，永无异说。此系自卖己分，不与亲族人等相干，如有重复典当等情，卖主、中人一力承认。此据。随粮一升六合。

计开

中人：蒋克遂、易二见、吴文候、褚灵安。

见银人：杨宾生。

立卖约人：谢士宏。

代笔叔父：谢行子。

康熙五十八年（1719）二月廿一日立。

有契尾。

立卖港汊 约人：池维臣、池昌侯等

今有万寿宫坡后港汊曲尺一湾，东南至老岸，西北至大港。因万寿宫系江西香火，维等原祖江西，情愿让卖与万寿宫，当日对众得价银二两正。听凭筑堤、填实、培植为业，永无异说，族众不得异说。其粮米些须水裸不便收除，俱在池完。

此据。

计开

凭中：彭寄伯、汤汉哲、苏畴九。

雍正九年（1731）二月初六日立。

有契尾。

立永卖基屋 约人：蔡士选、蔡士英同母范氏、伯蔡明亮

今有父遗己分津市基屋一间，瓦屋三进。前至大街，后至河水为界，东连至己墙己脚，西至万寿宫铺房楼脚各一半。装修、砖墙、板片、柱磉、天井、石条在内，册载洲一里暑区业户蔡元亮当差，随粮米一升九合四勺六杪〔抄〕。今因搬父柩归福，不便照管，浼请罗圣良、罗凤来为中说合，情愿出卖与江西万寿宫名下为业。当即得受时值价九八色银五十两正，包头、挂红、画字、启香火茶钱一切等项在内。自卖之后，听从誊粘契纸、税收、更单、招租、管业、起造、修砌，永无异说。此系自卖己业，不与亲族人等相干。如有借端滋事及脱业不清，俱在中证卖主承认。

恐口无凭，立此文契，永远存据。

计开

凭中：罗凤来、罗圣良，胞伯蔡明亮，族侄蔡正茂，表兄罗盛文，乡亲罗乔应、黄乾圣、黄在中、郑云协、林秀也、沈尚远、钱叶茂、郑仕先。

雍正十年（1732）七月初八日。

立卖契人：蔡士选、士英。

代笔：叔蔡振荣。

有契尾。

立扫卖房屋基地 约人：陈连魁同男客明

今因弃业就业，请凭中人彭淑堂、全青万、全绍茂在内说合，将自置基屋一所，坐落太子庙对门下首，门面二间，前至大街，后至大河，东系己墙，西系己墙，内偏、正房屋前后共十进，板片、砌石一并在内。州〔洲〕一里[1]暑区，粮米二升六合。父子商议，情愿出卖与豫章会馆为业。当日对众得受时值价银九八平元丝色八百两正，系陈人亲手领讫，所有酒礼等项俱在价内。此系自卖己分之业，不与亲族人等相干。老契、正契俱已缴出。自卖之后，听凭买主收粮、更单、收理、招佃，永无异说。

① 洲一里：三洲村一里。

今欲有凭，立此文契为据。

计开（凭中在前）

见银人：陈时万。

乾隆五十二年（1787）十二月二十二日亲笔立。

有契尾。

立卖契 抚州合府众姓等

缘我省馆向无码头，是以前岁价买张姓店屋，久欲兴工开道，奈紧贴旧屋，又系我府私业，是合府公同筹画。念系合省大观，情愿将此旧屋照原契四址概卖归万寿宫管业，凑成规模。兹凭合省首事得受时值价银三百二十两正，其银已经阖府众姓亲手收领无欠。至同省将来码头铺面告竣一可得收店租，以供合庙神费。次我府又可得银置业，庶壮大观，彼此有益。特此经凭阖省首事公买公卖，并非我等私见。除捡出原契外，立此卖契存据。

计开

立卖契阖府众姓值年首人：安阜号、英聚行、戴茂丰、许合兴。

凭中主契人：周集祥、周谁川。

经手承买首人：吴锡纯、饶秋芳、彭淑堂。

在见值年首人：潘合盛、徐元和、刘合兴、永春号、罗万丰、熊益大、刘永裕、宋茂顺、罗致和、杨万盛、刘怡顺、舒永顺。

乾隆五十九年（1794）三月二十八日立。

立卖契 临江合府众姓等

缘我省馆向无码头，是以前岁价买张姓店屋，久欲兴工开道，奈紧贴旧屋，又系我府私业，是合府公同筹画。念系合省大观，愿将此旧屋照原契四址概卖归万寿宫，合省管业，凑成规模。兹凭合省首事得受时值价银三百二十两正，其银当经合府众姓亲手收领无欠。至合省将来码头铺面告竣一可得收店租，以供合庙神费。次我府又可得银置业，庶壮大观，彼此有益。特此经凭合省首事公买公卖，并非我等私见。除捡出原契外，立此卖契存据。

计开

立卖契合府众姓值年首人：杨万盛、永春号。

凭中：汤彩六、罗秀川。

经手承买首人：饶秋芳、彭淑堂、宋茂顺、吴锡纯、杨万盛。

在见值年首人：潘合盛、徐元和、许合兴、罗致和、罗万丰、戴茂丰、刘合兴、宋茂顺、英聚行、刘永裕、舒永顺、安阜号。

乾隆五十九年（1794）三月二十八日立。

立杜卖房屋基地 契人：杨大明

今因家用欠缺无从出办，情愿将自置房屋一所，坐落万寿宫地方，东至本屋柱脚为界，西至古巷为界，南至天后宫店房墙脚为界，北至本屋滴水为界。四址开载明白，随粮四合，上至椽角、瓦片，下至基地、门窗、户壁，寸木寸石一并在内，请凭中证黄正钱说合，出卖与江西南昌、临江、瑞州、建昌四府首事罗万丰、雷兆盛、何义兴、杨万盛、宋茂春、罗元顺等名下为业。当日得受时值价九文，大钱八十一串文，其所有中人酒水、脱业、挂红一应在内，比即亲手领讫。所买所卖俱系二比情愿，并无逼勒准折①、重典不明之类。如有此情，卖者一力承担，不干买者之事。其屋自卖之后，任从买者管业改造，卖者无得异说。

恐口无凭，立此杜卖房屋基地文契，永远存据。

计开

凭中：黄正钱。

代笔：杨兴国。

嘉庆十七年（1812）十二月十三日立。

今于道光庚子二十年（1840）正月南、临、瑞、建合名四美堂公同酌议，将原置房屋、基地、店面概归与阖省恭敬堂管业。吉安、抚州两府凭公品价清白，特此批明有契。

---

① 准折：变卖、抵债、折扣等。

立永卖房基地 约人：孔毓纲同胞侄传接、传礼、传道、传德、传心、传宗，元侄孙[1]继志等

今因贸易乏本，无处设办，叔侄一同商议，情愿将祖遗房屋一所，屋后基地一块，坐落州〔洲〕一里寒区[2]，当差随粮米五分八厘四勺。东址萧姓房屋基地为界，西址天后官及刘姓房屋基地为界，前址大街，后址后街，上至椽角，下至黄泉、门窗、户壁，寸木寸石一并在内。请凭中证李自学、张御元等说合，出卖与江西南昌、临江、瑞州、建昌四府首事罗万丰、雷兆盛、何义兴、杨万盛、宋茂春、罗元顺等为业。当日得受时值价九文，大钱二百串文。所有脱业、挂红、起身、香火、下匾一并在内，其钱当日对中如数亲手领讫。所买所卖俱系二比情愿，并非逼勒、债负、准折、典当不明之类。如有此情，卖主之力承耽，不干买主之事。其业自卖之后，任从买主管业，改建会馆，卖主无得异说。

今欲有凭，立此永卖房屋基地文契，永远存据。

计开

凭中：李自学、张御元。

见钱人：杨庆云。

代笔人：孔传接。

嘉庆十七年（1812）九月十三日印契。

今于道光庚子二十年（1840）正月南、临、瑞、建合名四美堂公同酌议，将原置房屋、地基、店面概归与合省恭敬堂管业。吉安、抚州两府凭公品价清白。特此批明。

立杜卖房屋基地 约人：萧昌锡

今因弃业就业，上同祖母、母亲、长嫂一堂商议，情愿将祖遗房屋基地一所，请凭中证戴耀翁等说合，出卖与江西南昌、临江、瑞州、建昌四府名下为业。当日得受时值价钱九文，制钱五伯五十

---

① 元侄孙：玄侄孙，家族中高祖以下第五代孙辈。

② 寒区：《千字文》中有“寒来暑往，秋收冬藏”句。此取“寒”字。

串文正，是日对中如数，亲手领讫，所有出业、挂红、起身、香火一应在内。其房屋基地界限东至万寿宫墙，西至己墙，南址大街，北址后街，四址开载明白。其屋上至椽瓦，下及基地、门窗、户壁、楼板、后园，寸木寸石一并在内。自卖之后，任从买主管业，改造会馆，卖者无得异说。所买所卖俱系二比情愿，并无债负、准折、典当不明之类。如有此情卖者一力承耽，不干买主之事。过粮立户照依原契。

今欲有凭，立此杜卖房屋基地文契，永远存据。

计开

随粮一分四厘正银，在州〔洲〕一里寒区萧辉生户内驳收。

凭中：刘巨钦、刘斯立、戴耀翁。

承买执契首人：何义兴、罗万丰、杨万盛、宋茂春、罗元顺、雷兆盛。

嘉庆十九年（1814）二月初十日。

杜卖房屋基地人萧昌锡立。

今于道光庚子二十年（1840）正月南、临、瑞、建合名四美堂公同酌议，将原置房屋、基地、店面概归与合省恭敬堂管业。吉安、抚州两府凭公品值清白，特此批明。有契尾。

立卖房屋基地 契人：福建汀州鄞江会首事黄锦隆、童三和、简日兴、林振雄等

今因弃业就业，公同商议，请凭中证说合，出卖与江西南昌、临江、瑞州、建昌四府名下为业。当日得受时值价九文，制钱一百四十串文正。其屋东址得业人基地，西址公巷，南址大街，北址己墙。四址开载明白，钱粮漕米照额输纳。

恐口无凭，立此卖契，永远存据。

计开

凭中：苏翌周、苏渭溪。

见钱人：彭异味。

嘉庆十九年（1814）七月二十一日。

卖房屋基地人黄锦隆等立。

今于道光庚子二十年（1840）正月，南、临、瑞、建合名四美堂公同酌议，将原置房屋、基地、店面概归与合省恭敬堂管业。吉安、抚州两府凭公品价清白。特此批明。有契尾。

立杜卖房屋基地 契人：刘三阳偕男正芳

今因贸易乏本，父子一堂商议，情愿请凭中证，将祖遗房屋、基地及屋后园地一块，坐落太子庙后首，东址得业人屋地为界，南址得业人屋地为界，西址吴姓墙脚为界，北址后街为界，四址开载明白。上至椽瓦，下至基地、门窗、户壁，寸木寸石一并在内，出卖与江西南昌、临江、瑞州、建昌四府名下为业。当日得受时值价九文，市钱三百串文正，是日对中亲手如数收讫。所有脱业、挂红、起身、香火一并在内。其屋地未卖之先，尽问亲族人等，俱各不愿承交，方与江西四府说合。并无准折、典当、重叠不明之类。如有此情，卖者一力承担，不干买者之事。自卖之后，任便买者改造会馆，卖者不得异说。成交之后，二家各无反悔。

今欲有凭，立此杜卖房屋基地文契，永远存据。

计开

见钱人：刘三阳偕男正芳。

凭中：孔炳照。

依口代笔人：雷润九。

再批：老契因涨水遗失，日后寻出，永作废纸，不足为凭。

嘉庆二十一年（1816）八月立。

今于道光庚子二十年（1840）正月南、临、瑞、建合名四美堂公同酌议，将原置房屋、基地、店面概归与合省恭敬堂管业。吉安、抚州两府凭公品价清白，特此批明。有契尾。

立杜卖陆地文 契人：刘永胜、刘永年

今因贸易乏本，无从出办，兄弟商议，愿将祖遗三号共计五亩七分，坐落后湖北首。东址大路为界，西址贺人地垱为界，南址水为界，北址贺人地为界，四址开明。其地内原有彭、魏二姓老坟几

冢，不准再葬。请凭中证贺万友、胡宗喜、汪宏福从中说合，出卖与江西会馆名下为业。当日得受时值价九文，制钱五十七串文正，是日对中如数收讫。所有青苗、脱业、酒水统议在内，不得另索分文。其〔基〕地自卖之后，任从买主招佃耕种，以及取土填基、葬坟皆无异说。倘有重叠、典当，来历不明，卖主一力承担，不干买者之事。

今欲有凭，立此杜卖陆地文契，永远存据。

计开

里户纳粮一升二合，上号一亩一分，二号四亩六分，凭中在前。

嘉庆二十一年（1816）冬月十八日亲笔立。

有契尾。

立永卖房屋基地 约人：刘诒太

今因弃业就业，母子、夫妻一堂商议，愿将祖遗现住之宅，坐落万寿宫下首对向，自愿请凭中证，出卖与豫章会馆为业。当议时值价钱九佰串文正，当凭证亲手领讫，另立全收字据。所有屋基界址前至街心，后至河水，左右以二直墙为界，二直墙俱系契内管业，均是己墙己脚，并未占过他人尺寸。所有屋内前后铺面以及厅堂、厢房并河坡中间空基、树木、仓屋，上至青天、椽角、领〔檩〕条、楼板，下至门窗、户壁、门扇、磉石、片瓦片砖、寸木寸石一切在内。自今卖后，任便买主改造，卖主毋得异说。一买一卖二比情愿，并非债负、累折之类。未卖之先，并无重行典当，又未卖过本族伯叔兄弟之业。如有亲房人等另生枝节，自有卖主承认，不与买主相干。所有脱业、挂红、起身、香火、代笔一并在正价之内，毋得异词。过粮立户照依原契。

恐口无凭，立此卖契永存据。

计开

系州〔洲〕一里来区[①]。随粮四升二合二勺五抄五撮，此系刘椿

---

① 来区：《千字文》中有“寒来暑往，秋收冬藏”句。此取“来”字。

轩户内收除。

中证：胥国柱、车学志、彭文指、翟允升、翟太瘦、林裕华、叶先荣。

代笔人：刘竹轩。

咸丰四年（1854）甲寅六月初四日立。

立扫卖房屋基地 约人：朱世昌

今因弃业就业，情愿请凭中证刘竹轩、唐石庵、周朗斋等在内说合，将己分坐落熊家巷房屋一间出售与万寿宫清吉义渡会上为业。计屋三进五朴头，所有厅堂、前后格门，宅内护墙板壁，两边门面、厢房、上楼下板及楼上厢房、晒楼、厕屋、仓屋、天井、前后屏墙四道。前至河水，后至街心，东至曹人山墙，西至巷口己墙为界。屋内所有阶檐、条石、雨枧、溜筒、柱磉、砖瓦、片木片石，楼上楼下门扇、板片、窗格、寸木寸石一并在价扫卖不留。当日得受时值价制钱一千二百八十串文正，对中亲手领讫清楚，毫无尾欠分文。所有挂红、酒食、脱业、起程、香火俱在价内包尽，随粮正米三升二合。自卖之后，听从买主收粮人户管业，自住、招租俱从其便，卖主毫无异说。自系己卖己分之业，不与亲族人等相干。恐有借端异说，俱在卖主一力承认，不与买主相涉。

恐口无凭，立此文契，永远存据。

计开

粮收州〔洲〕一里来区朱肇泰户内。

凭中：刘竹轩、周朗斋、唐石庵。

见钱人：刘竹轩、唐石庵。

咸丰十年（1860）蜡〔腊〕月初二日亲笔立。

有契尾。

立卖堰坡、堰塘、水底鱼利 契人：吴晓亭、吴蔼然

今有堰坡、堰塘坐落万寿宫余基后。东址二家公墙直出为界，西至柳堤桥为界，南坐万寿宫余基后，北至万寿宫陆地。心愿请凭

中证傅小陆、向东皋、罗均亭、韩五峰、梁湘门等在内说合，出售与万寿宫为业。当日凭中得受时值价钱一百四十串文正，系卖主亲手领讫，毫无尾欠。自卖之后，听凭买主管业，百为无阻。

恐口无凭，立此文契为据。

计开

粮收□□里□区业户户内，米四升八合。

同治三年（1864）三月二十二日亲笔立。

有契尾。

附：笃培所契据

立杜卖山 契人：严胜九同侄克富、克喻，同男克有等

今因年岁荒歉，无从出辨〔办〕，父子、兄弟、叔侄一堂公议，愿将祖父遗下山一所，坐落地名皇甫山海会寺后。计二麦粮，粮在北隅里道区[1]，随粮六升六合。先经仅问亲族原业人等，并无一人承买，只得浼请中证曾永赖、万永章、严明远三人说合，扫卖与江西南昌、临江、吉安、瑞州四府为业。首事彭叔堂、胡胜华、宋大有、杨连芳承买，以作义冢公山。当日三面言定时值价银四十四两正，其银凭中严胜九兄弟、叔侄等亲手当面凭中领讫，并及画字、签押、脱业等情一并在内。其山未卖之先并未重行典当等情。如有另生枝节，出笔人一力承当理斥，不干及买主之事。自今卖后，任凭买主栽树、挖沟、明界、葬坟、收粮、过户，永远管业，严姓永不得挖土附葬。因此山内未卖之先严姓零星出卖客姓已葬坟冢二百一十所，各坟止一棺之地，并无余基。日后各客姓不得借坟再葬，所有界内未葬者俱系买主管业。此系自卖己业，并不与亲族人等相干。倘有傍〔旁〕人借端生事，俱在卖主一一承耽〔担〕。

恐口无凭，立此文契，永远存据。

计开四址于后

---

①道区：《千字文》有“坐朝问道，垂拱平章”句，此取“道”字。下有“拱区”，则取“拱”字。

东左至海会寺后堆围堤为界，东右至阳、傅二姓田为界，南至汤姓山为界，西至山顶分水为界，北至胡姓山为界，水沟各半。

凭中：曾永赖、严明远、万永章。

在见：黎大安、萧元振、黄道远、于仕宏、汤玉山、傅明彩、欧腾蛟、克圣侄。

代笔：严定九、严国清。

同时置买首事：王侣降、潘永灿、李广思、杨时诤、周匡维、孙祖偟、况文秀、涂殿元、敖广盛。

乾隆五十一年（1786）十一月初十日。

立杜卖山契人名列于前。有契尾。

立杜卖山地 约人：卢丕成、卢丕绪、正圻、德爱

今因弃业就业，将己分分受山地草山一大块，坐落北隅里拱区，土名六〔大〕同山[1]。上顶至于人地墈脚为界，北至皇坟罗堤[2]为界，下至水沟严人山为界，东至山脚至水为界，南至福建义山为界，以上四至分明。兄弟、叔侄一同商议，请凭中证张祖荣、万士太、苏如愚、卢斐然、卢金秀、卢登道等在内说合，情愿永远出卖与江西南昌、临江、吉安、瑞州四府名下为业。罗万丰、杨万盛、彭异味、宋茂春等承买以作义山。当日得受时值价钱八十串文正，并画字、花押、脱业、卦红一并在内，其钱是日如数当众亲手领讫。其业未卖之先尽问亲族人等，俱各不愿承买，方与江西首士说合为业。所买所卖二比情愿，并无债务、准算、叠卖、典当不明之类。但此山先葬有古坟七冢，兹将山地出卖之后，任从买主埋柱、起屋、竖碑、葬坟、栽培树木、挖土葬坟，卖主及一干别人等自无一阻。永不得借坟再葬。倘有此情，卖主一力承认，不与买主相干。所有山挖种

① 大同山：津市澧水南岸，属关山山脉。山上有大同寺，因名。山又称“帽儿岭”。

② 皇坟罗堤：皇坟山，与大同山隔山峪相望。大同山北麓有明华阳悼隐王朱悦燿墓，皇坟山南麓有悼隐王妃徐氏墓，故当地僭呼为“皇坟”。华阳悼隐王为有明第一代郡王，是蜀王朱椿庶长子，因夺嫡罪贬居澧州。

余地仍从买主另佃耕种，卖主毋得异说。

恐口无凭，立此卖山地永远文契为据。

计开

随麦粮一升四合五勺，收隅里拱区卢辉远户内收割，其粮照老契收过。

凭中在前。

同时四府值年首人：雷亮华、谭怡茂、杨永茂、刘信存、周德芳、贺乡树、聂大顺。

见钱人：卢耀廷、张合盛、姜丕振。

卖主：卢丕绪、卢丕成、卢正圻、卢德爱。

代笔：卢藜光、卢灿垣、卢光远、卢正宗。

嘉庆十六年（1811）闰三月初十日立。

有契尾。

立卖水田 约人：严鹤扬

今因弃业就业，情愿请凭中证杨丕业、郑修来、胡维屏、胡瀛洲、秦朝瑞、谢光耀、陈席珍、陈圣谕、刘文杰、刘士才、邹秀林、潘德福、杨新祖、申国英、陈正江、汪儒金、胡常典、胡朝宗、刘廷扬在内说合，将己分所置水田二庄计共十六石零七升，共计九十二丘，载粮一石五斗二升八合三勺，在安福县进三里[1]严鹤扬、严凤林二户内收拨。私堰七口，私垱二口，公垱一口，基屋二所，正屋九间，偏屋六间。上楼下板、寸木寸土、门扇、板壁、菜园、竹林、山场、树木、陆地、四址界岩一并在内，出卖与津市江西南昌、临江、吉安、瑞州四府义山名下为业。当日三面言定得受时价钱八百八十串文正。系卖主对中亲手如数领讫清楚，并无下欠分文。此系自卖己业，不与亲族原业相干。自卖之后，听从买主收粮、过户、管业、耕种，另拨租阴阳二便，无得异说。

恐口无凭，立此卖约为据。

---

① 安福县进三里：今临澧县新安镇。

计开

凭中在前。

见钱人：邹秀林。

陈席珍依口代笔。

界内有方人水田四小丘，在上大堰取水，又有游人坟茔一所，以界为定。

道光六年（1826）十一月初九日立。

有契尾。

立杜卖庄屋 字人：吕君相

今因无力耕种，自愿退庄。所遗自修偏房一间，请凭中证刘廷飏在内说合，出卖与江西南昌、吉安、临江、瑞州四府义山名下为业。当日得受时值钱三串文，其钱当日收楚。

恐口无凭，立此卖约文契存据。

计开

凭中在前。

道光十年（1830）蜡〔腊〕月二十日。

立杜卖庄屋人：吕君相。

有契尾。

立卖庄屋 字人：郑学文

今年岁不一，缺少用费，情愿请凭中证郑学周、刘廷飏在内说合，将自己偏屋二间，门一合，随墙有屋无地出卖与江西南昌、临江、吉安、瑞州四府首士名下为业。当日凭中言定时值价钱三串六百文正，对中领齐清楚，不少分文。听从买主招佃、撤毁，无得异说。

立此存据。

计开

代笔人：刘国珍。

咸丰二年（1852）五月十五日立。

有契尾。

立卖草山陆地树木 字人：萧兴隆

父子商议，情愿请凭中证刘大焕、萧汝大在内说合，将己分分受草山、陆地、树木出卖与江西南昌、临江、吉安、瑞州四府首士管业。当日凭中言定时值价钱六串五百文正，有卖主对中领讫清楚，并无下欠。四址界段上以分水岭为界，下以本田为界，北靠石为界，南至得业人地为界。山内坟茔进古坟阴阳二便，开冢更改无得异说。

恐口无凭，立卖约为据。

计开

凭中在前外无领字。

见钱人：刘登榜。

咸丰三年（1853）腊月二十九日，萧人亲笔立。

有契尾。

立出补 字人：刘廷扬

今因所佃豫章万寿宫名下屋宇一处，廷扬先年接修正屋前笼檐三间，后屋落檐三间，南头横屋一间，一切瓦料费用，俱系杨姓自出。余今年迈，恐人心不古，与子大朝、大进一同商议，请凭中证出补与万寿宫名下。当凭证资补钱二十四串五百文正。大朝、大进凭证收清，至退田之日，并无片言之说。

恐口无凭，立补字为据。

计开

凭中在前。

咸丰十年（1860）二月十二日立。

有契尾。

立杜卖山地 约人：荣登榜、荣登元、登富、世高

今因弃业就业，将己分分受山地四块，土名皇甫山山顶一块，照老界又一大块，北至山顶，西至孟人，南至塝，东至孟人。又山

腰上一大块，东至路，南至塝，西至湾，北至孟人。又山腰下一大块，南至塝，东至汤人，西至湾，北至吴人为界，以上四至分明。兄弟一同商议，请凭中证柳圣言、雷九州、于耀立、刘家文、荣仁选等在内说合，情愿出卖与江西南昌、临江、吉安、瑞州四府名下为业，承买以作义山。当日得受时值价钱二百二十串文正，并画字、花押、脱业、挂红一并在内。其钱是日如数对众亲手领讫。其业未卖之先，尽问亲族人等，俱称不买，方与江西四府首事说合为业。所买所卖二比情愿，并无债务、准算、叠卖、典当不明之类。兹将山地出卖之后，任从买主埋树、起屋、竖碑、葬坟、栽培树木、挖土葬坟，卖主一干别人等永无一阻，不得籍〔借〕坟再葬。倘有此情，卖主一力承认，不与买主相干。仍从买主另佃耕种，卖主无得异说。

恐口无凭，立此卖山地，永远为据。

计开

随粮更名米一斗五升，粮收北隅里平区[①]荣伯相户内驳出。

凭中在前。

见钱人：柳圣言、于耀立、雷九州。

再批：山腰上一块内有老坟三冢，坟外并无余地，自今以后不得附葬。又山腰下一块内有老坟四冢。以上二冢坟外并无余地，以下二冢原有弓步直五弓，横八弓，南至土塝，西无余地，北有石碑，东至汤人为界。所载地界之外概是买主之业，自今而后不得异言附葬。

同治元年（1862）蜡〔腊〕月十八日，荣登科亲笔立。

有契尾。

立杜卖山地 约人：孟巨堂、竹轩

今因弃业就业，情愿将先祖手买受皇甫山山地大小七块，山之背脊有直路一条，自下至顶计山腰之西一大块，南北抵南、吉、临、

---

① 平区：《千字文》有“坐朝问道，垂拱平章”句。此取“平”字。

瑞山地为界，西至西边水沟为界，东以路为界。又路之东自上间隔次第而下，至腰六块，各有土塉、土塍、水沟为界，四至分明。今叔侄兄弟一同商议，请凭中证于耀立、傅道尊、石明照、陈兆福、于正书、于大生、蒋宏发、傅云峰在内说合，情愿卖与江西南昌、临江、吉安、瑞州四府名下为业，以作义山。当日得受时值价钱一百二十串文正，并花押、酒水、脱业、挂红一概在内，其钱如数对中证亲手领讫。自卖之先，曾经预问亲族人等，俱称不受，又未私约、重行、典当等情。如有互混勾绞、来历不明，自有出卖人等承当，不得干及买者之事。所买所卖二比心愿，并非借钱准折不明之类。兹今将山地概行出卖之后，任从买主竖碑、架屋、栽种树木、挖土葬坟、另佃耕户，卖主一干人等永无异阻。

恐口无凭，立此永卖山地字约为据。

计开

凭中在前。

山地大小七块，随正银二钱，在北隅里率区[1]孟玉公户拨。

见钱人：傅云峰。

契内之价概凭契中领讫，免书领字。

同治六年（1867）四月二十九日，亲笔立。

有契尾。

立永卖房屋基地 约人：谷配琳

今因弃业就业，请凭中证将己分房屋一所，在祁家巷老岸，随粮七升正米，前至大街心，后至后街心，东至公墙，西至己墙。前后三大进、六偏檐、六屏墙，所有门扇、板壁、寸木寸石一并在内，与同堂兄弟商议，请凭中证雷亮华、彭子龙、张鼎三、甘淳如、祁顺喜、彭亿大、谷金友、周世基、褚持柬、苏允中在内说合，出卖与江西南昌府衣店轩辕堂名下为业。当日得受时价值钱一千二百串文正，系卖主对众亲手领讫清楚。自卖之后，听从买主管业，招租、

① 率区：《千字文》有“率宾归王”句。此取“率”字。

收粮、过户，不与卖主相干，所有支余酒水一并在内。此系已卖己业，不与亲族人等相干。

恐口无凭，立此卖约，永远为据。

其粮在州〔洲〕一里寒区谷配琳户内拨除。

凭证在前。

见钱人：潘义兴、杨合兴、王鹏兴、胡合胜、罗秀川、何方琳。

代笔人：谷象九。

嘉庆十四年（1809）十二月　日。

立永卖房屋基地谷配琳。有契尾。

立杜卖房屋基地文　契人：萧煦斋

情因移业就业，需钱无出，只得将祖父手分受己分名下房屋一间，坐落新码头河岸，随粮一升七合，前至正街心，后至河街心，左至陈墙，右至陈墙，其屋上楼下枕、门窗、板片、砖瓦、拳石、间墙二屏一并在内，亲自请凭中证李非珉、徐宏文、姚正岸、萧勉斋、萧安亭、萧明轩、萧蓼然在内说合，先尽戚族不愿成交，方行出卖与江西南昌府轩辕堂名下为业。当日得受时值价足纹银八百两正，其银凭中亲手领讫。其业并无重复典押、买卖，二比情愿，抑无互混勾绞等情。如有来历不明，概在出业人自行承管，不得干及买者之事。自卖之后，听凭得业人收粮、过户、拨租、另佃，永无翻悔异词。

恐口无凭，立杜卖契为据。

粮收州〔洲〕一里来区萧次中户内。

见钱人：雷镜生。

凭中在前。

咸丰元年（1851）冬月念八日[①]。

萧怡堂依口代笔。有契尾。

---

①念：廿，念八日，即二十八日。

立杜卖土库砖墙房屋基地 契人：黄永松同母亲王

今因弃业就业，与母商议，情愿将自置创坐落谷家巷土库店房屋一所，前首店屋门面三间，南北以自己砖墙为界。又正中土库房屋一重，前后有自己砖墙，南北俱以自己砖墙为界。墙内正中堂屋一重，左右正房二间，正房前左右耳厅二间，正房后左右厢房二间相连，后屏墙内拖步小堂一间，后屏墙外厢屋一所。南以自己砖墙为界，北以自己砖墙为界，前靠正屋砖墙，靠北有晒楼一所，后至坡外吊楼，以港心为界。其厢屋内并无异姓行走，出入之路前至街心为界，南止自己砖墙为界，北止自己砖墙为界。上连楼板、椽瓦，中连门窗、户壁，下连磉石、基地，南北前后连砖墙、寸木片石一概在内，随粮三升。自请凭中证说合，出卖与豫章南郡南邑永定堂名下久远为业。当日得受时值价钱六百六十千文，系卖主对中亲手领讫，毫无尾欠分文。其屋未买〔卖〕之先，预尽问族内亲支人等，俱不愿成交，方与永定堂交易。所买所卖系是二比情愿，并无贪谋、逼勒、准折、磊算、债务等情，亦无重叠、典当等情。如有此情，俱是卖主一力承认，不与买主相干涉。其屋自卖之后，听从买主管业，收租、改造无阻，并收粮、过户无得异说。所有秉笔、脱业、挂红、酒席一并在内。倘有亲族人等借端滋事者，卖主一面承认，不与买主相干。自立契后永无增找、回赎，二家亦不得翻悔。如有悔者甘罚契内价钱一半与不悔人用。

恐口无凭，立此杜卖契永远为据。

所有老契二张当日凭中一概缴出。当日凭中正行改大陆字一个，又改字三个。

计开界限

前至街心，后至港心，南以己墙为界，北以己墙为界。粮在州〔洲〕一里寒区黄永松户内收。

凭中在见：潘艺圃、雷耐庵、欧承武、龙秋占、胡重斋、郑云宾、彭伯庵、唐玉斋、王映东、雷新吾。

见钱人：傅恒和。

同治四年（1865）十二月二十二日，永松亲笔立。

出全收全领字人：黄永松。

今凭中等照契收足，毫无尾欠。所收是实。

立承卖房屋基地墙垣 约人：徐云峰

今有己分基屋一所，坐落曹家巷，前至街心，后至河水，左至己墙古巷，右至己墙为界，前后六进，箱〔厢〕房、偏屋、卜头、墙垣一并在内。又墙外房屋二间，随粮三升二合。因弃业就业，母子商议，情愿请凭中证在内说合，将己分房屋出卖与万寿宫南郡南邑永定堂为业。当日得受时值价钱八百千文，系卖主对中亲手领讫，毫无尾欠分文。其有屋内前后上下门扇、板壁、楼板、地栿、寸木寸石、片瓦片砖一并在内，毫无存留。自卖之后，听买主管业，收粮、过户，毋得异说，其有脱业、挂红一并在内。倘有亲族人等借端滋事，卖主一面承认，不与买主相干。恐口无凭，立此卖约为据。

凭中证：刘竹轩、熊名扬、金光炳。

见钱人：张德和。

粮收东二里帝区①徐协五户内拨。徐云峰亲笔。

咸丰九年（1859）阳月②初七日吉立。

立杜卖草山 契人：刘克让、刘照升

今因弃业就业，无处设办，兄弟商同，情愿将己分受祖遗土名皇甫草山二股，坐落北隅里道区，随粮在拱区更名米四升，请凭中证说合，出卖与江西抚州堂众为义山。上址山脊分水为界，下址山西义山及董姓山为界，左址吴姓山分水沟为界，右址胞弟二房迪庵山为界。亲引四址立石，听凭买者清照，其山东西古路任听出由。当日三面言定时值价钱五十二千文正，其价兄弟而收归用，分毫无欠。愿（原）系自卖自业，并无重复典当、逼勒等情。自卖之后，凭抚州堂众照管为业，阴阳从便，永无异说。所有山粮依米粮过割，

---

①帝区：《千字文》有“龙师火帝”句。此取“帝”字。

②阳月：农历十月。

二家不得多推少收。

恐口无凭，立杜卖契存据。

再批：此山老契原系兄弟三人公共，因右边二房迪庵名下一股未卖，故老契未缴。所有克让、照升二股情愿出卖，日后不得以老契另生异议。

此据。

立卖契人：刘克让、刘照升押。

承买人：戴耀廷、吴光大、郑永年、洪洪顺、吴锡纯、舒禹枚、胡同义。

凭中证：刘正万、刘孚万、刘名高、傅占象。

在见人：迪庵。亲笔照升。

嘉庆七年（1802）冬月十二日。

立永远杜契存据。有契尾。

立永远杜卖 约人：袁世铎

今因弃业就业，手中乏困，商禀父亲及合家人等，情愿将己分住屋三间，屋后山场一片，屋前基地、河洲及山场、洲地、大小树木一并在内，当日点明界限，北址河水为界，南址抚州义山为界，西址义山为界，东址罗人屋旁为界，随直原界，请凭中证说合，出卖与江西抚州昭武堂众为业。当日三面言定时值价钱六十千文正，亲手领讫。所买所卖，二家情愿，并无谋买逼勒，重复典卖等情。当将老约交缴。自卖之后，听凭买者照界管业，改造房宇、停葬，袁姓不得异生枝节。如有来历不明，卖者一力承当，不干买者之事。其有山地税粮照依原弓过割二家，不得推多收少。

恐口无凭，立此永远杜卖字为据。

再批：山场、洲地、树木当日点清，棵株、屋上门扇、板壁、瓦石、柱磉等件尽入卖约。自卖之后，袁人一概不得擅自砍伐、折毁。及山场原有古墓三家，只许每年祭奠，嗣后不得借端再葬。

此据。

再批：原有老契一张失落，当寻不出未缴，日后不得借生枝节。

此据。

立永远杜卖约人：袁世铎（押）。

凭证：刘福万、傅恒焯、翟玉衡、黎学正。

眼同领钱：亲父袁育万。

嘉庆十一年（1806）二月十一日。

代笔人：王绍鉴（押）。

有契尾。

立永远杜卖 约人：周大明、大林

今因弃业就业，手中乏用，只得兄弟商议，情愿将己分基地、山场、大小树木一并在内，土名坐落狮子岩，当日照明界限，北至河水为界，南至抚州义山为界，西至刘人山地为界，东至厉屋傍为界，请凭中人说合，出卖与江西昭武众功德林为业。当日三面言定时值价钱三十七千文正，兄弟亲手领讫。所买所卖，二家情愿，并无谋买逼勒、重复典当等情。愿将老约交缴。自卖之后，听凭买者照界管业，周姓不得异生枝节。如有来历不明，卖者一力承认，不与买者相干。所有山地税粮照依原弓过割二家，不得推多收少。

恐口无凭，立此永远杜卖约为据。

立永远杜卖约人：周大明、周大林。

凭证：刘常清、黎学正。

代笔人：周天龙。

嘉庆十七年（1812）十月二十八日立。

有契尾。

立卖基地山场淤地园林树木 约人：刘学儒同男维庆、维新、维喜

今有续置己分基地一所，粮差旁户完纳，因弃业就业，父子商议，情愿凭中证贺焕章、刘秉文在内说合，出卖与江西昭武功德林为业。凭中言定，当日得受时值价钱三十二千文，系卖主父子亲手领讫，毫无尾欠。自卖之后，听功德林管业，耕种、起造、蓄植，卖者无得异说。此系自卖己分业，倘有亲支人等借端异说，卖者一

面承当，不与买主相涉。恐口无凭，立卖文约为据。

四至界址：北至大河水为界，西至买主为界，南至买主为界，东至买主地为界。

凭中在前。

见钱人：刘秉文、王定符。

嘉庆十九年（1814）六月初六日立，亲笔卖。

有契尾。

立杜卖契荒山基地 约人：邓明恺、邓明治

今因弃业就业，兄弟一堂商议，将己所置山地一块，其山土名新山，上齐山岭，与江西抚州界相连，下齐塝为界，西至陈姓山地大路为界，东至吴姓山地大路为界，惟半山仅有韩姓庙基，东西南北四至立明界址，但庙前塝下剩有基地一块，上抵韩姓塝，下抵陈姓茔。今当韩姓以及中人面，对竖石界为据，间中止有庙前杂姓故茔数冢在外，其余左右上下前后一切隙地概归义所卖〔买〕主。情愿请凭中证柳一斌、韩斯光、卢伯和、周东籓、廖廷宗在内说合，将本山基地、土石、草木、杂树一并出杜卖与江西抚州功德林为义山茔所。当日对中言定时值价钱五十二千文正，以及脱业、下庄等项包罗在内，系卖者弟兄亲手领讫，无欠分文。凭众上下内外眼同竖立抚州界址、碑铭昭然。官弓面丈载清，契尾丝毫不紊。山粮仍照原契过拨，粮以北隅里问区[1]邓嗣武户内，钱粮四厘，糟米一合。自卖之后，听从买者照契管业，佃随主转，阴阳两便，开挖、安厝百为无阻。此系己卖己分，不与亲支人等相涉。日后倘有借端异说，俱以卖者、中人一面承当，不与买者相涉。

恐口无凭，立此杜卖文约为据。

道光二十四年（1844）六月初四日，邓明恺亲笔立。

依口代笔：徐湘南。

再批：韩姓庙后邓姓原业界内左右有二堆，当日柳一斌对中言

---

① 问区：《千字文》有“坐朝问道，垂拱平章”句。此取“问”字。

明，乃系字藏积石为堆。

见钱人：徐湘南、周东籓。

立杜卖契人：邓明恺、明治。

有契尾。

立杜卖荒地 约人：韩斯光同嫂王氏

今有祖遗荒山一块，坐落对河象山之阳，土名新山。情因日食为难，只得叔嫂一堂商议，心愿请凭中证卢伯和、马义兴在内说合，出卖与江西抚州功德林为义山茔所。当日对中议定时值价钱九千文正，以及脱业、下庄等项包罗在内。此钱系卖者叔嫂亲手领讫清楚，无欠分文。昭然官弓面丈，横二十一弓半，直二十四弓，清计一亩五分。自卖之后，听从买者照契管业，佃随主转，阴阳二便，开挖、安厝百为无阻。此系己卖己分，不与亲支人等相干。日后倘有借端异说，俱以卖者一面承当，不与买者相干。粮载韩瞻南户内拨出一厘，内有樱桃并杂树一概在内，寸土不留。

恐口无凭，立此杜卖文约为据。

计开

四至：东西南北俱抵功德林义山为界。

凭中在前。

道光二十七年（1847）七月十八日，韩斯光亲笔立。

有契尾。

立卖房屋 约人：陈晓亭、陈吉庵

今将己分分受房屋一所，坐落新码头，前至前街，后至后街，东抵吴人墙，西系己墙。屋后余地依直墙为界，随粮三升五合八勺，情愿请凭中证陈乐轩、张竹坞、陈鉴堂在内说合，出卖与昭武堂馆为业。当日对中言定时值价钱二千零五十串文正，系卖主领讫。自卖之后，听从买主管业，收粮过户，卖主无得异说。

恐口无凭，立卖约为据。

收东乡里天区[①]陈逢时粮三升五合八勺。所卖基地、房屋、寸木寸石，概不存留。契内之价一概领讫，不必另立领字。

见钱人：贺世元。

咸丰七年（1857）十二月十四日，陈新斋代笔立。

有契尾。

立出卖房屋基地 约人：刘云绚

今将先年所置石家巷下首房屋一所，坐北朝南，一连四进，前至前街心，后至后街心，外系古街，东系己墙己脚，西系己墙己脚，屏墙三面，山墙二面及后面围墙、门首、铺面、柜台、栏槛、周围门壁、楼板、�坊、地脚、石磉、桁条、瓦桷、片铁片土、寸木寸石，凡屋所有一并在内，随粮二升八合，在林二里柰区[②]当差刘寿山户内，推与昭武堂馆为业。当日三面言定时值价银四伯六十两正，立契之日银契两交。自卖之后，听从昭武馆管业，加修、收粮、过户无得异说。

恐口无凭，立此为据。

凭证：公盛义、聚贤堂、会文堂、三义号、敦福行、永吉利、元大行、开泰祥、益泰祥、荣升泰、聚秀堂。

见银人：高笏廷。

同治七年（1868）三月　日，亲笔立。

有契尾。

立永卖青山 约人：傅安默

今因弃业就业，父子一同商议，情愿将祖遗分受青山一片，土名土地垭，坐落卢家峪，东址吴姓山，西址福建义山，南址大路，北址王姓山塝，今将四至界限开载明白，凭中证王拙斋、刘灼然、维升、龚明位、庞国珍、季和、圣赞在内说合，出卖与江西抚

① 天区：《千字文》有“天地玄黄”句。此取“天”字。

② 柰区：《千字文》有“果珍李柰”句。此取“柰”字。

州昭武会馆名下为义山茔所。当日对中三面言定，得受时值价钱一百四十千文正，其钱经中男楚峰亲手如数领讫，毫无尾欠。所有山内耕种杂粮熟地数段并山内大小树木、毛草、土石等一概在内。自卖之后，听凭买主管业，佃随主转，阴阳两便，修造、挖土、安厝，百为无阻。此系自卖自业，不与亲支人等相涉。日后倘有借端异说，俱在卖主、中证一面承认，不干买主之事。所有挂红、脱业、下庄、书契、酒水等项包买在内。至于随粮二分，在傅默安户内驳出，入昭武会馆户内完纳。所卖所买，二比心愿，故无公私相逼，亦无谋买等情。

所卖是实，立此永卖青山文契为据。

老契未能寻出，不为行用，山内原有土地庙一所。

光绪二年（1876）丙子七月初二日。

傅楚峰亲笔立。

立卖房屋 约人：萧应韶

今有己分续置房屋一所，坐落大码头洲一里寒区当差，随粮二升八合，前至大街，南至河水，东至己墙，西至己墙，铺面、厅堂、厢房、厨房、河坡、屏墙二坐、柜台、栏槛、寸木寸石，凭中牛中立、张鼎三出卖与江西吉庆堂名下为业。当日面议九五足兑元丝银一千七百五十两正，系卖主凭中当面收讫，并无计扣。自卖之后，听从买主住坐、招租、修理，卖主永无异说。所有脱业、挂红等项俱在卖主承认。此系己卖己手分受之业，不与弟兄亲族人等相干。

立此卖约，永远为据。

凭证：张鼎三、牛中立。

四至照前。

嘉庆十一年（1806）十月初二日，应韶亲笔立。

有契尾。

立卖房屋 约人：张调元同男明远、明兴、明河

今有父手分受房屋一所，坐落万寿宫下首洲一里寒区，张调元

户内随粮七升，前至大街，后至后街，东至己墙，西至万寿宫墙，一共十进，前后楼房、厢房并格扇、门片等件俱在其内，凭中证刘信丰，胞弟秉哲，出卖与江西吉安府吉庆堂名下为业。当日三面言定时值价钱八百千文正，系卖主凭中当面收讫，并无计扣。自卖之后，任从买主招租、修理，卖主无得异说。所有脱业、挂红等项俱在卖主承认。此系己卖分受己业，不与弟兄亲族人等相干。

恐口无凭，立此卖约为据。

四至照前，凭证在前。

代笔：胞弟秉哲。

嘉庆十六年（1811）十二月初十日立。

有契尾。

立卖房屋 契人：熊大悦、缮性、吉中、大忠兄弟等

今有父手分受房屋基地一所，坐落二圣庙上首洲一里寒区，熊敕谕户内随粮四升六合九勺，前至大街，后至西洋大湖心，东至己墙一半，西前系吴墙，西后吴园起系己墙，共四大进四铺头，屏墙六层，书房、鱼池、树木、花园、前后楼房并格扇、门片、板壁、厢房、厕房、天井、岩坡、花果、树木并园内外石坡、寸木寸土寸石等件俱在其内，自愿请凭中证刘仙崖、邹长松、黄蒂锡、吴次轩、熊希贤、熊炳臣等，出卖与江西吉安府吉庆堂名下为业。当日三面言定时值纹银九百五十二两，所有脱业、挂红、代笔知与起神香火等项一并在内，其银卖主兄弟凭中证当日亲手领讫，并无计扣分厘。自卖之后，任从买主收粮、过户、更单、改造、招租、自住，俱听其便，卖主永无异词。此系自卖己业，不与戚族人等相干，倘有异生枝节，惟卖主自行承认，不与买主相干。

恐口无凭，立此杜卖契为据。

凭证载前，四至载前。

见银人：黄蒂锡。

道光九年（1829）十一月初一日。

熊大悦、熊吉中、熊缮性、熊大忠亲立。

有契尾。

秉笔：熊吉中。

立永卖房屋基地 契人萧次中

今因弃业就业，与伯侄夫妇商议，情愿将父母手分受祖遗现住之宅一所，坐落水府庙上首永宁坊，坐北朝南，自愿请凭中人李兆珉、涂彬然、萧明轩在内说合，出卖与江西吉庆堂为业。当日三面议定时值价典钱四千四百串文正，其钱当凭中亲手领讫，另立全收字据。所有屋基界址，前至街心，后至街东直墙，前半与蔡姓公共，后半系己墙己脚，西抵吴姓直墙。日后造修加高，听便买主所为。所载界址并未占过他人尺寸，屋内前后铺面以及听堂、厢房、书房、空基，上至青天、椽桷、领（檩）条、楼板等，下至黄土、窗户、壁门、磉石、片瓦片砖、寸木寸石，一切扫净在内，并无克除。自今卖后，听便买主修造、招租，卖主无得异词。一买一卖，二比心愿，并非债负累折之类。未卖之先，并无重行典当，又未卖过族房伯叔兄弟之业。如有亲房人等另生枝节，自有卖主承担，不与买主相干。所有出业、挂红、起身、香火一并在内，毋得异说，过粮立户照依原契。

恐口无凭，立此卖契永远存据。

凭中载前。

粮收外一里寒区萧象九户内，正米七升九合二勺。

咸丰七年（1857）四月二十四日。

次中请萧怡堂代笔。

有契尾。

立永卖草山 约人：傅芸台

今因弃业就业，兄弟一同商议，情愿将己分分受草山一段，坐落于家棚，下至路上塅，北至福建义山，南至童界，所有草山、树木一并在内，随正粮二升，心愿请凭中证卢正培、李启琳、于正邦、傅有来、傅楚实等说合，出卖与江西省吉安府吉庆堂名下为业。当日三面言定，得受时值价典钱五十千文正，其有原业画字一并在内，系卖主对中亲手领讫，毫无尾欠分文。自卖之后，听从买主立碑管业，开山、附葬，阴阳两便，并招人掌禁，卖主亲支人等无得异说，永无取赎、找价等情。如有来历不明，卖主自行理落，不与买主相干。至于山路原系四面，山（出）入任凭买主自便，毋得阻挡，并无原契。

恐口无凭，立永远文契为据。

计开

粮收北隅里章区[①]傅克绥二房正粮二升。

中证在前。

契内之价凭证亲手如数领讫，不必另立领字。

证契人：傅小陆。

有契尾。

同治元年（1862）十二月二十日。

立永卖草山契傅芸台亲笔。

立永卖草山 约人傅芸峰

今因弃业就业，兄弟一同商议，情愿将己分分受草山一段，坐落于家棚，上至卖主陆地，下至大路，西至傅南浦，东至傅子厚，四至俱埋石为界，陆地边有于人祖茔二冢，以茔前拜台为界，所有草山、树木一并在内，随正粮四升，心愿请凭中证卢正培、李启琳、于正邦、傅秉中、傅凤楼、傅量之等说合，出卖与江西省吉安府吉庆堂名下为业。当日三面言定，得受时值价典钱八十千文正，其有原业画字一并在内，系卖主对中亲手领讫，毫无欠少分文。自卖之后，任便买主立碑管业，开山附葬，阴阳两便，并招人掌禁。卖主与亲支人等无得异说，永无取赎找价等情。如有来历不明，卖主自行理落，不与买主相干。至于山路原系四面，出入任凭买主自便，

---

① 章区：《千字文》有“坐朝问道，垂拱平章”句。此取“章”字。

无得阻挡，并无原契。

恐口无凭，立永卖文契为据。

粮收北隅里章区傅克绥二房户内正粮四升。契内之价凭中如数领讫，不必另立领字。凭证载前。

证契人：傅小陆。

同治元年（1862）十二月二十日，傅云峰立。

有契尾。

立永远扫卖草山树木山地溪沟荒塌 约人：傅国选、傅服周、傅有方、傅缀采、傅儒金

今因弃业就业，兄弟等一同商议，情愿将祖父手分受己管草山一块，坐落地名卢家峪太平山，计东上至本山原管之地立碑为界，东中至卢昌芝草山山地为界，东北至傅南浦草山为界，南至上岭大路为界，西至溪沟笔直上下为界，北至山脚为界，所有草山、树木、溪沟、荒塌一概在内，随正米五升一合，麦粮六升六合，心愿请凭中证聂裕昌、傅小陆、儒均、崑山、然高、李长春、卢正培、绍周等说合，出卖与江西省吉安府吉庆堂名下为业。当日三面得受时值价钱一百三十串文正，其有原业画字并在内，系卖主对中亲手如数领讫，毫无尾欠分文。自今永远扫卖后，听从买主立碑，永远管业，开山附葬，阴阳两便，并招人掌禁，卖主亲支人等毋得异说，永无取赎、找价等情。如有来历不明，卖主自行理落，不与买主相干。至山路原系四面，出入任凭买者自便。所有原契二张，当凭缴出，并无余契。

恐口无凭，立此永远扫卖契为据。

凭中批明：内有山脚下赵源丰阴地一棺，横直四弓，不在其内。

凭中：聂裕昌、李长春、傅小陆、卢正培。

证契：傅小陆、于耀立。

同治元年（1862）壬戌十月吉立，傅服周亲笔。

有契尾。

立推山粮 字人：傅国选、服周、有方、缀采、儒金等

今将卢家峪出卖之山，随粮傅廷户二升一合，服周户一升，有方户一升，缀采户一升，又麦粮服周户二升二合，有方户二升二合，凭中证李长春、卢正培等，照老契推到江西吉安府吉庆堂名下收纳。

所推是实，恐口难凭，立此为据。

凭证在前。

同治元年（1862）十一月廿五日字。

立永卖山地 约人：赵宇仁

今因弃远就近，兄弟商议，情愿请凭中证殷洪盛、卢正培、卢得安在内说合，将父手所置山地一块，坐落地名卢家峪，上至高嘞，下至山脚，左至沟，右至路，一概出卖与豫章吉庆堂名下为业。当日三面议定时值价钱三十千文正，凭中亲手领讫，并无尾欠分文。自卖之后，听凭吉庆堂改挖、葬坟、竖碑、立界，永远管业，赵人无得异说，永无取赎、找价等情。此系自卖已业，不与亲支人等相干。倘有来历不明，有卖主一面承认。所有孝布、水礼一概包尽。

恐口无凭，立此卖约为据。

凭证载前。

见钱人：原业卢得新。

此系荒山草埸，仍照老契，无粮无有推收，价凭契中领讫，免书收领字。老契当凭中证缴与买主。

同治四年（1865）十二月初六日。

立卖契人赵宇仁亲笔。

有契尾。

立永远扫卖房屋榨坊基地 契人：史敦铨、史敦宪

情因银钱窘迫，兄弟同胞弟史逢庵商酌，情愿将祖父余下因己分受油榨坊史大盛房屋一所，通前至后共计六进，上至椽皮、瓦桁，中至楼榀、板壁，下至墙脚、磉墩、基地、寸土寸砖、寸瓦寸木，前以空地直至河水为界，后以柳树路外为界，左至己墙为界，右以

胞弟砖墙为界，并榨坊、磨盘、仓房、器皿一切及门前余地一片，全行请凭中证戴鲁瞻、何德兴、田聚源、沙于诗翁等说合，出卖与豫章石阳堂名下为业。当日三面言定价九十一文，典钱八百串文正，并来往中证、传杯、画字、移香火出屋礼一应在内，彼时系卖主如数亲手领讫，毫无尾欠。其房屋未卖之先，尽问至亲人等，并无一人承买，又无重行典当，互混钩绞等弊。如有来历不明，卖主自行主管明白，不干及买主之事。所有本屋榨坊余地，原业契据当凭一概缴出，毫无执留。自今出卖之后，任凭石阳堂永远管业，听便开榨、住宅或招佃营业，而门前余地任凭修造房屋，不得妄生支节。并非图谋准折，逼迫情事，永无取赎、找价等情。二比甘心，所有榨坊、仓房、器皿、家业，一切细数逐开契后。

恐口无凭，立永卖契承存。

凭证：何德兴、田聚源、戴鲁瞻、沙于诗。

代笔人：史逢庵。

证契：史锦盛。

咸丰九年（1859）十二月吉日。

立永卖契兄弟史敦铨、敦宪。

有契尾。

立杜卖房屋基地 契人：吴晓亭、吴霭然

今因弃业就业，各安所宜，母子兄弟一同商议，情愿将祖遗分受房屋基地一所，坐落罗家坡老岸，坐北朝南，前后六进六屏墙，前至前街心，后至后街心，左右墙垣两直俱系己墙己业，直至屋所为界。日后升修加高任凭买者所为，四至界址出路均系正分己业所管，并未占过他人分寸。屋内前面铺房、柜台、栏杆及各厅堂朴头，各厢房格扇，前后天井、煤墀、后园、偏屋、空所，上至瓦片、椽桷、梁柱、棁枋、楼栿、楼板等件，下至窗户、壁门、磉石、地脚、地基、片瓦片砖、寸木寸石寸土，凡屋至地四围上下所有一切扫净在内，并无克留丝毫。请凭中证，概行杜卖与江西吉安府安福县尚德堂永远管业。当日三面得受时值价典钱一千串文正，经证及

见钱人亲手领讫，毫无尾欠，免立全收字。其屋未卖之先，预尽问族内亲支人等，俱不愿成交，方与尚德堂交易。所买所卖，二比心愿，并非勒逼、谋买、准折之类，又未重行典当及卖过族房叔兄弟他人分法。倘亲支人等另生枝节等弊，出卖人与中证一概承认，不得干及买者之事。所有原业挂红、脱业、花押、酒水一并包在价内。自今杜卖之后，任便买者招赁、收租、改造、升修，卖者永无翻悔，找价异词。其屋粮候推入买者户内完纳。

恐口无凭，立杜卖契约永远存据。

光绪丙子二年（1876）七月初七日，吴晓亭亲笔立。

再批：所有原业契据已经遗失，日后寻出不为行用。其屋正粮三升六合，在州〔洲〕一里寒区吴镜心堂户内拨出，推入买者户内完纳。

凭证：刘竹轩、胥月秋、萧文浦、贺韫山、周云阶、吴树堂、吴兴之、易寿山、郁均圃、刘词云。

见钱人：程鹏九。

立永扫卖水田、陆地、树山、竹林、园圃、私堰、车埠、沟渠、粪坑、坟塌、瓦屋、基址、偏厦、拖檐、猪楼、牛栏、田塍树木、堰塌树木、田内生芽、余坡余塌、寸石片瓦一并出售 约人：彭胡氏

今因弃业就业，婆媳母女一同商议，心愿请凭中证贺正荣、雷心教、心学、心澡、顺泰、长连、正家、刘选达、黄典治、王永安、郑自荣、罗老幺、彭义才、维安、王德厚、文国益、昌在内说合，将己分分受水田一庄，坐落土名黄家湾，计田五十四号，计种十担零五斗，随粮一担零七升五合，又粮一斗三升二合半，出售与津市豫章私药王神会为业。当日三面议定时值田价钱七百千文正，一色现交系彭胡氏亲手领讫，毫无尾欠，并画字、传杯一应在内。自卖之后，听从买主管业，耕种、另拨、另佃，卖者毋得异说。倘有亲支原业人等讲论，俱系卖主一力承担，不与买主相干。

恐口无凭，立文字为据。

计开

私堰三口、浮水全分、底水全分、河水使水灌溉，刘秧菜园、田禾、场丘、抓阄丘、山场丘、壶芦丘、崇秧丘、窄窄丘、涸口丘、新口丘、上窝丘、下窝丘、上方丘、下方丘、老秧田、柞丘、长港丘、鸡窝丘、富丘、上三斗丘、下角田、中三斗丘、王二斗田、下斗半田、小秧田、土丘、西方丘、勘东丘、芝麻田、小田、东涸口、壬辰田、窑田、黄菜园田、黄豆丘、堰坡丘、面它肚丘、下它肚丘、丫头丘、上井丘、下井丘、斗半地田、战场丘、人命田、查老田、过水田、大富丘、方方丘、风眼丘、长角田、下米田、庙二斗田、长丘、战鼓丘，共计田五十四号，共计陆地大小十一块。

咸丰十年（1860）十二月二十六日。

胡松圃依口代笔。

有契尾。

立足领字：彭胡氏。

今凭契内中证领到药王堂上田价七百串文正，所领是实。

此据。

立永卖水田树山灌堰 约人：雷说卿、敷卿、功卿

今因动用不便，心愿请凭中证卜元杳、黄烈光、郭雁臣、黄定国、雷昆农、黄宗器在内说合，先年价卖王家湾水田一契，已在王姓检明清白，王姓当将契据缴出。又朱家议口水田一号，土名木子丘五斗，系幺堰使水灌溉，又系湖水灌溉，车埠田塍在内系寒水，随粮三升，树山一块，坐落庙后，四至限界以缴据照管，随粮五合。此山先年曾卖与彭锦全，因粮未过彭姓，仍将原契退还，品补清楚。兹凭中证将田与山概永卖与津市豫章药王堂为业，对中得受时值价钱二十千文正，系卖主弟兄亲手领讫。自卖之后，听从买主管业招佃，永无异说。

今欲有凭，立文契为据。

计开粮在林东里效区[1]雷会中户收。

咸丰十一年（1861）三月二十日，敷卿亲笔立。

有契尾。

立永扫卖水田、灌堰、垱水、解口、车渠、水沟、陆地、树木、竹林、屋宇、基址、山场、墙垣、菜园、余地、猪栏等项 契人：黄登道

今因弃业就业，父子夫妇一同商议，请凭中证在内说合，自心情愿将己分分受坐落郝尔坪水田一庄，私堰二口，共田二十九号，计田六担九斗，随载毛粮七斗六升三合，在林西里女区黄生蓝、茂先正公倒户除收，倘不如数，在克广户内收足。屋宇一合，落廒、偏屋、猪栏一间，东至己田为界，南至己堰为界，西至山岖大枫树为界，北至水沟大榆树木为界，陆地大小五块，山场二块，一在基址之后，东至地口为界，南至郝坟为界，西至大路为界，北至卜山为界，一在址基之右，东至王人墈为界，南至雷黄山为界，西至黄山为界，北至己田墈为界。以上水田、屋宇、基址、山场等界址分明，又园圃、田塍、地塍、堤堰、水垱、水界内片砖片瓦、寸土寸木、各色大小树竹、一切庄苗等项，周围、前后、左右、上下等一概挖堆，栽石为界。又郝尔垱之水垱之岩石，解口垱底受业人系分一半，至垱之横直、大小树木一并扫售受业人管业。以上所载，统行凭中脱庄扫卖与津市江西药王堂名下为业。当日三面言定时值价钱七百四十五千文正，系亲手领足，不少分文。所买所卖均系二比情愿，并无谋买等请（情），倘有此情，卖者自检明白。自卖之后，任凭买主管业，耕种、居住、招佃、砍伐、蓄禁、修造、收养□水蓄鱼，卖者无得挠扰寻源，另生枝节。一卖千休，永无翻悔。倘有亲支原业人等借事生端，自有卖主一面承担，不与买主相涉。

恐口无凭，立此文契为据。

---

①效区：《千字文》有“女慕贞洁，男效才良”句，此取“效”字。下有“女区”，则取“女”字。

计开

丘数：上八斗丘八斗、下八斗丘八斗、枕头丘二斗、五斗丘五斗、沙丘一斗五升、四斗丘四斗、三升丘三斗、长丘五升、枫树丘一斗、荒田一斗、窑丘三斗、溷口丘二斗、上秋田三斗、禾场丘一斗五升、斗丘一斗、湾丘二斗、秧田一斗五升、牛角丘一斗、小包丘一号、新田一斗五升、之（？）溷口丘一斗、山边丘八升、木子丘二斗五升、窝丘一斗、竹园丘五升、窝丘一斗、榨脑丘一斗、长丘三斗、菜园丘一号。

凭证：胡松圃、胡运元、胡汝贤、王德厚、王协珍、王德定、马竹坡、王永奎、王永兆、黄登云、黄旭东、黄占辉、黄晴峰、黄克厚、黄真吉、黄登青、黄登垓、黄云峰、黄琢如、黄秉乾、黄翠峰、李水可、李爰、李贞月、李良玉、李光典、李槎烈、卜鼎新、雷周卿、文国一、亨太。

同治九年（1870）花月[①]十七日，云祧代笔立。

有契尾。

立永卖荒山熟地树木 约人：陈仁喜

今有祖遗己分皇甫山山地草山一块，上至山顶，下至路塝，脚抵吴人界，东至抚州义山，西至福建义山，随则载粮银二分三厘。因需钱应用，意在出售。先尽原业亲支人等，俱称不买。父子一同商议，心愿请凭中人傅定益、傅道远、曹秀陞在内说合，出卖与江西临江府黄万和、吕宏远、同仁昌、聂隆盛、聂隆升、隆兴和、熊义昌首事等承买管业，以为义山。当日得受时值价钱五十千文正，比即凭中亲手领讫。自卖之后，地听买主管业，招佃、耕种、开山、填挖，阴阳两便，百为无阻。至原业脱业、麻布、酒水一并在内，卖主扫卖，毫无存留。所卖所买，二比心愿，并无谋买、盗卖、借端生事等情。若有此情，卖主、中人一概承担，不与买主相涉。

恐口无凭，立此卖约契为据。

---

① 花月：农历二月别称。

凭中在前，见钱在中。

代笔：周叔财。

皇清光绪丙子二年（1876）六月初八日。

立永卖山地约人，□前契内之价当日对中领讫清楚，免书领字。

粮收北隅里拱区陈义高户内拨出。一批老契遗失，日后捡出不足为凭。

公称清远堂。

计开四至弓口：上横弓三十一弓，顶上上横弓四十一弓，中间顶上直下一百五十五弓，中横二十一弓，塝下横弓十二弓，下口上横六弓一尺。

立杜卖房屋基地文 契人：邹崇寅

今因债务紧逼，无从出辨〔办〕，祖孙一堂议论，情愿请凭中证张宏盛、江宏发等在内说合，将己分房屋基地一所，铺面三间，坐落灵宫殿码头上首，上至熊姓，下至蔡姓为界，前至街心，后至河心，上至青天，下及黄泉，寸木寸石一并在内，出杜卖与江西轩辕成衣堂名下为业。当日得受时价值钱二百五十五千文，是日对中如数收足。所买所卖，俱系二家情愿，并无逼勒典当不明之类，均属卖主一面承认，不干买者之事。自卖之后，任从买主赁屋收租，毋得异说。

恐口无凭，立此杜卖文契，久远存照。

凭证：张宏盛、江宏发。

代笔：邹中和。

道光十一年（1831）九月十二日，邹崇寅立。

有契尾。

立永卖基地 约人：熊森茂同男光化、光复、光旦

今因家用不便，父子一堂商议，情愿请凭中证刘宏发、贺宏顺、崔明甫、周元升、苏景方、熊光典、光祖在内说合，今将己分买受会仙桥南向基地一所三进深，本年三月被回禄之灾，只余地一片，

难以修造，是以凭中出卖与万寿宫轩辕成衣堂管业修造。当凭中证三面议定时值价钱一百四十千文正，当凭中证亲手领讫，毫无尾欠。其基地北至街心，西抵陈人房屋柱磉，南抵陈人墙脚为界，东抵陈人墙脚为界，四至界明，所有基地、破砖、片瓦片石、天井、煤坑毫无存留。自卖之后，听从买主管业修造，不与亲支人等相干。收粮过户当差粮在州〔洲〕一里寒区熊庆万户内收除，随粮三分九厘，米三合。

恐口无凭，立此永卖约为据。

四至在前。

见钱人：童光兴。

同治五年（1866）十一月初二日。

熊光复、光化、光旦亲笔，钱三子均分立。

有契尾。

澧州津市万寿宫志
卷之十二

轶事

前事之师，后事之鉴。所患者时过境迁，弗懔懔于倾辀而再蹈故辙耳。一廛托庇，耦俱无猜，已数百年于兹矣。馆后余基，忽构讼端，处置不得其道欤？抑排解不得其人也？幸真君福佑，矜躁俱平，争竞两忘，洽比如初。而二三老成恐招喜事之谤[①]，特申纪载之约，因抄登和息及山田议约，并未经泐石之批示，都为一卷，附于简末。俾人人皆恍然于其故，而益加检束戒勉，无诈无虞。乐其乐而利其利，倘亦绸缪牖户之一端也。志轶事。

同治三年（1864）和息词

具禀人：职生傅儒贽、向逢春、韩学立、罗培甲、梁运炜等。

为调处均服公恳息案事情，吴梁氏以恃占凶殴等事，具控彭元禄等以影射网占等事具诉一案。前蒙示期集讯，孰是孰非自有明断，职生等何敢妄邀？因各有戚友之谊，见吴梁氏住宅与万寿宫匝连，诚恐终讼嫌深，寻隙不休，殊非邻里和睦之道。是以仰体大人使民无讼至德，从中调处。查吴梁氏屋契载有东西堰塌、东西山墙，而万寿宫原买张、李、傅三姓契内亦载有“后抵堰坡港坪”字样，并前宪侯[②]示彼此控争均非无因，剖令吴梁氏将在万寿宫之西堰与坡一并

---

① 喜事之谤：大概是因得意忘形、沾沾自喜而被人背后议论。

② 前宪侯：应为乾隆时知州侯云汉。侯云汉曾两任澧州知州。第一次在乾隆三十四、三十五年（1769、1770），第二次为乾隆四十三、四十四年（1778、1779）。

售与万寿宫管业，以免争竞。至万寿宫及吉庆堂与吴梁氏所挨前后山墙俱属两宅在公，彼此均已诚服，邀免讯传，为此粘结。公恳大人台前赏赐察夺俯准，息案讼，息邻睦，诚为德便。公沾上呈州宪廷[①]批，姑准销案，各结存。

同治四年（1865）笃培所所管安福县象鼻湾里山田息词

具禀人：监生王恒太、熊静山，生员刘定甲、邓迪吉，保正邓如意、王志远。

为恩怜调处粘恳息销事情。因蒋兴善先年凭中买津市江西安成宾馆松山田地、屋宇，业已价明契楚，令蒋人居住管业。因是山与会馆所买未卖之山相连，悮〔误〕砍越界树木，以致看山人刘廷扬自行出控。后又经会馆首士公首昨〔着？〕蒋兴善投鸣，原中赴诉生等俱属戚邻，仰体仁宪，使民无讼。至德不忍袖视，从中调处，剖令蒋人退还树木，仍复旧界。心愿诚服，无事了案。即会首等亦不愿终讼，免操宪心，是以取粘各结，公恳公祖台前赏准息销，沾恩上禀具服结。江西客总雷芝兰等同看山出控人刘廷扬结到公祖台前，职等公控蒋兴善等在案，今凭监生王恒太等调息，职等诚服，所结是实。

具服结人蒋兴善等，结到大老爷台前，民被江西客总同刘廷扬出控在案，民心诚服，所结是实。

立诚服字人：蒋兴善。

今因先年凭中价买江西客馆安成堂山场、水田、屋宇，价明契楚。今八月内误砍与会馆连界树木，客总等出控在案，情知理亏。请凭熊静山、王步元、邓如意、郑学立、刘小瑶、王志远劝列客总，免追再控，愿仍复回基址，了息案事。

恐口无凭，心愿出立诚服字据，日后再不敢滋事。此据。

同治四年（1865）九月念日，蒋兴善立。

凭证在前。

---

① 州宪廷：澧州知州廷桂，同治三年（1864）在任。

嘉庆二十二年（1817）江西纸行号奉湖南藩宪[①]批

前批：私自邀截客货自当严行禁止，若于外市买货运回已店零售者自与客货不同，无庸投行纳用。刘永泰行如何违例取用，该生有无邀截客货各情事，饬州录案，具详察核。

后批：如详销案，仍严禁该牙户等无庸多索用钱，把持生理。并各铺店自于外市买回零售货物概不得勒令投行纳用，致肇讼端。此缴。

救生船水龙公所募夫免累告示 黄宪，名维瓒[②]，广西举人

钦加运同衔特授湖南直隶澧州正堂加五级纪录十次黄，为出示晓谕事：

照得兰江为澹津之巨镇，居澧浦之下游。九派[③]鸿遵，波澜壮阔；万家鳞比，货贝盈阛。固利涉夫云程，亦繁增其烟户。第逢暴涨灭顶，或及于风帆；若遇亢旸焚身，实原于星火。无情可畏，有力宜施。

今据该职生潘邦毓、聂宗麒、王炳南、刘伯宣、胡林煜、雷承恩、刘秉渊、张士勖、张荣鸾、伍尔康、严友梅、周有仪、胡兆贞、万昱光等，公制水龙两架，救生船四号，禀请示谕前来。除批示外，合行出示晓谕，为此示仰州属军民人等知悉。

此系善举，亦属要需。设遇白浪初翻，红炎乍起，画鹢奔雷而迅赴，甚赖援手之功；银虬拥雨而施行，原解燃眉之急。然而水以

---

① 藩宪：藩台，按察使。据光绪《湖南通志》卷一二一：嘉庆二十二年（1817）时的湖南按察使为觉罗海龄，满洲正蓝旗人。嘉庆二十一年（1816）任。下任敦良于嘉庆二十四年（1819）任。

② 黄维瓒曾两任知州，此《告示》应为第一次任知州时所为。据前《水龙公所并三次始末》：三次分别为道光十年（1830）、道光十八年（1838）和同治十二年（1873），黄维瓒第一次任知州自同治九年（1870）四月，下任余坚光绪二年（1876）三月离任，其间有六年时间，黄维瓒应于同治十二年（1873）后离任。余坚离任后黄维瓒又复任。

③ 九派：澧水及八条主要支流——茹、温、溇、渫、涔、黄、澹、道，并澧为九，合称“九澧”。津市处九澧最下游。

狎而生玩，火实尊而不亲。天道甚微，人命綦重。或就水程鼓掉〔棹〕，致蹈濡首之凶；或忘火宅抽薪，致罹焦头之厄。扁舸簸荡，广厦销镕。凡兹无妄之灾，无非有定之数。各安义命，毋肆诪张[①]；共守规条，大施拯济。行见挽狂澜于既倒，戢烈焰于方腾。证善果之因缘，借同人之力量。于本州实有厚望焉。

其各凛遵毋违。特示。

救生船水龙公所募夫吁请存案脱累禀

为禀定规条吁颁示禁以维公举以免私累事

窃维亥市莺迁，谊贵分忧而恤患；丁男鸠集，事当杜渐而防微。才则适而力则堪，小人属餍；利斯兴而害斯去，君子怀刑。地厚天高，大犹有憾；水深火烈，来况无情。扶危持颠，胡越可以共济[②]；幸灾乐祸，陈许于焉先亡[③]。载舟而忽覆舟，救难从井；焚廪而谋完廪，势出捐阶。明知习坎之占，偏入坎窞；既筮重离之丽，辄向离明。险阻艰难，造次颠沛，存亡呼吸，生死俄顷。伏见肆列兰江，廛开槐舍。萃十二州之产，全资稛载于余皇[④]；铸三十六炉之财，先定羁栖于栋宇。鹢飞渡口，汛趁春潦；鳞次檐牙，肆连夏屋。乃或天行沴厉，地罹凶危，元〔玄〕冥司权，赤熛鼓怒。遘桅折樯摧之险，酿庐黔垣赭之灾。拜氓〔岷〕江之豚，悠悠泛泛；鸣毫〔亳〕

① 诪（zhōu）张：欺诈、诳骗。

② 胡越：泛指北方和南方的各民族。胡越共济：谓关系疏远者，同处危难时也会相互救助。宋苏轼《大臣论下》："故曰同舟而遇风，则胡越可使相救如左右手。"

③ 陈许先亡：典出《左传·昭公十八年》，郑国子产执政期间发生了火灾，而且宋、卫、陈等国都发生过火灾，其中郑、宋、卫等国皆有救灾，独有"陈不救火，许不吊灾，君子是以知陈、许之先亡也"。

④ 余皇：春秋吴国船名。《后汉书·马融传》："然后方余皇，连舼舟，张云帆，施蜺帱。"李贤注："余皇，吴之船名。"后泛指舟船。

社之鸟，出出譆譆[①]。雨骤风驰，都助阳侯之虐；雷奔电掣，倏奏祝融之功。傅济难期，鸭头绿涨；秦燔[②]不免，牛尾红奔。浑疑神犯甲丁，势或乘而攫取；岂其忌忘戊己，期莫避于兴修。毒肆冯夷，炎张阏伯[③]，扁舸簸荡，广厦销镕。顾念画扇截流，吴猛得道；噀酒熄烬，郭宪[④]标奇。既未能子羽[⑤]斩蛟，璧沉江底；复未获裴庆[⑥]驭鹤，石煅洞中。思拔剑而骂王闳[⑦]，将具畚而令乐喜[⑧]。挽狂澜于已倒，戢凶焰于方张。计惟竭皋牢伛偻之能，合距跃曲踊之选。仳倠[⑨]倚槛，扑灭燎原。维娄[⑩]张丈殷兄[⑪]，救援云集；震幰[⑫]都魁雄伯[⑬]，奋迅天回。

舟挟负龙，肯任黄头[⑭]失棹；堂羞处燕[⑮]，预防赤舌烧城。是以敝

---

① 亳社：殷社。古代建国必先立社。殷都亳，故称。《左传·襄公三十年》："或叫于宋大庙曰：'譆譆，出出！'鸟鸣于亳社，如曰：'譆譆！'甲午，宋大灾。"两句形容水、火之灾。

② 秦燔：火灾。用项羽火烧秦阿房宫的典故。

③ 阏（yān）伯：中国早期天文学家，商族部落的始祖。尧称帝后，封阏伯为火正，被后世尊为"火神"。

④ 郭宪：东汉建安年间，任职西平郡功曹，累官至武威郡太守，封关内侯。

⑤ 子羽：复姓澹台，名灭明，字子羽，东周时期鲁国武城人，孔子弟子，教育家。

⑥ 裴庆：明钱希言《狯园》中神怪人物。

⑦ 王闳（hóng）：王莽叔父王谭之子，王去疾之弟，为琅邪名士。

⑧ 乐喜：春秋时期宋国商丘人，宋国贤臣，在宋平公时任司城，位列六卿。

⑨ 仳倠（pí suī）：古丑女名。汉刘向《九叹·思古》："西施斥于北宫兮，仳倠倚于弥楹。"王逸注："西施，美女也；仳倠，丑女也。"

⑩ 维娄：系缚，羁縻。《春秋公羊传·昭公二十五年》："且夫牛马维娄，委己者也，而柔焉。"何休注："系马曰维，系牛曰娄。"

⑪ 张丈、殷兄：前有注。喻挚友。

⑫ 幰（xiǎn）：古代车上的帷幔。

⑬ 都魁：指土豪。雄伯：这里指河伯、河神。晋葛洪《抱朴子·刺骄》："汉末诸无行，自相品藻次第，群骄慢傲，不入道检者，为都魁雄伯。"

⑭ 黄头：指船夫。宋刘辰翁《金缕曲·五日和韵》句："黄头舞棹临江处，向人间，独竞南风，叫云激楚。"

⑮ 堂羞处燕：燕雀处堂、燕雀处屋。燕子和麻雀在堂上筑巢。《孔丛子·论势》："燕雀处屋，子母相哺，煦煦焉其相乐也，自以为安矣。灶突炎上，栋宇将焚，燕雀颜色不变，不知祸之将及己也。"后比喻处境危险而不自知。

馆公制有救生船四号，水龙两架。手力招邀，肤功建树，舳舻衔接，帷幕济濡。为授千金之壶[①]，腹毋鱼葬；免焦一炬之土，齿竟象焚[②]。比战舰而梭巡，兼赈穷檐之粥；转辘轳而车灌，似建高屋之瓴。习水之性而凌波，拍浮凫浴；行火所烑而表道，涂附猱升[③]。特是佽飞[④]力斗水中，姚光[⑤]高坐火上。波涛险恶，忠信难凭；烟焰昏迷，撤涂已晚。灭顶濡首，保无漂没之虞；烂额焦头，兼有郁攸之暍[⑥]。虽召募初定，要约维明。楚策之对庄辛[⑦]，不德不责不使不役；周书之遵令甲，无反无侧无党无偏。季布[⑧]诺而勿侵，水程作楫；景伯[⑨]庀而常在，火宅抽薪。岁借挠犁而酹酒[⑩]，人操不律而书券。临时而讴癸稽工，共立规逃之罚；蒙难而生辰告毙，各安运数之乖。算少十全，甘捐顶踵[⑪]；方知三步，广寄腹心。而天道甚微，人命綦重，水以狎

---

①千金之壶：一壶千金。比喻东西虽然轻微，用得着的时候便十分珍贵。《鹖冠子·学问》："中河失船，一壶千金，贵贱无常，时使物然。"

②齿竟象焚：象齿焚身。意思是象因为有珍贵的牙齿而遭到捕杀，比喻人因为有钱财而招祸。出自《左传·襄公二十四年》："象有齿以焚其身，贿也。"

③涂附猱升：语出《诗经·小雅·角弓》："毋教猱升木，如涂涂附。"毛传："涂，泥；附，著也。"原谓猿本会爬树，勿需再教，如污泥之上又著污泥。后用以喻恶上加恶，灾上加灾。

④佽（cì）飞：春秋楚勇士。后亦泛指勇士。

⑤姚光：汉安帝时任玄菟郡太守，因正直清廉而导致人事关系不协调。

⑥暍（yē）：暑热。

⑦典出《战国策·楚策·庄辛说楚襄王》："庄辛谓楚襄王曰：'君王左州侯，右夏侯，辇从鄢陵君与寿陵君，专淫逸侈靡，不顾国政，郢都必危矣。'"

⑧季布：秦末汉初楚国人。楚汉战争中先为项羽的大将，后来归顺汉高祖刘邦，担任河东太守，一生特别讲信用，只要答应办的事情就一定要办到，从没有失信于人。因此人们常说："得黄金百斤，不如得季布一诺。""一诺千金"的典故出于此。

⑨景伯：子服景伯，春秋时期鲁国大夫。《左传·哀公三年》说鲁哀公三年（前492），桓公、僖公的宫殿大火，子服景伯救火，安排得当。

⑩挠犁酹酒：留犁挠酒。《汉书·匈奴传下》："单于以径路刀金留犁挠酒，以老上单于所破月氏王头为饮器者共饮血盟。"颜师古注引应劭曰："径路，匈奴宝刀也。金，契金也。留犁，饭匕也。挠，和也。契金着酒中，挠搅饮之。"后以"留犁挠酒"谓汉族王朝与其他少数民族统治者订立和约。

⑪捐顶踵：指捐躯、牺牲。

而生玩，火实尊而不亲。忿不顾身，援必以手。鼓旗相率，薄福难与图功；玉石俱焚，厚意翻将干戾。倘非科庚戌之断[①]，注甲乙之名，令布五申之严，字当一丁之识。万一潮翻汐打，等魏杜畿之御船[②]；埃漫身焦，异商丘开之取锦[③]。属交构以谗慝，或几幸于奸人。媒但可虞，侜张为幻。本借同人之力，证善果之缘因；反招无妄之灾，滋罪花之燋种。天水违而成讼，风波幻而相蒙。虎入市而成谣，牛蹊田而牵夺。心之忧矣，脐可噬乎？

恭遇仁宪大人黍沛膏流，樾宏暍荫。廑如伤之隐愿，懔犹病之虚怀。敷干济之猷，一航普渡；罢安作之禁，五袴兴歌[④]。统槛正泛穴之潆洄，威平罗刹；用瓘斝玉瓒而禳祷，福徼鄘城[⑤]。为此骈叩戟辕，吁呈铃阁[⑥]。伏乞煌煌大示，树之风声；庶几蚩蚩编氓，安其日晳。拼教犀燃见怪，自蹈厉阶；能令龙战策勋，收回余烬。琼瑰泣于梦寐，各念生也有涯；沤沫散以须臾，共将死而无怨。既重赏以鼓其气，更颁禁以端厥防。俾相爱而益相亲，自可欺而不可陷。猝逢杨厄，借免株连，不尽葵倾，仰惟藻鉴。

---

①庚戌之断：庚戌土断。庚戌土断是东晋废除侨置郡县、使侨民编入所居郡县户籍的办法。

②杜畿御船：据《三国志·魏书》记载，杜畿，字伯侯，京兆杜陵人。以孝闻。举孝廉，除汉中府丞。魏太祖曹操以畿为司空司直。追拜河东太守。某年，曹丕命杜畿监造御楼船。造成之后，杜畿亲自到陶河试船，不幸遇到风暴，溺水而亡。

③商丘开取锦：出自《列子集释·黄帝》篇，谓：有范子华者，有宠于晋君。田叟商丘开听说后投其门下。不久范家的仓库发生火灾，子华说：你们有谁能钻进火中取出锦缎的，根据取出的多少赏赐你们。商丘开入大火往返几次取出，"埃不漫，身不焦"。

④典出《东观汉记》："廉范，字叔度，京兆人。……为蜀郡太守。成都邑宇逼侧，旧制，禁民夜作以防火，而更相隐蔽，烧者日日相属。范乃毁削前令，但严使储水，百姓为便，乃歌之曰：'廉叔度，来何暮？不禁火，民安堵。昔无襦，今五袴。'"

⑤鄘城：传说中西王母的居处。

⑥铃阁：翰林院以及将帅或州郡长官办事之处。

谨禀。奉州宪黄[①]批准给示。

附：同善堂告示 魏宪，名式曾[②]，直隶人

湖南补用府澧州直隶州正堂加十级纪录十次魏，为出示晓谕事：

案据津市绅商孙湘潘、邦毓、李若梅、吴谦等禀称情：

职生等贸迁楚北，窃见省垣生生堂善局，禀请各宪各条规实力奉行，心怦然动，志未逮也。兹于治地津镇爰约同人，仰体德意，倡首捐资，拟立局所，名曰“同善”。亦欲仿照旧章，互相劝勉。但善举不一，资用浩繁，举其易为力者而先行之。酌州城窎远之地，附津一里之区，贫户所产婴儿无力鞠育者，每月按给钱米自抚。可否奉行，理合禀明，不沐恩批，未敢擅举。为此抄呈生生堂条规暨津育婴各条，禀恳查夺晓谕，俾职生等遵照而行，以归画一。庶善与人同，兴歌孔迩。激切上禀等情，具禀前来除禀批。

职生等倡首捐资设立同善堂，仿照鄂省生生堂章程，举行善事，询堪嘉尚。现在经费未充，先行育婴所拟各条，亦均妥办。准即出示晓谕，一体遵行。抄粘存外，合将粘呈条规，胪列晓谕。为此示仰津市军民人等知悉。嗣后产婴儿之家果系贫寒，着邀的实，保户开明婴儿生庚父母姓氏及所居里区，赴该同善堂具报请给钱米自抚，以全生活。其殷实之户亦宜解囊捐助，共襄善举。特示。

捐资姓名

菩提堂　捐钱五千文

春秋堂　捐钱十千文

杨泗堂　捐钱五千文

药王堂　捐钱十五千文

增福堂　捐钱五千文

---

① 州宪黄：应为澧州知州黄维瓒。制造救生船和第三次购置水龙都在同治十二年（1873）。黄维瓒曾两任知州，第一次在同治九年至十二年（1870—1873），第二次在光绪二年（1876）之后，也就是在《万寿宫志》之后或同时，这里是叙述以前的事，因而此处“州宪黄”应是黄维瓒第一次任知州时。

② 魏式曾：同治四年至七年（1865—1868）任澧州知州。

豆豉号　捐钱五千文

吉庆堂　捐钱十五千文

永定堂　捐钱五千文

轩辕堂　捐钱五千文

南州堂　捐钱十千文

书纸号　捐钱五千文

钱号　捐钱十五千文

锅铁号　捐钱五千文

广货行　捐钱五千文

油行　捐钱五千文

进贤堂　捐钱五千文

山货行　捐钱五千文

杜康堂　捐钱五千文

斋馆　捐钱五千文

安澜堂　捐钱五千文

观音堂　捐钱五千文

洞庭堂　捐钱五千文

晏公堂　捐钱五千文

怀义堂　捐钱五千文

药材号　捐钱五千文

集义堂　捐钱五千文

布号　捐钱五千文

草帽号　捐钱五千文

首饰号　捐钱五千文

捐资姓名

南昌：雷芝兰、国珍甡、隆兴甡、余德滏、罗致和、谭义泰、仇恒泰、余茂兴、王清美、敖裕源。

丰城：有仪盛、雷义丰、喻仪和、义茂森、宋德和、潘恒泰、宋怡丰、杨茂顺、同义号、雷立甡、王洪茂、德福隆、宋恒顺、王德和、陈元盛、袁同义、义发庄。

金溪：开泰祥、万和贞、永吉利、公盛义、聚贤堂、胡敦福、万源正、荣升泰、刘景星、开泰仁、聚昌公、余公盛、人和生、三益恒、余大文、余锦昌、中昌祥、万顺信、四美元、李同兴、恒和生、可大义、万隆升、成昌厚、永大号、恒春号、乾春号、永昌福、郑恒茂。

临川：张成泰、复盛德、隆大成、文大兴、经义堂、许合兴。

吉抚：聚金福、有仪福、安泰志。

宜黄：聚福堂。

安福：伍益元、彭裕泰、秀昌号、桂芳号、正兴永、贺嘉茂、郁本生、方来号、嘉福号、春和元、发茂号、周春源、周福泰、周天生和、逢源号、贺广顺、裕芳兴、郁三和。

吉安：瑞芳春、聚芳恒、天和顺。

卢陵：裕顺全、复聚昌、刘裕元、王裕盛、天顺和、段永和、郭裕盛、周裕全、彭荣昌、怡顺昌。

太和：孙泰隆、正源和。

清江：隆兴和、吕宏远、敦泰生、同仁昌、黄万和、敖济春、聂隆升、熊义昌、周恒昌、聂隆盛、甡茂福、王永和。

建昌：陶元吉。

高安：信丰和、陈义和、徐义盛、凌桂兴、陈景兴。

上河各邦〔帮〕捐资姓名：

安福：谢永茂、刘聚盛、王吉盛、王琳盛、彭复昌、王广盛、谢永昌、伍太生、伍玉茂升、周如春、周生泰、伍正源、伍恒丰、伍集盛。

吉安：裕美福、益源、安恒和钱号。

卢陵：道生仁。

南昌：黎怡发、国珍义、洪泰义、国珍甡、黎元泰、黎生泰、胡国珍、雷兆盛、雷裕成、雷春元、雷丰隆、雷丰裕、雷恒丰、万隆兴、和悦泰、雷丰义、雷恒发、雷恒福。

临川：李裕盛、德兴号、怡兴顺、张恒顺、永怡号、车裕新、双兴顺、永义湺、娄永顺、王聚兴、张贞顺、王祥兴、张益泰、张隆大、张德顺、张复隆、张荣记号、荣兴号、张永顺。

金溪：黄裕丰、徐裕美、祥和号、吴德兴、复兴珍、德隆号、永福厚、天成合、信义号、王义生、彭体源、蓝德茂、泰来生、祥春号、于生泰、萃复泰、义泰号、同和怡、义生福、和悦诚、雷丰义、崇德辉、高源泰、傅会文堂、李创书、聚秀贤。

高安：协顺号。

丰城：雷恒丰、王洪胜。

附　录

新洲万寿宫现存清代碑刻

永古不朽（额题）

湖南直隶澧州正堂魏判案①

审看得职民胡光华等具控罗青云一案，前经集讯哧〔示〕②，令保甲梁运畡等将罗青云房屋照漏税例变价五百串入官，并将未到之梁云衢等到案复讯究结。兹据梁云衢等投案，讯明查核罗青云若照其父只将后门开于墙角，并不移开正中厢埠，且不将万寿宫古界强挖，胡光华等何得出控至万寿宫契后所载“西边墙脚”字迹一行？虽系后添，本府详核其义。万寿宫西墙外原先无屋，自有墙脚后，因徐人挨墙修屋，磉压墙脚，致经梁集成批明，罗青云岂得借称万寿宫伪添？今据梁运畡等供称：屋未变售，本府业已查悉。其屋原不止值价五百串，惟既据梁云衢等代为吁求，姑宽罚出城。费钱二百串，并白龙井、龙王庙钱一百串。所有罗青云屋后横路一条，断令不必另立借字，照旧公同出入，各无阻拦。并着梁云衢等添立石碑，不准罗青云厢埠。倘罗青云再敢强占，许万寿宫会首控究。万寿宫契据当堂交还，罗青云原无老契，自呈新契，内有“后至梁堰”四字，借此兴讼。业经朱笔批明，毋许再争。存候缴足罚捐钱文，再行结

① “湖南直隶澧州正堂魏”，即姓魏的澧州知州，后署“同治六年（1867）”，据同治《直隶澧州志·职官志》：“魏式曾，直隶临榆举人，同治四年（1865）九月升任。”又魏式曾《序》署：“同治七年（1868）岁次戊辰十月之吉，替补湖南永顺府知府、知澧州直隶州事、古平州魏式曾镜余氏识并书。”魏式曾同治七年（1868）调补湖南永顺府知府，故同治六年（1867）时澧州知州为魏式曾。

② 哧：即“嗜”字，此处与文意不合，可能书写有误。本志卷十二中《同治三年和息词》中有“前蒙示期集讯”句，因而“哧”应为“示”字赘笔。

领。两造服结，附卷完案。

此判。

添立石碑二块，上镌字词。碑立后以刊窨刷呈，乞核立案，事禀州蒙批。呈缴碑摹后，核明附卷存案。

罗青云屋后横路一条，同治六年（1867）与万寿宫互讼，讯明立案。照旧公同出入，各无阻拦词，后不准罗姓厢埠。

首事：

胡光华、郑济生、余九成、王良川、周益元。

乐捐名目：

刘信和、同和号、张全美、江悦兴、玉和号、余元隆、源新福、祥兴号、余九成、张兴顺、郑镒盛、彭万全、郑济生、聂同盛、杨聚和、何永泰和记、卢松柏、聂德胜、詹两仪、罗兴顺、彭仁寿、卢庆春、罗同茂、何永泰、周裕丰。

同治六年（1867）十一月吉日公立。

津市现存清代残碑

永□定章（额题）

……在任候补道大计卓异调湖广澧州直隶州□永顺府正堂连[①]，为□□□□事：

案□□□商民程明勤、贺同春、童文光、顺兴生、长禄生、天升永、同发生、德升元、兴发恒、贾□兰，与码头脚夫余太福、荣

---

① 清雍正七年（1729）后澧州为直隶州，民国后为县，故该碑时代应为清朝。所提到前知州有邹、郑，时任知州则为连，查同治十三年（1874）《直隶澧州志》，没有与之适配的知州，因而此碑或为光绪年间。碑曰：“在任候补道大计卓异调湖广澧州直隶州□永顺府正堂连。”据文意，知州姓连，由永顺府知府调任。磨蚀处当为“前”字。民国《永顺县志·职官志·知府》有：“连培基，字云荪，江西南城县进士。光绪二十四年（1898）十二月任。”据此，“连”姓知州应即连培基。而连培基之后知府为颜连沅，于光绪二十八年（1902）九月由古丈同知代理府事，因而连培基任澧州知州也应在光绪二十八年（1902）九月。

时发、□□□、□□木、胡寿□、□□长、何耀章、李凡本挖争脚价一案。业经本府□讯并调查，前州邹、郑[1]先后断谳，均属平允。饬令两造仍遵旧章，□□本府出示晓谕，□结立献正在抄谳出示。间复据商民程明勤、□□□士才等立禀，前来本府复加查核。除榨坊一业历年既系查□李峻轩等排解碑据，相安已久，应准仍旧办理无庸议外，该两造□形自非秉公妥议，不□以杜争执而弭讼端，晓谕五帮绅首之义复生后。兹据五帮职生宋本荣、刘秉渊、陈建吾、向荣秋、许子京、□□□□覆等事，案称窃市镇铺户起挑货物，事所常有，若不议定章程，何以规划一而杜争竞？如津市码头起上挑下，脚价已经□□□□□定规，阖市遵照，历数十年无异。不意今岁六月，脚夫余太福等勒李帮钱，致与程明勤等互讼辕下，沐恩谕饬职生等查□□□□□□□已申明在案，蒙讯明断。今遵照旧章，出示晓谕，取结在卷。乃余太福等悖控不休，恩宪恐兹讼蔓复，饬职生等秉□□□□□□□□生等以商务所关，不敢稍避嫌怨，查津市贩卖谷米杂粮客商，概系船支装运。直街虽七里之遥，按照里数设立□□□□□□□□□街、正街、后街，其路

---

①“前知州郑”应为郑立诚(子惠)，曾两任澧州知州。第一次在光绪十六年(1890)前后。民国《澧县县志》卷三“田赋”：“清光绪中叶，郑州牧立诚禀定民粮，立碑在案，行之已久。……越十余年，民国反正。”又卷五“文职”：“郑立诚牧澧，先后六、七年。”所谓“先后六、七年”表明郑于同时期曾两次莅任，其间有短暂间隔。又卷一“附志旧州署”：“署有大、二、三堂，堂东有楼三大间，为郑子惠所建。……后坪系郑子惠买置杨姓者。”又卷十“匪灾”：“越庚寅八月，新洲匪首李衡堂等竖旗起事……时庄心庵守道、郑子惠州牧先后获巨匪及事先所获者杀之，乃平。”此郑子惠与郑立诚应是同一人，前为字，后为名。庚寅为光绪十六年(1890)，据此，郑立诚第一次任知州应在光绪十六年(1890)前。第二次任知州在光绪二十二年至光绪二十六年(1896—1900)。澧县存《我澧钱粮》碑首书“光绪廿二年(1896)，沐恩宪郑”，尾署“光绪二十五年(1899)十月”，“宪郑”乃为知州郑立诚。又《澧阳书院莲利碑》首书“正堂郑谕”，尾署“光绪二十三年(1897)”。民国《澧县县志》卷十“匪灾”：“戊戌，合口标匪曾邦福、蔡成容等起事，经入会者发觉。郑子惠复州牧，督同澧城保甲局、会澧营兵捕杀之。”戊戌为光绪二十四年(1898)。下任韩烈彪光绪二十六年(1900)任。“前知州邹”，任年及名字不确，任年或较郑立诚略早。

未及半里。如某号买货船，即放王某处码头起挑，均系船驳至岸起货，上坡码头并无远近□□□□□□□□□□福等之所以悖控者，无非为索取帮钱地步。职生等接奉宪谕，再三图维，与其令脚夫等勒取帮钱开□□□□□□□□□□□□□定案，永远遵行之为愈也。所以职生等不辞冒昧，约集同善堂内禀公酌议，再以恩宪息讼至德，开导两造□□□□□□□□□□□照前宪邹旧章，每石职生等同议加钱二文，以杜日后借勒，而斩讼根。此系职生等管窥之见，是否有当□□□□□□□□□□□□赏赐，察夺批示，勒碑以垂永久。是为公便，沾恩上禀等情。并据开呈章程七条至州，据此除批。既据酌□□□□□□□□□□□□查百色货物，每石重至一百四五十斤，势必□需两夫始能运动者，议给脚银十一文。恐又因分钱不均，□□□□□□□□□□□□十二文，以便分布，而示体恤。余均如禀立案，仰即遵照，并候出示泐石，著为章程，以垂久远可也。榜示□□□□□□□□□□□□□出示晓谕，为此示仰阖市各行店及脚夫人等一体知悉。嗣后起运上下各项货物，务各遵□□□□□□□□□□□□□□□□□□争竞，该脚夫人等自此示谕之后，倘有违抗不遵，许各商民随时指明禀究，立予拘惩决……示。

计……章程七条：

一　各行店铺户铺……百一十二斤为一石，给脚夫八文；

一　谷米无论上下……货物及详货等件，以一百一二十斤为一石，给脚钱八文；

一　杂粮每挑三……

一　砖瓦木柴……十一文，再加一文，共钱十二文；

……

……知

……月十九日。

津市重修江南会馆碑记[①]

汉代有郡国邸第，隶大鸿胪，大抵为述职而设，犹存古者朝宿汤沐之遗意。后惟唐贞观间敕立，余罕觏。近则属民不属官，并由京师而推及外之省垣。凡商旅辐辏之所往往谋构，统名为会馆，所以敦乡谊，齐物价，平息争端，制良善。

楚南之澧州其镇四：曰嘉山，曰汇口，曰三汊河，曰津市。而津市最剧，州通判实驻其地，固殷赈骈坒[②]之区也。康熙庚申（十九年，1680），江南人懋迁于是者肇启馆舍，迄今百五十年矣。初建时规模差备，又购鲁家坪腴田二庄入焉，曾刊石纪事。无何，频罹水患，榱栋渐朽，碑亦倾。乾隆壬子（五十七年，1792），毁而更作，经营未就，资旋诎，中辍，帡蒙[③]缺略，倍易摧损。嘉庆癸亥（八年，1803），群议曰：创而无继，将致湮，是不容已。乃定议，量分蝇头，权子母[④]，以俟再举。越九载甫得缮葺，仅十之一二。嗣道光壬午（二年，1822），鸠工庀材，蔚兴麕集。乙酉（道光五年，1825）功始讫，遂焕然鼎新，殖庭觉楹[⑤]，瑰丽之状较逾昔观。前后共费白金以两计者二万有奇，可不谓巨与！寻视门外势辽旷增置市屋，金又二千余，此一役也，能垂永久。

时居首者盖七姓，而侄惇元与列。顷归，向余述。余谓馆之成，上下两江联合一体，是维桑必恭之情也。屡复旧基，恢宏厥度，是慎终如始之思也。且闻水之所汇，百货萃焉。《中庸》言货财之殖，必归诸水[⑥]。澧为九江之一，而涔水、澹水、渫水、溇水注之；小支歧港，则石门之道水，慈利之九渡水、温泉水，安福之茹水、武溪

---

① 录自朱琦《小万卷斋文稿》，载《清代诗文集汇编》第四九四册。

② 殷赈：丰饶，富足。骈坒：即“骈比”。屋舍排列相连的样子，形容热闹繁华。

③ 帡蒙：庇荫，庇护。

④ 权子母：指资本经营或借贷生息。

⑤ 出自《诗经·小雅·斯干》：“殖殖其庭，有觉其楹。”

⑥《中庸》第二十六章，原文为：“今夫水，一勺之多，及其不测，鼋鼍、蛟龙、鱼鳖生焉，货财殖焉。”

水等皆注之。流衍盛斯，滋殖繁而复，借兹馆以汇其总，发扬诩物，殆将益丰乎！其中奉祀诸神，称三元宫，而尤致崇于汉关帝并我徽国文公[1]。帝明禋遍天下，忠义之气，煊赫之灵，奔走宜恐后。若文公一儒者也，阛阓之场，似可弗预。而瓣香必肃，以此见乡先大贤之令闻，景仰无穷。而江左人文渊薮，向风慕德，随地竭诚，非尽沾沾徒竞乎锥刀也。

爰为之记。

津市同善堂、慈善堂[2]

津市同善堂初有碑在门首，李文涛书。大抵为吴、陈、杨、汤、黄诸旧家典东蒋氏商津者所共建。后有多仓，贮义谷，历年办理，名实相符，开支无多。

慈善堂设于豫章会馆，江西商家住持之。二堂遇地方阽危灾患，联合商会，交涉应付，筹备赈恤。向桂亭、刘莲堂、许子京、张旦艿、康靖吾、熊良丞、禹惠堂、崔任民、张思泉、吴少梅、伍保元、王之九、喻瑞辉、胡毓桢、向济川、孟体仁等，皆先后不遗余力。

吴恭亨《对联话·会馆》昭武会馆楹联

广义称澧公园亚士熙熙见欧俗；

合群譬衣带水洞庭浩浩接鄱阳。

吴恭亨

往古来今沸点成裘不生不灭因离心力产向心力；

---

① 徽国文公：朱熹，字元晦，号晦庵，晚称晦翁，谥文，世称朱文公。祖籍江南东路徽州府婺源县（今江西省婺源），出生于南剑州尤溪（今属福建省尤溪县）。宋朝著名的理学家、思想家、哲学家、教育家、诗人，儒学集大成者，世尊称为朱子。

② 录自民国二十八年《澧县县志》卷十《灾赈志》。

他乡异县买山庇厦诚欢诚喜由小合群进大合群。
吴恭亨

秦钦汉钦近代钦眼前庄严现大千界楼台影；
蹄者角者跂行者门外自在更不二庵钟磬声。
吴恭亨[①]

开门见山遣兴无妨抚松竹；
平地负篑为高启必因丘陵。
徐真园

昭武会馆客座楹联

果园群木绿浮几；
津市繁灯红到门。
吴恭亨

四佛联

面面相窥佛也须有靠背；
高高在上人到此即回头。
方地山

江西会馆戏台联

寿域寿人寿杯春酒万寿；
新民新国新剧舞台一新。
吴恭亨

---

① 录自吴恭亨撰《对联话》。吴恭亨：字岩村，笔名悔晦，晚年自号弹赦老人，湖南慈利人。近代古文家、诗人，南社社员。

朝阳阁楹联

多君从海岛归来看胜境盘桓特地楼台撑碧落；

是处去洞庭咫尺任朗吟飞渡一天风雪亘黄山[①]。

徐真园

跨八百里洞庭占此湖山巍然阁对白龙井；

聚万千家烟火成兹廛市忆否笛吹黄鹤楼。

何垕唐

我欲临风把酒独怀千载上；

君东至澧出门一笑大江横。

徐真园[②]

豫章会馆联

道出荆沙区连鼎朗；

庭芬兰芷阴合楩楠。

佚名

晚道人归沙岛外；

收帆风停浪花中。

佚名

立定脚跟遵大道；

放开眼孔看行人。

佚名[③]

---

①吴恭亨《对联话》按："阁祀吕洞宾，故有'朗吟飞渡'之句。'黄山'者，安乡望山也（注：全名'黄山头'）。"

②以上录自《津市文史丛书·文艺卷（上）》。

③以上录自黄友义：《津市江西码头、义渡的起源》，载《津市文史丛书·文存卷（下）》。

主要参考文献

一　经籍、史籍

［汉］郑玄注，［唐］孔颖达疏:《礼记正义》，李学勤主编《十三经注疏》，北京大学出版社，1999 年。

［汉］郑玄注，［唐］贾公彦疏:《周礼注疏》，李学勤主编《十三经注疏》，北京大学出版社，1999 年。

［魏］王弼注，［唐］贾公彦疏:《周易正义》，李学勤主编《十三经注疏》，北京大学出版社，1999 年。

朱谦之撰:《老子校释》，《新编诸子集成》，中华书局，2000 年。

［魏］何晏注，［宋］邢昺疏:《论语注疏》，李学勤主编《十三经注疏》，北京大学出版社，1999 年。

［汉］赵歧注，［宋］孙奭疏:《孟子注疏》，李学勤主编《十三经注疏》，北京大学出版社，1999 年。

杨伯峻编著:《春秋左传注》，中华书局，1981 年。

［春秋鲁］左丘明著，［三国吴］韦昭注:《国语》，《摛藻堂四库全书荟要》，（台湾）世界书局，1985 年。

［清］孙星衍《尚书今古文注疏》，中华书局，1986 年。

［汉］刘向集录:《战国策》，上海古籍出版社，1985 年。

［汉］司马迁撰:《史记》，中华书局，1963 年。

［汉］班固撰:《汉书》，中华书局，1964 年。

［南朝宋］范晔撰:《后汉书》，中华书局，1965 年。

［晋］陈寿撰:《三国志》，中华书局，1959 年。

［唐］房玄龄等撰:《晋书》，中华书局，1974 年。

［梁］沈约撰:《宋书》，中华书局，1974 年。

［唐］姚思廉撰:《梁书》，中华书局，1973 年。

［后晋］刘昫等撰:《旧唐书》，中华书局，1975 年。

[宋]欧阳修、宋祁撰:《新唐书》,中华书局,1975年。

[元]脱脱等撰:《宋史》,中华书局,1977年。

[清]张廷玉等撰:《明史》,中华书局,1974年。

《明实录》,(台湾)"中央研究院历史语言研究所",1962年影印。

赵尔巽等撰:《清史稿》,中华书局,1977年。

《清实录》,中华书局,1986年影印。

二　地理志、总志、方志

[晋]郭璞注:《山海经》,《摛藻堂四库全书荟要》第180册,(台湾)世界书局,1988年影印。

陈直校证:《三辅黄图校证》,陕西人民出版社,1982年。

[宋]李昉等编:《太平广记》,中华书局,1986年。

梁允麟著:《三国地理志》,广东人民出版社,2004年。

[明]陆应阳所撰,[清]蔡方炳增订:《广舆记》,吴郡宝翰楼康熙二十五年刻本。

[明]刘玑、刘袠等纂修,谭远辉校注:(弘治)《岳州府志》,岳麓书社,2018年。

[明]林庭㭿、周广编纂:(嘉靖)《江西通志》,(台湾)成文出版社,1989年影印本。

[明]水之文、李檠等纂修:(嘉靖)《澧州志》,湖南人民出版社,2016年。

[清]徐希圣、林滋谦等纂修:(康熙)《兴化府莆田县志》,清康熙四十四年镌本。

[清]和珅等纂:(乾隆)《钦定大清一统志》,《四库全书》本。

[清]满岱、唐光云等纂修:(乾隆)《丰城县志》,乾隆十七年镌本。

[清]冉棠、沈澜等纂修:(乾隆)《泰和县志》,乾隆十八年镌本。

[清]阮升基、宁楷等纂修:(嘉庆)《宜兴县志》,(台湾)成文出版社,1970年影印。

[清]安佩莲、张鸿咸等纂修:(道光)《续修澧州志林》,道光元年镌本。

[清]雷学淦、曹师曾等纂修:(道光)《新建县志》,道光十年镌本。

[清]张树煊修,张敬书等纂:(同治)《莲花厅志》,清同治四年镌本。

[清]陈纪麟、李涵英等修纂:(同治)《南昌县志》,清同治九年镌本。

[清]许应鑅、童范俨等修纂:(同治)《临川县志》,清同治九年镌本。

[清]许应鑅、程芳等修纂:(同治)《金溪县志》,清同治九年镌本。

[清]王恩溥、邢德裕等修纂:(同治)《上饶县志》,清同治九年镌本。

[清]何庆朝、刘芳桂等修纂:(同治)《武宁县志》,清同治九年镌本。

[清]谢煌、符鸿谟等修纂:(同治)《宜黄县志》,清同治十年镌本。

[清]李寅清、严升伟等修纂:(同治)《分宜县志》,清同治十年镌本。

[清]姚浚、周立瀛等修纂:(同治)《安福县志》,清同治十一年镌本。

[清]吕懋先、方蔚等修纂:(同治)《奉新县志》,清同治十一年镌本。

[清]陈汝桢、刘文熙等修纂:(同治)《庐陵县志》,清同治十二年镌本。

[清]盛铨、刘庭芳等修纂:(同治)《崇仁县志》,清同治十二年镌本。

[清]刘坤一、许应鑅等修纂:(同治)《南昌府志》,清同治十二年镌本。

［清］何玉棻、魏式曾等纂修：（同治）《直隶澧州志》，澧县档案馆翻印，1982 年。

［清］陈鼒、黄凤楼等修纂：（同治）《德化县志》，（台湾）成文出版社，1970 年影印。

［清］蒋继洙、李树藩等修纂：（同治）《广信府志》，（台湾）成文出版社，1970 年影印。

［清］潘懿、朱孙诒等修纂：（同治）《清江县志》，（台湾）成文出版社，1970 年影印。

［清］彭际盛、甘绅等修纂：（光绪）《吉水县志》，清光绪元年镌本。

［清］金桂馨、漆逢源编纂，陈立立、邓声国整理：《万寿宫通志》，江西人民出版社，2008 年。

［清］刘坤一、刘绎、赵之谦等修纂：（光绪）《江西通志》，清光绪七年镌本。

［清］王文韶、魏光焘、唐炯等修纂：（光绪）《云南通志》，清光绪二十年镌本。

［清］李翰章等纂：（光绪）《湖南通志》，岳麓书社，2009 年影印本。

［清］林则徐、李希玲等修纂：（光绪）《广南府志》，（台湾）成文出版社，1967 年。

［清］定祥、刘绎等修纂：（光绪）《吉安府志》，（台湾）成文出版社，1975 年。

［清］许瑶光、吴仰贤等修纂：（光绪）《嘉兴府志》，（台湾）成文出版社，1970 年。

［清］吴征鳌、黄泌等修纂：（光绪）《临桂县志》，桂林市档案馆，1963 年翻印。

［清］黄教容、陈保真等修纂：（光绪）《龙阳县志》，《中国地方志集成·湖南府县志辑（77）》，江苏古籍出版社、上海书店、巴蜀书社，2002 年。

胡履新、张孔修纂：（民国）《永顺县志》，《中国地方志集成·湖南府县志辑（77）》，江苏古籍出版社、上海书店、巴蜀书社，2002年。

周龄等编修:（民国）《澧县县志》，澧县档案馆，2002年翻印。

［清］陈运溶辑撰:《麓山精舍丛书》，岳麓书社，2008年。

津市市政协编:《津市文史丛书》，湖南师范大学出版社，2021年。

三　诗文总集、别集

［宋］朱熹:《诗经集注》，世界书局，民国三十二年。

［宋］朱熹:《楚辞集注》，上海古籍出版社，2001年。

［清］郭庆藩撰，王孝渔点校:《庄子集释》，《新编诸子集成》，中华书局，1985年。

何宁撰:《淮南子集释》，《新编诸子集成》，中华书局，1998年。

［清］董诰等编:《全唐文》，中华书局，1983年。

中华书局编辑部点校:《全唐诗》，中华书局，1999年。

傅璇琮等主编:《全宋诗》，北京大学出版社，1995年。

曾枣庄、刘琳主编:《全宋文》，上海辞书出版社、安徽教育出版社，2006年。

［宋］苏轼撰:《东坡全集》，《摛藻堂四库全书荟要》，（台湾）世界书局，1985年。

李修生主编:《全元文》，江苏古籍出版社，1999年。

杨镰主编:《全元诗》，中华书局，2013年。

中国人民大学、北京大学联合主编:《清代诗文集汇编》，上海古籍出版社，2010年。

四　类书、工具书及其他

［汉］应劭撰，王利器校注:《风俗通义校注》，中华书局，1981年。

［汉］刘向撰:《列仙传》，《道藏》第五册，文物出版社、上海书店、天津古籍出版社，1988年。

［汉］许慎撰，［清］段玉裁注《说文解字注》，上海古籍出版社，

1981 年。

［晋］干宝著，黄涤明译注:《搜神记全译》，贵州人民出版社，1992 年。

［南朝宋］刘义庆撰，徐震堮著:《世说新语校笺》，中华书局，2001 年。

［宋］释道原撰:《景德传灯录》，《四部丛刊三编·子部》，上海涵芬楼，民国十九年影印。

［宋］白玉蟾撰:《修真十书玉隆集》，《道藏》第四册，文物出版社、上海书店、天津古籍出版社，1988 年。

《明清历科进士题名碑录》，（台湾）华文书局股份有限公司，1969 年影印。

周骏富辑:《清代传记丛刊》，（台湾）明文书局，1985 年。

龚联寿主编:《联话丛编》，江西人民出版社，2003 年

傅璇琮主编，龚延明、祖慧撰:《宋登科记考》，江苏教育出版社，2005 年。

邱树森主编:《中国历代职官辞典》，江西教育出版社，1991 年。

图书在版编目(CIP)数据

澧州津市万寿宫志/(清)伍锡钊纂辑;谭远辉校注. --长沙:岳麓书社,2024.12. --ISBN 978-7-5538-2244-0

Ⅰ. B957.264.4

中国国家版本馆CIP数据核字第2024AL0545号

LI ZHOU JIN SHI WANSHOUGONG ZHI

澧州津市万寿宫志

(清)伍锡钊　纂辑　谭远辉　校注

出 版 人:崔　灿

出版统筹:王文西

责任编辑:邱建明　包文放　鲁云云　庞若溪

责任校对:舒　舍

封面设计:戴　宇

岳麓书社出版发行

地址:湖南省长沙市爱民路47号

直销电话:0731-88804152　0731-88885616

邮编:410006

版次:2024年12月第1版

印次:2024年12月第1次印刷

开本:640mm×960mm　1/16

印张:20

字数:238千字

书号:ISBN 978-7-5538-2244-0

定价:120.00元

承印:长沙超峰印刷有限公司